신기하게 잘 맞는

마르세유 타로와
십이신살

신기하게 잘 맞는

마르세유 타로와
십이신살

ⓒ 김기학, 2024

초판 1쇄 발행 2024년 8월 12일

지은이   김기학
펴낸이   이기봉
편집   좋은땅 편집팀
펴낸곳   도서출판 좋은땅
주소   서울특별시 마포구 양화로12길 26 지월드빌딩 (서교동 395-7)
전화   02)374-8616~7
팩스   02)374-8614
이메일   gworldbook@naver.com
홈페이지 www.g-world.co.kr

ISBN   979-11-388-3416-2 (03180)

신기하게 잘 맞는

마르세유 타로와
십이신살

│ 타로와 십이신살의 만남 │ 김기학 지음

The Astoundingly Accurate
Marseille Tarot the Twelve Sinsal

The Convergence of Tarot and the Twelve Sinsal

좋은땅

차례

타로의 인생 여정

AS Tarot에 대하여

十二 神殺論(12 신살론)

머리말

＊

　타로라는 점은 정말 재미있고 신통하다. 동양의 당사주가 그림(문양)으로 운세를 보여 주듯이 타로도 그림(문양)으로 인간의 인생사를 예언하는 것이 재미있고, 또한 그 문양이 그 시대 사회생활상과 비슷한 모습으로 구성되어 있으며, 이것들로써 미래를 예언하고 과거를 유추할 수 있다는 것이 정말 신비하고 신통한 점술이다.

　예를 들면 타로의 바보(MAT)는 길 떠나는 사람으로서 지팡이와 다리(발)의 위치가 엇박자가 나고, 메고 있는 보따리도 왼쪽으로 메야 할 것을 오른쪽으로 메고 있다. 그러니 바보가 아니고 무엇이겠는가! 그런데 이 바보는 할 일도 다 하지 않고 다른 곳으로 떠난다. 바보의 왼쪽 다리를 강아지가 붙잡고 있는 모습은 아직 할 일이 남았다는 것이다. 바보는 이곳에 미련이 남아 있는 것을 어쩌면 이것으로 말하고 있을지도 모른다. 이렇듯 타로는 과거의 일과 미래의 일을 Action(사물의 동작)을 통하여 알려 주고 예측하게 한다.

　타로의 기원은 정확히 고증된 것이 현재 존재하지 않는다. 유대 기원설, 인도 기원설, 이집트 기원설, 이슬람 기원설 등 다양한 기원설들이 제시되고 있지만, 그중에 이집트 기원설이 가장 널리 알려져 있다. 하지만 이런 이집트 기원설마저도 문헌이 보존되고 전래된 것이 없는 실정으로서 정확하지 않다.

'Grillot De Givry(그리오 드 지브리)'는 이를 "여러 점술 가운데서도 타로는 그 기원과 방식에 있어서 가장 신비한 수단이다. 어떻게 인간들이 타로를 사용하게 되었는지는 아무도 모른다. 하나의 미스터리이자 수수께끼이며 의문거리이다. 그것은 수 세기 동안 지하세계를 제패하고 기존의 과학과 종교체계를 벗어난 독자적인 영역을 구축하여, 모든 철학적·역사적 연구 결과에 허를 찌를 만한 영속적이고 변하지 않는 원리를 가르쳐 온 연금술의 상징 기호에나 어울릴 법하다."[1]고 설명한다.

동양의 주역의 역사가 불분명한 것과 마찬가지로 타로의 역사도 불분명한 것이다. 그러므로 타로의 역사와 기원을 언급하는 것은 큰 의미가 없다. 때문에 이 책에서는 타로의 학설에 대하여 언급하지 않겠다. 굳이 언급하면 타로는 유럽에서 카드놀이나 게임에 사용되었던 것인데, 우리나라에서 화투를 이용하여 그날의 운세와 점을 보듯이, 유럽에서도 카드를 가지고 그날의 길흉을 보기 시작한 데서 타로점이 시작했다고 추측할 수 있다.

그러면 타로의 기원을 어떻게 정립할 것인가? 그에 대한 대답은 자명하다. 오랜 기간에 걸쳐 민간에서 사용되고 전래하던 방법들이 어느 순간(중세 시대) 한 사람이나 다수에 의하여 통합되고 체계화되는 과정에서 유대교의 신비주의 카발라 사상, 또는 다른 신비주의 사상과 결합된 것이라고 추측된다. 그에 대한 방증으로 타로의 문양을 하나하나 세밀하고 자세히 관찰하면 BATELEUR(마술사), PAPE(교황), ROVE DE FORTVNE(운명의 수레), DIABLE(악마), MAISON DIEV(신전), SOLEIL(태양), LUNE(달),

---

1)   그리오 드 지브리 저, 임산·김희정 옮김, 『마법사의 책』, 루비박스, 2003년, 366-368쪽.

TOULE(별) 등이 등장하고, 그들이 입고 있는 옷과 생활상이 중세 유럽 사회를 대변하고 있음을 발견할 수 있다. 이러한 정황으로 분석하면 타로의 역사는 중세 유럽이라고 해도 지나치지 않다. 하지만 이것조차도 중요하지 않다. 이 책에서는 타로의 역사와 근원을 밝히려는 의도가 없기 때문이다. 다만 현재 이 땅에서 유행하는 타로를 순수하고 심도 있게 소개하는 것이 이 책의 중심적인 목적이고, 타로를 현시대에 알맞고 현 상황에 적절하게 이용하는 방법을 제시하는 것이 이 책을 쓴 결정적인 의도이다.

현재 타로는 서양에서 동양으로 건너와 점술에서 일대 센세이션을 일으키며 유행하고 있다. 필자는 한동안 그러한 현상을 이해할 수 없었으나, 타로의 문양을 접하면서 비로소 이해할 수 있었다. 그것은 이 땅에서 유행하는 점술들은 획일적으로 대중들이 쉽게 이해할 수 없는 부호나 체계로 만들어졌지만(주역점과 육효점의 괘상, 기문둔갑과 육임의 명반 등), 반면에 타로는 그림이라는 문양으로 대중이 쉽게 이해하고 편안하게 다가설 수 있는 수단이기 때문이다. 또한 이 땅에 유행하던 사주나 주역 등의 점술은 그들만의 언어로 통용하고 있지만, 타로는 그림을 감상하고 이해하는 것과 같은, 흡사 과거의 슬라이드를 보듯이 쉬운 방법으로 대중에게 설명한다. 타로의 바로 이런 부분이 신뢰감과 확실성을 친화적으로 간단하고 명료하게 현대 젊은이들에게 강력하게 어필하는 것이다.

타로의 이러한 특징을 그리오 드 지브리는 "타로는 인류가 발명해 낸 가장 위대한 산물 중 하나이다. 철학자들의 갖은 야유에도 불구하고 이 그림 카드는 마치 다면 거울로 비추어지는 象(상)처럼 매우 생생하게 운명을 보여 주면서 여전히 인간의 주체할 수 없는 풍부한 상상력을 자극한다. 따라서 아무리 정확하고 냉철한 논리로 이 카드에 대해 비판한다 해도 사람들이 타로를 만지지 못하게 하는 것은 불가능하다."[2]고 설명한다.

현재 다양한 타로가 사용되고 유통되지만, 이 책은 17세기 무렵에 마르세유 지방에서 대량 생산, 유통되었던 Tarot de Marseille(마르세유 타로)를 중심으로 구성한다. 마르세유 타로는 1650년경 파리에 거주하던 '장 노블레'가 도안한 디자인에 기반을 둔 타로로서, 이 타로 디자인이 세월이 가면서 타로의 일반적인 원형이 되었다. 현재 유통되는 타로는 대부분 마르세유 타로의 디자인에 근거하여 만들었다 해도 무리한 주장이 아니다. 이러한 이유로 이 책은 마르세유 타로를 중심으로 타로의 점술에 관하여 기술한다.

타로는 인물과 동물의 드러나는 모습과 문양으로 길과 흉을 定斷(정단)하는 서양의 점술이다. 그러기에 타로의 점술에는 모습과 문양이 시사하는 의미가 길과 흉을 예단하는 데 결정적으로 작용한다. 이 책에서는 타로의 이름도 중요하지만 이러한 모습과 문양의 특징을 현대 사회적인 문화와 연계하여 기술하겠다.

예를 들면 BATELEUR(마술사)를 요술쟁이, 예술가, 기술자로 보지만 현대 사회문화와 연계하면 요리사, 길거리 가판장사로 볼 수 있다. MAISON DIEV(신전)은 수도원, 수녀원으로 보지만 해녀, 스쿠버 다이버로 보기도 한다. TOULE(별)를 처녀, 미용사로 보지만 야간 찜질방, 선녀와 나무꾼으로 볼 수 있다. ROVE DE FORTVNE(운명의 수레)를 업, 환생, 엔진으로

---

2) 그리오 드 지브리 저, 앞의 책, 365쪽.

보지만 복권, 고속도로 톨게이트, 시계로 볼 수 있다.

　이렇듯 타로가 갖는 이름에 拘礙(구애)받지 않고 오로지 모습과 문양에 집중하여 타로를 현대적인 시각으로 해석하고 읽으면 다양하고 광범위하게 정단할 수 있는 것이다. 그러므로 이 책은 이러한 타로의 모습과 문양의 특징을 현대적인 시각으로 분석하고 접목하는 방법과 그에 따른 해석에 집중하여, 과거에 타로가 유대교 신비주의 카발라 사상이나 다른 신비주의 사상과 결합된 것과 같은 새롭고 신선한 현대적인 타로 해석을 할 것이다.

　이 책의 또 다른 시도는 타로를 동양의 음양오행 사상과 연계하여 해석하고 정단하는 것이다. 현대에 이르러 동서양의 사상과 문화는 매우 빠른 속도로 융합되고 복합되어 새로운 장르의 음악과 예술이 탄생했다. 현재 서양의 심리철학자들은 불교를 배우고 연구하며 이를 통하여 심리철학을 발전시키고, 동양의 전통 침술사들은 서양의 첨단 의료기기를 이용하여 환자를 더욱 신속하고 세밀하게 진단하고 치료한다. 그러므로 이러한 시대에 사는 점술인이 타로를 동양의 음양오행 사상과 연계하는 일은 획기적이지도 않고 전혀 이상한 일도 아니다.

　예를 들면 타로를 사주의 12신살과 연관하여 융합하면, MAT(나그네)는 지살, CHARIOT(수레)는 역마살에 해당한다. MONDE(세계)는 년살에 해당하며, PENDU(교수형)은 월살이다. 또한 육효와 연관하여 타로를 보는 방법도 있다. 이러한 동양적인 시각으로 타로를 해석하고 정단하면 더 이상 타로가 낯선 나라에서 온 이상한 점이 아닌 우리의 문화와 잘 어울리며 더욱 시너지 효과를 지닌 점술로 재탄생되는 것이다.

　이 책에서는 12신살과 연관하여 타로를 보는 방법을 기술하겠다. 그

다음에 육효와 연관하여 보는 방법은 2편에서 기술하려고 한다. 물론 이러한 방법에 회의적인 시각을 갖는 사람도 있겠지만, 어차피 타로의 출발은 카드놀이라는 유희에서 시작되었다는 것을 상기하면, 좀 더 넓은 시야에서 편안한 마음으로 이 책을 접할 수 있을 것이다. 그리고 이 책이 갖는 이러한 특징으로 이 책의 전반부에 동양의 점술에 대한 소견을 간단하게 소개하고 타로와 유사성을 연계하는 글을 실을 것이다. 또한 이 책은 타로를 이미 알고 있고 사용하고 있는 중간 정도의 실력자를 대상으로 구성될 것이다. 이는 타로 초보자가 접하기에는 다소 부담이 있고 어려울 수도 있다는 것이다. 그러나 타로를 공부하고 배우려 하는 사람들은 이 정도 수준의 책은 충분히 이해할 수 있다. 그것은 당신들의 정신적 영역은 일반 사람들과 분명히 다른 무엇인가 특출한 것이 있기 때문이다.

모쪼록 이 한 권의 책이 타로가 우리 문화와 잘 어울려 갑갑하고 우울한 현대인의 마음과 앞날을 행복으로 이끌어 주기를 간절히 염원하는 마음으로 집필한다.

신과 점술의 관계

동양과 서양의 모든 종족은 개벽 신화를 가지고 있다. 그런데 이들의 개벽 신화는 반드시 토템 신과 연관하는 공통점을 갖는다. 동양 신화에 등장하는 '炎帝神農(염제신농)'은 머리가 소인데 몸은 사람이고, 서양 신화에 등장하는 Kentauros(켄타우로스)는 몸은 말인데 머리가 사람이다. 동서양의 이런 형태의 신화는 모든 종족은 토템 신앙과 연관하고 있음을 보여 주는 것이다.

세월이 가고 시대가 바뀌면서 모든 종족이 추종하는 다양한 토템 신은 인간 문화의 변천에 따라서 다양한 절대 신으로 군림하게 된다. 고대의 인간은 이들 다양한 신들에 의지하고 그들이 내려 주는 지침(占)에 따라서 사회생활을 영위하게 된다. 그러나 이들 다양한 신들의 지침은 통일되지 않고 항상적이지 않아서(인간의 필요 위주로 해석하기 때문), 인간은 그에 따라 불필요한 전쟁을 하게 되고 대다수 인간들은 행복한 사회생활을 할 수 없는 구속된 삶을 지속하게 된다. 그에 대한 방증으로 서양 신화에는 신들의 다툼이 종종 등장한다. 그런데 이때 가장 고통받았던 계층은 인간이다.

동양에서도 '顓頊(전욱)'과 '蚩尤天王(치우천왕)'의 전쟁은 소위 '絶地

天通(절지천통)'[3]이라는 신과 관련된 전쟁이었고, 또한 하나라의 멸망에 관해『商書(상서)』에서는 "너희들 많은 사람에게 고하노니, 나의 말을 잘 들어라. 내가 스스로 감히 난동을 부리는 것이 아니다. 하나라가 많은 죄를 지어서 하늘의 명령을 받아 그를 멸한 것이다."[4]고 설명한다. 이는 곧 하나라와 상나라가 의지하는 신이 다른 것을 보여 주는 대목이다. 그러므로 점은 이러한 다양한 신들의 불합리하고 자의적인 통제와 억압에서 탈출하고자 했던 인간이 스스로를 위안하고 자신의 의지대로 사회생활을 영위하고자 했던 시도의 결과물이다.

농경문화가 주를 이루던 동아시아에는 다양한 신이 존재했다. 한곳에 정착하며 식물의 작황에 의지하여 살아야 했던 농경사회의 인간은 다양한 신에 의지할 수밖에 없었다. 즉 가뭄이 들면 물신(水)에게 빌어야 했고, 수해가 들면 태양신(火)에게 빌어야 했으며, 바람이 심하면 바람신(木)에게 빌고, 산사태가 일어나면 산신(土)에게 빌어야 했다. 하지만 유목사회는 자연재해가 오면 그 장소를 떠나면 됐다. 풀과 물과 나무가 많은 장소를 찾아가면 되었던 것이다. 그러기에 유목인에게는 많은 신이 필요하지 않았다. 유목인은 넓은 들판에서 생활하기에 오로지 천둥과 번개가 가장 무서웠던 것으로 그들의 신은 '천둥이고 번개이며 불로써 인간의 기도를 받는 것이다.'[5] 오로지 천둥과 번개 신만 경외하고 의지하면 되었던 것이다. 실제로 중세까지 몽고인은 천둥과 번개를 가장 무서워했다.

동아시아에서 이랬던 인간 사회의 신에 대한 의존은, 수많은 전쟁이

---

3) 각 부족이 마음대로 하늘에 제사를 지내지 못하게 하는 것.

4) 『商書』: 格爾衆庶, 悉聽朕言. 非台小子, 敢行稱亂. 有夏多罪, 天命殛之.

5) 요한계시록 8장: 하나님의 응답은 음성, 천둥, 번개, 지진을 통해….

벌어졌던 춘추전국시대가 되면 인간은 신을 의지하는 행위가 전쟁을 승리로 이끌어 주지 못한다는 것을 깨닫는다. 또한 기상이변에 의한 천재지변을 신을 의지하는 행위로 극복할 수 없다는 것을 알게 된다.

농경사회는 집단적 이주와 집단적 생산 활동을 하는 것이 아니다. 농경사회는 개인적인 노력에 따라 같은 땅에서 작황이 다르고 생산물의 대소가 다르기에 신도 각기 개인적인 부분에 따라 다르다. 집단적인 이주와 동일한 결과물이 생산되고 유용하는 유목인처럼 농경인은 공통적인 신, 즉 유일신이 필요하지 않다. 이것을 동아시아에서는 신이 인간 사회를 장악하는 능력이 느슨했다고 말할 수 있다. 여하튼 동아시아의 사회는 춘추전국시대부터 신 중심에서 인간 중심으로 변하고, 그에 따라 인간이 자의적으로 판단하는 점술이 대거 유행하기 시작한다. 즉 점술은 인간 중심적인 사회활동과 밀접한 관계가 있는 것이다. 하지만 공통적인 유일신을 믿는 유목인 중심의 서양은 신 중심 사회가 중세까지 이어져 오면서 그때까지도 신탁이 인간 사회에 중요한 요소가 된다.

점은 인간이 만사 만물을 이용하여 그들이 변화하는 항상성에 주목하고 이를 인간 사회생활의 有不利(유불리)에 연결하여 길과 흉을 예측하는 방법이다. 고대 인간은 이러한 방법을 통하여 신들의 통제와 억압으로부터 자유스러울 수 있었으며, 또한 일정한 법칙 아래에서 항상성이 담보된 법칙으로 인간의 길과 흉을 예측할 수 있는 수단을 확보하였다. 이것이 인간 문명에 점의 등장이고, 이후에 동서양 사회는 신과 점의 보이지 않는 대립이 지속되었다고 해도 과언이 아니다. 즉 신은 억압이고 통제이며 점은 자발적인 인간의 사유이다. 그러므로 신의 통제가 중세(18세기)까지 이어졌던 유럽에서는 점술이 발달하지 못하였지만, 유교적인 질서 체제와 도교적인 자유사상이 지배했던 동양에서는 점술의 발달이 두드러졌다. 그 예로 서양의 점술은 주로 신탁에 의한 방법에 의존하여 정단하고 타로의 체계도 종교적인 인물의 등장에서 시작되지만, 동양의 점술은 상(象: 물질의 모습)과 수(數: 물질의 변화)를 의존하여 인간의 자유스러운 사유(음양오행)로 정단함으로써, 다양한 점술이 등장[주역점, 육효점, 육임점, 기문둔갑, 자미두수(별점)]한다.

이러한 점에 대하여 '정병석'은 "당시 사람들은 이런 여러 가지 점치는 방법을 통하여 초자연적인 것 혹은 신의 의지가 드러내려는 징조를 통하여 그것이 미래에 드러내려는 것을 미리 파악하여, 그것을 자신의 행위와 결단에 있어서 중요한 근거로 삼으려고 한 것이다. 일반적으로 점을 통한 초자연적인 것과의 소통이라는 형식은 크게 세 가지 측면으로 나눌 수 있다. 다시 말하면 점을 치는 형식 혹은 방식의 차이점을 세 가지 정도로 나눌 수 있다는 말이다. 첫째로 말할 수 있는 것은 초자연적 존재가 드러내는 정보에 대한 관찰이다. 여기에서 관찰되는 자연현상은 바로 신이 계시한 것으로 인정된다. 자연현상에서 나타나는 여러 가지 변화를 신이 직접적으로 계시하는 징조로 간주하여 그것을 해석한다. 두 번째 것은 사람의 인위적인 조작이 부가된 것으로, 이것은 점치는 사람이 여러 가지 특별한 방법을 이용하여 초자연적인 대상이 드러내는 징조를 해석하는 것으로, 수동적으로 자연현상을 관찰하는 것과는 근본적으로 다르다. 세 번째의 것은 사람의 입을 통하여 신과 직접 소통하는 경우이다."[6]라고 설명한다.

부연하여 설명하면 정병석은 점의 종류는 ① 자연을 관찰하여 가감 없

6) 정병석, 『점에서 철학으로』, 도서출판 동과서, 2014년, 39쪽.

이 정단하는 것, ② 사람이 만든 체계를 이용하여 점치고 이를 인간의 자의식적인 사유로 해석하여 정단하는 것, ③ 사람이 기도나 그 외의 방법을 통하여 신과 교감하여 신탁을 받는 것이 있다고 설명하는 것이다.

필자는 이곳에서 신탁에 의한 점과 인간의 사유에 의한 점의 우열을 가리자는 것이 아니다. 하지만 필자가 생각하기에 인간에게 신이란 존재는 인간 자신을 유리하게 하면 좋은 신이고 불리하게 하면 나쁜 신(악마)이 되는 것이므로, 다양한 신 중에서 어느 신이 좋다고 단정할 수 없는 것이며, 그렇다면 과연 인간은 어느 신과 신탁에 의지하여야 옳은 것인가 하는 문제를 제기하는 것이다.

그러므로 필자는 타로가 동양적인 문화와 만나서 점술로서 기능하는 것에서 신의 영역을 개입시키는 것을 경계한다. 그것은 신탁과 타로는 전혀 별개의 문제이기 때문이다. 타로는 인간 사회의 생활을 문양화하여 인간의 희로애락과 길흉화복을 예측하고 정단하는 수단이다. 그러므로 근세까지 신의 영향을 받고 있는 서양에서 타로를 이용하여 서양 사람들의 인간사를 정단할 때는 어느 정도 신의 영역을 인정할 수 있으나, 동양에서 타로로 인간사의 길흉을 정단할 때는 신의 영역을 타로에 끌어들여 판단하고 정단하는 일은 신중해야 하고 경계해야 한다.

점은 암흑에서 빛을 찾는 특별한 행위다

가톨릭 사상으로 일반인을 지배하고 조종하던 중세 유럽의 성직자들은 현대에서 소위 사이비 교회가 주장하고 이용하는 의식과 교리, 집회 등을 똑같이 행하고 있었다. 그들은 자신들이 행하는 의식과 주장하는 교리, 또는 이익에 반하는 종교 집단을 악마의 교회라 부르면서 이교도와 이단으로 낙인찍고, 이들 교회의 존재를 단순한 비판이나 경쟁 대상으로 보는 것이 아니라 최후의 심판이라는 주제로 이교도와 이단 교회를 악마의 상징적인 요소로 삼았다. 그 결과 유럽 사회인의 생활과 사상 속에는 언제나 악마(악)의 유혹과 위험, 천사(선)의 평안과 행복이라는 주제가 자리하게 된다. 즉 인간의 불행은 악마(이교, 이단) 때문에 일어나는 것이고, 이를 극복하기 위해서는 오직 자신들의 가톨릭 종파에서 주장하는 신의 뜻에 의지하고 따라야 한다는 것이다. 하지만 그들의 신권주의가 주는 평안과 행복은 그 시대에 소수 위정자와 특정한 신분의 인간에게만 적용되고 작동되었기에, 대다수의 일반 유럽인들은 이를 통하여 행복과 안락과 평안을 영위할 수 없었다. 이렇듯 종교적인 강요에 세뇌되고 억압되던 그 시대 유럽의 일반인들은 시대와 문명이 변하면서 더 이상 불행(악마)을 극복하는 수단으로 가톨릭을 의지하는 데 회의적인 시각을 갖게 된다.

중세 유럽 사회에서 일어난 일련의 이러한 시대적인 사고 변화로 인간은 악마(불행, 위험)를 극복하고 회피하려는 수단으로 점이라는 방법을 찾게 되고 점점 이러한 수단이 유행하고 확장된다. 사실 신과 악마라는 존재의 정체는 인간에게 행복과 안정과 풍요를 주면 신이고, 인간에게 불행과 불안과 궁핍함을 주면 악마인 것이다. 초자연적인 현상의 세계에서 인간이 특정한 초월적인 존재만 추종할 필요가 없는 것은, 이들 초월적인 존재는 결코 인간에게 무조건적이며 무한대로 우호적이지 않기 때문이다. 이를 'Grillot De Givry(그리오 드 지브리)'는 "회의주의가 유럽을 강타했던 18세기 초까지 사람들은 항상 보이지 않는 어떤 세계를 두려워하면서 끊임없이 그 세계를 모험하고 싶은 욕구에 사로잡히곤 했다."[7]고 설명한다.

'헤시오도스'는 『신통기(神統記)』[8]에서 "고대 유럽인의 초자연적(신, 종교)인 의식 속에는 자연과 그에 따른 피조물, 그리고 인간에게 나타나는 운명, 파멸, 죽음, 잠, 꿈, 비난, 복수, 술수, 우정, 노령, 불화, 고난, 망각, 기아, 고통, 전쟁, 다툼, 살인, 타살, 불평, 사기, 논쟁, 범죄, 맹세 등에 대하여 의인화하여 신들의 이름을 붙인다."[9]고 말한다. 이것은 고대 유럽인들이 이러한 신들을 통하여 초자연적인 현상과 불가능의 영역에 대하여, 즉 숙명, 미스터리, 미래에 대한 궁금증과 두려움에 따른 공포 등을 해결하려는 노력의 일환이다. 그러나 이들의 그러한 노력에도 불구하고 인간이 당면한 여러 문제는 풀리지 않고 여전히 인간 사회는 두려

---

7) 그리오 드 지브리 저, 앞의 책, 15쪽.
8) 신들의 계보로 고대 그리스 8세기에 헤시오도스가 우주의 기원과 탄생, 하늘, 대지, 바다, 밤, 잠, 꿈, 죽음 등 모든 자연현상과 제우스, 아폴론 등 신들의 탄생과 우주의 기원을 노래한 1022행의 서사시로 자연현상도 신이라고 주장하는 것이 특징이다.
9) 헤시오도스 저, 김원익 옮김, 『신통기』, 민음사, 2018년, 38-40쪽 참고.

움과 공포 등에서 자유스럽지 못하다. 이제 인간은 이러한 문제를 해결하고 탈피하기 위하여 새로운 수단이 필요하게 된다. 이때 인간이 만든 새로운 수단은 인간 스스로 신과 악마들의 영역을 들여다보는 행위이고 그것이 바로 점이다.

그 시대의 점이 인간에게 필요했던 것은 소수가 독점하던 신탁과 신의 축복을 다른 방법을 통하여 얻을 수 있다는 것과, 이를 통하여 특권층과 동등할 수 있다는 희망적인 바람을 줄 수 있었기 때문이다. 때문에 점을 치는 행위는 인간이 암울하고 절망적인 자연환경과 사회적인 구조를 견디고 이겨 나가는 유일한 수단이라고 해도 전혀 과장되지 않는다. 어쩌면 그 시대의 인간은 점을 통하여 운명을 원망하고 위정자를 증오하던 자신을 설득하고 참고 인내하며 나름의 안정을 취하는 방법을 찾은 것이라고 할 수도 있다. 즉 인간은 생존을 위하여 점을 치는 것이다. 때문에 일반적인 사람이 사회를 살아가는 과정에서 점이 한 영역을 차지하는 것은 결코 이상한 현상이 아니다. 그러므로 점은 인간이 자신을 방어하고 안전하게 하며 이익을 취하고 행복하려는 행위로서 지극히 자연스러운 본능이다.

신의 지배력이 미미한 동아시아는 일찍이 점에 의지하는 문화가 유행하였다. 점에 대하여 '사마천'[10]은 『사기』에서 다음과 같이 말한다. "하·은·주 삼대는 거북으로 점치는 방법이 같지 않았고, 사방의 오랑캐들도 제각기 다른 방법으로 점을 쳤다. 蠻(만)·夷(이)·氐(저)·羌(강) 등 사방의 오랑캐들은 비록 군신의 차례는 없었으나 의혹을 해결하려는 점은 있었다. 혹은 쇠붙이와 돌로, 혹은 풀과 나무로 점을 쳤으나 나라마

---

10) 중국 전한시대 역사가. 산시성 용문 출생. 태사령 벼슬을 함. 출생 BC 145년-86년.

다 풍속은 같지 않았다."[11]

인간 사회가 본능적인 수렵문화에서 생산적인 농경문화로 변화하면서 인간의 의식구조는 점차 발달하여 점차 신과 악마에게서 탈출을 꿈꾸며 독자적인 생각을 하게 된다. 이 시기에 인간이 그들에 맞서 스스로 결정하려 한 행위가 곧 점이다.

"수렵 행위는 생산문화가 아니다. 농경이 생산문화의 시작이며 이런 모든 생산문화가 상업문화의 단초를 제공하는 것이다. 인간들의 생활이 수렵과 채취문화에서 농경문화로 변화하면서 생산이라는 개념이 정립되어 산물이 풍부해지며 잉여물이 생겨난다. 이런 문화의 변화는 상업이라는 사회적 변통 수단을 불러온다. 때문에 일정한 거래를 위하여 화폐가 등장하고 이로 인하여 점차 사회구조가 복잡하게 발전하면서 인간은 길과 흉에 집착하여 사사로이 점을 치기 시작하는 일을 반복하게 된다. 사실 하늘의 뜻이 매일매일 다르며 규칙성과 일정성이 없는 것은 당연하다. 같은 甲辰日(갑진일)에 점을 쳐도 60일 전의 甲辰日과 60일 후의 甲辰日은 햇빛이 다르고 바람이 다르며 점친 사람의 氣(기)가 다르고 장소가 다르다. 하루하루가 언제나 다르다. 같은 문제로 점을 쳐도 결과가 다르게 나오는 것은 자연은 시간과 공간이 다르면 반드시 다르게 작동하기 때문이다. 비슷한 것 같아도 똑같지 않다. 항상 규칙적이고 일정한 것 같아도 반드시 어느 곳에서는 다르다. 점이란, 하늘과 인간을 매개하는 수단이다. 하늘과 인간을 점이라는 특별한 방식을 통하여 완충시키고 소통시키는 유능한 방법인 것이다."[12]

---

11) 사마천, 『사기』, 「태사공자서」, 「귀책열전」

12) 김기학, 『주역의 천도관과 수술의 문화적 원형』, 공주대학교 대학원 석사 논문, 2017년, 32쪽.

동아시아에서는 고대국가에 점을 친 기록이 많이 존재한다. "고대에 왕이 점을 치는 행위는 겸손함이다. 겸손하기 때문에 고대의 왕은 자신의 의지대로 하지 않고 하늘에 뜻과 명을 물어본 것이다. 다음은 주나라 武王이 殷나라를 정벌할 때 점을 쳤다는 내용이 기록되어 있는 利簋(이궤)이다. 현존하는 서주 金文 중에서 연대가 가장 빠른 것이다.

武王이 商을 정벌하니 甲子日 아침이다.

歲로써 점을 치니 승리이다.

하룻밤에 商을 얻었다.

辛未日에 왕이 주둔지에서 利에게 청동을 하사하니,

그것으로 檀公의 귀중한 제기를 만들었다."[13]

利簋

"중국 안양의 小屯(殷)에서 발견된 龜甲에 새겨 넣은 甲骨文,[14] 「小屯殷墟文字丙編(소둔은허문자병편)」에 다음과 같이 그날을 구체적으로 명시하고 하루의 날씨 현상을 상세히 물어보며 점을 친 기록이 있다."[15]

---

13) 사마천, 앞의 책, 武王商, 唯甲子朝. 歲鼎, 克. 聞夙. 辛未, 王才?師, 易又事利金. 用作檀公尊 彛. 34쪽.

14) 甲骨文은 거북의 껍질과 짐승의 견갑골에 새겨진 상형문자로서 BC 1200-1050년 商나라 말기의 고대 문자이다. 1899년 청나라 말기에 '王懿榮(왕의영)'에 의해 안양현 소둔촌(殷墟 지역)에서 최초로 발굴되었으며 그 이후에 중국 대륙 여러 곳에서 대량으로 발굴되었다.

15) 김기학, 앞의 논문.

신기하게 잘 맞는 마르세유 타로와 십이신살

小屯殷墟文字丙編(소둔은허문자병편)

갑진일에 점을 치니 貞人(정인)[16]이 묻는다.

오늘 비가 오겠는가?

갑진일에 점을 치니 貞人이 묻는다.

오늘 비가 안 오겠는가?

갑진일에 점을 치니

정인(貞人)이 묻는다.

내일 을사일에 비가 오겠는가?

묻는다. 내일 을사일에 비가 오지 않겠는가?

묻는다. 내일 정미일에 비가 오겠는가?

묻는다. 내일 정미일에 비가 오지 않겠는가?[17]

---

16)　殷代 貞人은 甲骨로 점을 쳐서 上帝와 소통하는 巫術人으로 점친 내용을 갑골에 刻(각)하는
　　　사람이다.

17)　甲辰日卜, 貞今, 其雨. 甲辰日卜, 貞今, 不其雨. 甲辰日卜, 貞翌, 乙巳其雨. 貞翌, 乙巳不其
　　　雨. 貞翌, 丁未其雨. 貞翌, 丁未不其雨.

점을 정단하는 일에는 일정한 규칙에 따른 법칙이 존재한다. 이것은 현대인이 지향하는 과학적인 방법과 유사하며 인간을 무지에서 지식으로 이끄는 효과도 지닌다. 사실 신의 뜻(신탁)은 일정한 규칙과 법칙이 존재하지 않는 것으로서, 언제나 인간은 신의 이러한 변덕스러움에 곤경에 처하곤 한다. 이런 연유로 타로점의 등장은 중세 유럽에 인간이 더 이상 신과 악마에게 의지하고 종속하며 신과 악마의 뜻대로 살지 않아도 되는 진정한 정신적 자유와 독립을 이룰 수 있게 만든 대단한 사건이다.

그러므로 점은 불안정하고 불확실한 사회생활에 한 줄기 빛과 같은 수단이며 인간을 인간답게 하는 유능한 방법이다. 이제 우리는 점을 더 이상 이상하고 악마적인 방법으로 인식해선 안 된다. 본 저자는 점은 신과 악마의 통제에서 벗어날 수 있는 방법이며, 일반적인 인간이 소수의 위정자와 특정한 계층의 사람들과 동등해질 수 있는 유일한 수단이고, 더 나아가 겁박당하는 인간이 신과 악마를 견제할 수 있는 가장 효과적인 방법이라고 주장한다. 그러므로 인간에게 점이란 자유와 안정과 행복이며 인간이 특정하지 않은 무한한 영역에서 끝없는 발전과 진화를 할 수 있는 유능한 수단이다.

현대를 살아가는 우리는 유럽의 중세 시대와 동양의 고대 시대보다 훨씬 더 많은 변화의 시대를 살아가며 매 순간 선택해야 하는 어려운 시간을 보낸다. 즉 사회가 다원화하고 과학이 발전할수록 아이러니하게도 인간은 선택이라는 岐路(기로)에 더 많이 노출되는 것이다. 이런 일들은 현대의 만능 수단인 획일화된 컴퓨터가 해 줄 수 없는 일이기에 인간은 선택이라는 망망대해 앞에 외로이 서 있는 것이다.

어느 한순간 인간은 신에게 물어본다. 그러면 신은 항상 옳은 길을 선택하고 선하게 살라고 말한다. 무엇이 옳은 길이고 선한 일인 줄도 모르는데 말이다. 이때 점은 이러한 인간의 고충과 고민을 한꺼번에 해결해 줄 수 있는 유일한 수단이다. 캄캄한 밤에 빛과 같은 존재고 망망대해에서 섬과 같은 존재이다. 그중에 특히 타로점은 선명한 문양과 분명한 형상으로 인간을 위로하고 결정하게 한다. 동양의 점처럼 또 다른 복잡한 해석적 방법이 필요하지 않고, 타로는 보이는 모습대로 해석하고 쫓아가면 되는 점이다.

점은 암흑에서 한 줄기 빛을 찾는 행위이다. 인간이 고뇌할 때, 인간의 계산으로 도저히 희망이 없을 때, 오지도 가지도 못하는 진퇴양난에 빠졌을 때, 점은 이러한 인간을 추스르고 격려하며 용기를 주는 유일한 수단이다. 이러한 점을 누가 비하하고 손가락질하겠는가! 주변에 있는 모든 이들이 심지어 신도 해결해 주지 않는 일들을 점이 담당하고 있음을 우리는 명심하고 자랑스러워해야 한다.

마르세유 타로의 특징

)※(

마르세유 타로는 0번부터 21번까지 22장의 메이저 아르카나(Arcanes majeurs)와 다시 4장의 에이스 아르카나로 구성된다. 전체 26장의 아르카나는 각각의 고유한 의미와 특징을 지니고 있으며, 이들의 모습이 시사하는 의미와 특징은 당시 사회상과 깊이 연관되어 있다. 그러므로 마르세유 타로를 이해하려면 중세 유럽의 문화, 특히 중세 프랑스의 사회적 변화를 어느 정도 알 필요가 있는 것이다.

중세 유럽(17세기)은 종교가 지배하는 신권주의와 귀족이 독점하는 왕권주의가 팽배한 시대로서, 사망자가 800만 명에 육박하는 종교전쟁(1618년-1648년)이 일어난 시기이다. 이 종교전쟁은 유럽의 귀족과 더나아가 왕조의 교체 및 몰락을 가져오고, 특히 신민들의 생활 속 고통이 극에 달한 시기이다. 또한 종교전쟁은 이교도의 극심한 탄압으로 이어지기도 한다. 그러므로 메이저 아르카나에서는 이러한 유럽의 당시 사회 모습이 그대로 반영되어 있다. 특히 22장의 메이저 아르카나는 인간의 탄생부터 종교적인 지배사회, 왕권주의, 전쟁, 법과 질서, 신민(서민)들의 고단한 생활상을 적나라하게 펼쳐 놓은 것이다.

이에 대하여 '위잉스(余英時)'는 '서구 근대화와 세속화'에서 "서양 근대사의 주요 흐름은 신성(神聖)으로부터 세속(世俗)으로 나아가는

Secularization(세속화)의 과정이다. 당연히 정치나 사회, 사상도 세속화의 길을 걸어왔다. 18세기 사상가들은 자연법과 신을 분리하기 시작하였고, 방향을 바꾸어 인간이 이성을 구비하고 있다는 사실로부터 자연법의 기초를 다시 세우고자 하였다. 중요한 문제에서 서양인들은 신의 관념에 의지하려는 경향에서 종종 벗어나지 못하고 있었다. 제도화된 중세 교회의 권위는 근대과학의 충격으로 이미 철저히 붕괴하였으나, 가치 근원으로서의 기독교 정신은 여전히 각 문화 영역에서 만연하였다. 현상계를 넘어서는 '외재초월'의 서양 문화는 기독교에서 완전히 벗어날 수 없었는데, 그렇지 않았다면 가치가 의탁할 궁극적 근원이 없어지게 되는 것이었다."[18]고 설명한다.

그러므로 중세에 만들어진 타로는 기독교 정신이 지배하는 문화의 특성을 그대로 반영한 문양이다. 특히 타로의 전반부는 기독교적 요소가 다분히 들어 있는 모습으로 표현되어 있다. 그러기에 2번 여자 교황이 여제(황후)와 황제보다 더 일찍 등장하는 것이다. 6번은 연인들로 포장되어 있지만 사실은 종교전쟁이 일어나기 전에 서로가 협의하고 조정하기 위하여 만나는 장면이고, 7번 네 바퀴 수레(전차)는 전쟁을 수행하는 모습이다. 8번 정의의 여신은 종교전쟁을 통하여 이루어진 결과의 정당성을 내세우기 위하여 등장한 모습이고, 9번 은둔자는 전쟁으로 인하여 쇠퇴하여 물러가는 귀족과 성직자 세력을 묘사한 것이며, 10번 운명의 수레는 이로써 중세 유럽의 질서가 변했다는 것을 의미한다.

이것을 그리오 드 지브리는 "교황, 여사제, 황제, 황후, 마법사, 은둔자

---

18) 余英時 지음, 김병환 역, 『동양적 가치의 재발견』, 도서출판 동아시아, 2007년, 52-57쪽.

는 사회적인 지위고, 악마와 사자(死者)는 '알레고리적'[19]인 인물이며 정의와 힘과 절제와 신중(거꾸로 매달린 사람을 신중으로 이해할 경우)은 사람의 기본적인 미덕이고, 태양과 달과 별은 천문학적인 요소이며, 연인과 운명의 수레바퀴는 인간사의 불행과 관련된 요소이다. 그리고 전차, 교회(하느님의 집), 심판, 세계는 우주적인 운명을 나타낸다."[20]고 말한다.

이렇게 타로 문양은 중세 유럽의 사회상을 가감 없이 대변하고 있다. 이것은 현재의 타로가 신비한 점술 도구로 알려져 있으나, 사실은 중세 유럽의 인물과 사회상을 그린 지극히 역사적인 요소가 짙은 그림이라는 것을 보여 주는 것이다. 물론 타로의 0번 바보(나그네)와 1번 마술사는 기독교적인 요소와 다소 거리가 있는 모습이지만, 서민의 입장으로 생각하면 뒤에 등장하는 인물들, 즉 성직자와 지배자들 또는 상징을 우습게 알고 비꼬는 것이라고 할 수 있다. 즉 너희들이 하는 일들이 바보와 같고 허황한 것이라는 풍자가 아닐까?

여하튼 타로는 이상하고 신비한 것이 아니다. 그저 중세 유럽의 사회가 만들어 낸 시대의 문화적인 산물이다. 이것에 신비함을 덧칠하고 지극히 주관적인 해석과 끼워 맞춤을 확대한 것이다. 이제 우리는 더 이상 타로를 신비함으로만 몰고 가서는 안 된다. 문양과 의미를 있는 그대로, 보이는 모습 그대로 정단하고 해석하는 것이 중요하다. 그것은 타로가 중세 유럽의 인간의 지위와 생활상을 그대로 보여 주는 문양으로 만들어져 있기 때문이다.

---

19) 표면적인 이야기나 묘사 뒤에 정신적이고 도덕적인 의미가 암시된 것.
20) 그리오 드 지브리 저, 앞의 책, 377-379쪽 참고.

현재 유행하는 타로의 종류는 셀 수 없이 많다. 하지만 이들 대부분은 원형을 지나치게 변조하고 각색하여 타로의 순수한 기능을 상실한 채, 알 수 없고 불분명한 문양으로 채워졌다. 즉 파생된 것이 또 파생을 거듭하여 그 근원과 원칙을 벗어나 점의 도구가 아닌 단지 신비함과 유희의 수단으로 변한 것이다. 이럴 때 '마르세유 타로[21]'는 그 진가를 발휘한다. 타로의 원조에 해당하는 마르세유 타로는 순수한 점술의 목적으로 그 기능을 유지하며 370여 년 동안 원형을 보존하고 있다. 이것이 마르세유 타로의 특징이며 가장 훌륭한 장점이다.

마르세유 타로에 표현된 문양은 그 시대를 표현하고 사상을 대변하며 역사성을 지닌다. 중세 문화를 이어받은 현대인의 의식에는 그 시대정신과 의식구조가 광범위하게 자리하고 있다. 이러한 인간 의식구조는 흡사 유전과 같아서 어느 순간에 밖으로 드러나게 되는데, 이런 현상을 우리는 Antique(앤티크) 가구나 Vintage(빈티지) 패션 등 복고풍의 유행에서 볼 수 있다. 그러므로 마르세유 타로에 그려진 각종 문양은 현대 첨단시대를 살아가는 우리들의 의식과 교감할 수 있고, 또한 실제로 일어날 수 있는 현상이다. 때문에 타로라는 점을 치는 행위에서 원형이 심하게 훼손되고 변형된 타로를 사용한다면, 그 점치는 도구는 이미 점사의 기능을 상실한 것이기에 신뢰할 수 없는 것이다.

점에서 점치는 방식과 해석하는 방법은 시대에 따라 문화에 따라 종족에 따라 유행에 따라 달라질 수 있다. 동아시아인들이 점에 주로 사용하는 주역점은 육효점으로 변형되기도 한다. 관상에 주역을 대입하여 운

---

21) 파리 국립도서관 판화실에 소장된 자크맹 그랭고뇌르가 그린 샤를 6세 타로 카드 17장과 가장 흡사한 문양의 타로로서 역사적으로 가장 오래되었다고 한다.

명을 말하기도 한다. 이때 육효점도 관상도 주역이라는 괘는 훼손하지 않고 그대로 대입한다. 그러므로 점치는 도구는 근본적인 원칙이고 신성한 것이기에 훼손하거나 임의로 변형시킬 수 없다. 만일 점치는 도구마저 변형시키면 그 점은 이미 순수성이라는 기능을 상실하여 그저 한낱 놀이기구로 전락한다.

예컨대 중국의 은나라에서 유행하던 거북점은 거북이의 개체 수가 급감함에 따라 더 이상 거북점 치는 행위를 하지 않게 된다.[22] 거북이를 다른 동물이나 어류로 대체할 것을 고려치 않은 것이다. 아프리카 원시 부족은 아직도 사자 이빨로 점을 친다. 세월이 흐른 지금은 사자를 사냥하거나 포획할 수 없음에도 이들은 고대와 마찬가지로 사자 이빨을 이용하여 점을 치고 있는 것이다. 이들의 이런 것들을 잘 살펴보면 점치는 도구라는 근원을 잘 유지하고 보존한 것을 알 수 있다. 그러므로 현대에 무분별하게 유통되는 수많은 타로는 이미 점의 기능을 상실한 유희 기구라고 단정할 수 있다.

이런 연유로 이 책에서는 Pierre Madenie(피에르 마데니 - 1709: 사본은 취리히 국립 박물관 소장)가 그린 마르세유 타로 옆에 'Gringonneur(그랭고뇌르)'가 'Charles(샤를) 6세'를 위해 그렸던 샤를 6세 타로와 'Marco Benedetti(마르코 베네데티)'가 15세기에 재현한 피렌체 스타일 타로 등을 함께 소개한다. 현존하는 샤를 6세 타로는 마술사, 여황제, 여왕, 악마, 달을 제외한 17매가 파리 국립도서관 판화실에 소장되어 있다.

---

22) 다른 주장도 있다. 주 무왕이 반란을 일으킬 때 은 주왕이 거북점을 쳤는데, 승리가 나와서 서쪽의 군대를 동원하지 않고 전쟁하다가 멸망한 후에, 거북점을 신뢰할 수 없어서 없어졌다는 주장이다.

마르세유 타로와 현대 동양사회의 정립

―――――――×――――)＊(――――――×―――――

메이저 타로를 크게 나누면 0번 바보(MAT)부터 10번 운명의 수레(ROVE DE FORTVNE)의 전반부와 11번 힘(FORCE)부터 21번 삼라만상(MONDE)의 후반부로 나눌 수 있다. 전반부는 주로 그 당시 사회 지배계층의 모습이 등장하고, 후반부에는 서민의 사회생활상이 대부분 반영되어 있다. 이것은 지배계층이 주도하던 사회가 점점 서민이 주도하는 사회로 변천하는 모습을 보여 주는 것이다. 그러므로 타로는 후반부의 문양이 현재 우리들의 생활과 더욱 밀접한 관계가 있으며, 이러한 타로를 현대 사회와 연관하고 유추하여 점사를 정단하는 것이 대단히 중요한 포인트가 될 수 있다.

중세 유럽은 기독교적인 사상이 팽배한 시대로 다른 종교와 사상에 대하여 아주 배타적인 성향을 보였다. 유럽 전역에서 기독교의 권위는 제도화되고 시민들의 삶에 깊이 파고들어, 비록 자본을 기반으로 하는 청교도들의 자유분방한 신문화가 유행하였어도 여전히 중세 유럽인들의 사회생활은 기독교적인 가치관이 중요한 요소로 작동하고 있었다. "이런 설명을 통해 우리는 서양이 걸었던 길은 서양의 특수한 문화체계의 제한을 받았던 것임을 확실히 이해할 수 있다."[23]

―――――――

23) 余英時 지음, 김병환 역, 『동양적 가치의 재발견』, 59쪽.

그러므로 이러한 문화의 패러다임에서 만들어지고 사용되었던 타로에는 기독교적인 요소가 다분히 포함되어 있다고 해도 전혀 지나치지 않다. 특히 마르세유 타로는 중세 유럽의 기독교적인 사회상을 대변하는 모습으로 표현됐기에 현대에서 액면 그대로 받아들이는 것은 다소무리가 따른다. 그것은 마르세유 타로는 종교전쟁의 전후 사회상을 나타낸 모습이므로 안정적인 현대 자유 사회에 가감 없이 적용하기에는적절치 않기 때문이다.

동양의 문화는 서양과 달리 사상적인 대립이나 종교적인 반목으로 전쟁이 일어난 사례가 드물다. 예를 들어 동양적 종교라고 할 수 있는 불교는 동아시아 대륙에 진입하는 과정에서 기존의 도교와 어울려 각자가상승효과를 만들어 낸다. 더욱이 이들은 오히려 시너지 효과를 내어 도교는 단전호흡으로, 불교는 동양적인 불교의 특징인 선종이라는 독특한불교문화를 만들어 낸다. 특히 송나라 시대의 '程伊川(정이천)'[24]이나 '邵雍(소옹)'[25] 등 당대의 지식인들은 머리를 깎으면 僧道(승도)가 되고 기르면 儒學者(유학자)라고 평가받기도 한다.

즉 동양에서는 종교와 사상이 세속 간에 심각하게 대치하거나 또는 종교가 세속을 철저히 지배하는 일이 드물었으며, 그러기에 "동양인의 가치 근원은 인격화된 신 관념에 의지하지 않으며, 모든 것을 포괄하여 설명하는 신학 전통도 없다. 이런 이유 때문에 'Charles Darwin(찰스 다윈)'의 진화론은 서양에서 강렬한 저항을 일으켰고, 그 여파가 지금까지도계속되고 있지만, 근대 동양에서 유포될 때는 거의 아무런 방해에 부딪

---

24)   북송 시대 학자로 성리학의 理學 선구자이다. 본명은 程頤(정이)고 伊川(이천)은 호다.
25)   북송 시대 사상가로 소강절이라 부른다.

신기하게 잘 맞는 마르세유 타로와 십이신살

히지 않았다. 물리, 화학, 천문학, 의학 등 다양한 분야의 지식 체계가 유입될 때도, 동양인들은 이를 거부하지 않았다."[26]

그러므로 서양의 문화적 가치관을 동양에서 똑같이 모방하거나 적용한다면, 작동하는 방향과 사물은 전혀 다른 결론과 결과에 직면하여 곤란한 지경에 이르게 된다. 이에 대하여 '김기학'은 "각 시대에 따른 정신적 기질(Ethos)은 그 시대를 대표하는 문화의 원형(Archetype)이 어떻게 형성됐는지를 이해하는 중요한 실마리가 된다. … 대체로 문화는 그 시대의 자연환경과 사회의 생활양식을 수용하고 있으며 그에 따른 사상의 변화를 반영하고 있다. 우리가 한 시대를 대표하는 문화를 알려면 먼저 그 문화가 지향하는 사상적 체계를 이해하고, 그 사상이 수용하고 있는 사회적 성격을 파악해야 한다."[27]고 설명한다.

이러한 연유로 서양의 타로를 동양에 접목하는 일은 서양의 종교와 사상이 동양의 종교와 사상과 다르다는 것을 인식할 때, 비로소 올바른 방향과 결론을 유추할 수 있다. 종교와 사상이 다르면 그에 따라 문화가 다르며 자연환경을 이해하고 교류하는 방법이 달라진다. 점은 "인간이 천도와 자연현상 속에 통일적인 원리와 항상적인 법칙을 찾아서 그 속에서 인간의 현실적 문제를 해결"[28]하려는 것이다.

즉 서양의 점술 문화 타로를 동양인이 유효하고 적합하게 사용하려면, 서양적인 사유 방식에 따른 사회생활과 동양적인 사유 방식에 따른 사회생활을 비교하여 그들 사이에서 유사성과 연관성을 찾아 통일된 행동 패턴을 유추하여야 한다. 이런 과정을 거쳐야 비로소 서양의 타로를 이

---

26)　余英時 지음, 김병환 역, 앞의 책, 63-64쪽.
27)　김기학, 『주역의 천도관과 수술의 문화적 원형』, 2017년, 공주대학교 대학원 석사 논문, 1-2쪽.
28)　김기학, 앞의 논문, 1쪽.

용하여 동양인의 사회생활의 유불리(有不利)와 길과 흉을 정단할 수 있
으며 올바른 견해로서 '내담자'[29]와 그 주변의 사람들을 행복한 방향으로
유도할 수 있다.

---

29) 점을 치러 온 사람.

타로의
인생 여정

타로 0번
LE MAT(레 마아트)

Le Mat(나그네)

Le Fou 르 푸(바보)

마아트의 원래 의미는 바보이다. 마아트는 보따리를 어깨에 메고 지팡이를 짚고 길을 떠나는 나그네로 묘사되었다. 때문에 마아트는 출발, 시작, 변화, 도피, 도주, 가출, 방황, 유랑, 방랑, 바람기, 무책임, 전달자, 노숙자, 낯선 사람, 잘 모르는 사람, 헤매는 사람, 민초, 노동자(일용 노동자) 등으로 해석된다. 즉 타로는 그 시대 일반인의 사회상을 적나라하게 나타내는 그림인 것이다.

역사적인 시각으로 타로에서 레 마아트에 0번을 부여한 것은 바보 같은 일반인들(민초)이 '르네상스[30]'와 18세기 프랑스 대혁명(1789년)을 주도하였고, 또 그 시대를 견인하였음을 나타내는 것이다. 다른 한편 마아트를 타로의 0번에 배치한 것은 '모든 인간은 원래 이러한 모습으로 살아간다.'는 의미와 앞으로 등장할 타로에서 '인생 여정이 결코 만만하지 않다.'는 것을 의미한다. 즉 닥쳐올 미래에 일어날 일들을 모르고 막연하고 대책 없이 시작되는 것이 '모든 인간의 운명'인 것이다. 인간은 부모 품을 떠나서 나만의 길을 갈 때부터가 인생의 시작이고 사고가 일어나기 시작한다. 그러기에 이 바보의 다리를 운명의 신이 붙잡으며 걱정하고 만류한다. 부디 안전하고 행복한 여정이 되기를 바라며 매사에 근신하고 조심하라는 경고이다. 이런 이유로 마아트를 근신과 조심으로도 해석할 수 있다.

그러나 마아트를 또 다른 시각으로 바라볼 수도 있다. 인간의 인생 여정은 원래 출발부터 장애를 갖고 시작한다는 관점이다. 인간은 전지전능하고 완전하지 않기에 필연적으로 모두 결점과 장애(다리를 붙잡는 개)를 안고 살고 있다는 뜻으로, 출발부터가 불안하고 안전하지 않다는 것이다. 그러기에 이것을 어떻게 극복하고 가느냐가 문제다. 마아트가

---

30)   14-16세기에 이탈리아에서 서유럽까지 확대된 시대적 정신운동.

들고 있는 지팡이는 조심을 의미하고, 보따리는 그 자신의 숙제로서 전생의 업보이든지 신이 준 문제를 의미한다.

다른 시각으로 마아트가 0번인 것은 앞으로 나올 모든 타로와 마아트는 모든 면에서 잘 어울릴 수 있다는 것을 의미하고 긴밀한 상관관계를 가질 수 있다는 것을 시사한다.

1. 신과의 관계

마아트를 전령의 신 'Hermes Cylleneius(헤르메스 킬레네이우스)'와 연관하여 볼 수 있다. 헤르메스는 제우스와 始原(시원)의 요정 'Maia(마이아)' 사이에서 태어난 아들로 성장 속도가 어느 신보다도 빠르며 많은 재능의 소유자로 다재다능하기도 하다. 그는 인간과 인간 사이(현실에서 민초들 사이의 관계), 신과 신 사이(현실에서 위정자들 사이의 관계), 신과 인간 사이(현실에서 위정자와 민초의 관계)를 연결하고, 죽은 영혼을 저승에 전달하는 역할을 한다. 이렇듯 생과 생, 생과 사의 경계를 넘어 다니는 존재인 헤르메스는 인간이 잠자는 동안에 꿈을 가져다주는 역할도 한다. 이러한 연유로 헤르메스는 지팡이와 챙이 넓은 모자나 날개가 달린 모자(페타소스 火), 그리고 날개가 달린 샌들(탈라리아: 빨간 신발 火)과 망토를 두른 청년의 모습으로 묘사된다. 즉 헤르메스는 불의 에너지를 가진 신이다.

헤르메스는 상인과 도둑의 신, 여행자들의 신, 목동들의 지도자인 목축의 신이다. 때문에 여행자, 전령, 상인, 도둑, 처세가, 교활한 거짓말쟁이, 달변가, 목축인, 현대 철새 정치인에 해당한다. 헤르메스라는 낱말의 어원은 경계석, 경계점을 뜻하는 Herma(헤르마)로, 즉 '건너서 넘어간다.'라는 의미이다. 그러므로 그에게는 운송, 전달, 전송, 교환, 횡단, 초월, 탈출 등의 행동 활동이 있으며, 이는 현대에서 물품 교역과 교환(상인, 무역), 언어의 교역과 교환(통역과 번역), 정보의 교역과 교환(외교), 문화의 교역과 교환(유행), 사상의 교역과 교환(포교)이고 이는 반드시 보디랭귀지(신체 언어, 행동)를 통해 연결된다.

헤르메스 킬레네이우스/출처 구글

2. 시대적인 상황

유럽의 17세기 상황을 마아트를 통하여 분석하면, 그 시대는 신을 의심하고 부정적으로 보는 르네상스 시대이다. 르네상스 시대는 과학의 발달과 더불어 신에 종속적이던 인간이 드디어 신으로부터 탈출을 시작한 시대이다. 문학과 미술 등 사회 전반에 걸쳐 신 중심의 생활에서 인간 중심의 생활로 변하는 시대가 르네상스이다. 이러한 시각으로 보면 마아트는 사회의 변화가 시작되었음을 알리는 것이고, 뒤에서 붙잡는 강아지는 그래도 완전히 신에게서 탈출할 수 없다는 뜻으로 볼 수 있다.

그리오 드 지브리는 마아트를 '광대-백치, 황홀, 무절제'라고 설명하며 "고대 궁정이나 성에 살던 고전적인 익살꾼을 묘사해 놓았다."[31]고 말한다. 중세의 문예 부흥기에 동서양의 궁정에는 왕이나 귀족 계통의 사람에게 연회와 연극 등 오락으로 무료함을 풀어 주고 즐거움을 선사하는 광대들이 존재했다. 그들은 노래와 곡예, 만담, 마술로써 궁정 안의 사람에게 즐거움을 선사할 뿐 아니라 저잣거리에서도 공연을 하는 현대적으로 표현하면 만능 엔터테이너였다. 하지만 이들의 거처는 일정하지 않아서 흡사 유랑자와 같고 나그네와 같은 존재였다. 근세에도 한때 유랑 극단이라는 공연장이 성행하기도 했다. 즉 고대의 광대는 잠시 머물다가 떠나는 유랑 집단이었다. 어느 곳에도 소속되지 않은 이들의 생활은 무절제하고 순간의 쾌락을 즐기기에 그리오 드 지브리는 마아트를 무절제, 황홀이라고 한다. 또한 이들의 이러한 생활은 미래가 없이 즉흥적이므로 흡사 바보, 천치, 백치라고 한 것이다.

마아트의 그림을 보면 인간은 빈손으로 왔다가 빈손으로 가는 것이 아니다. 무엇(보따리)인가 갖고 온 것이 있다. 그것은 하늘이 인간에게 부여한 사명일 수 있으며, 어쩌면 전생에 풀지 못한 문제일 수 있다. 그래서 타로에서는 마아트를 정처 없는 나그네라고 부른다. 이곳에서 바보 같은 인간의 인생 여정이 드디어 시작된 것이다. 즉 바보의 보따리에 담아온 구구절절한 사연과 애환이 펼쳐지는 것이다. 마아트는 거처가 일정하지 않은 사람이다. 이를 '장자'는 "거처가 일정하지 않으면 생각이 제대로 되지 않는다(사려가 부족한 사람, 즉 바보)."[32]고 설명한다. 그러

31) 그리오 드 지브리 저, 앞의 책, 388쪽 참고.
32) 장자 지음, 김창환 옮김, 『장자』 외편, 을유문화사, 2016년, 88쪽.

므로 마아트를 어리석은 사람, 무책임한 사람, 꿈을 좇는 사람, 방랑자, 길손, 모르는 사람, 현대의 노숙자, 방물장사 등으로 볼 수 있다.

마아트를 장사꾼으로 해석할 수 있는 근거는 그 시대의 장사꾼이 모든 물건을 어깨에 메고 돌아다니며 팔았던 행위와 연결하여 본 것이다. 장사꾼, 즉 상인은 대체로 신을 완전히 신봉하지 않는다. 그것은 상인은 세상 모든 곳을 돌아다니기에 교회나 성직자가 말하는 젖과 꿀이 흐르는 땅이 없다는 것을 알고 있기 때문이다. 즉 유토피아는 존재하지 않는다는 것을, 이미 그들은 수많은 여정을 통해 알기에 성직자와 교회의 주장을 의심하고 더 이상 신을 완전히 신봉할 수 없는 것이다. 이런 상인의 본질에 대하여 '성제환'은 "암흑의 시대로 불리는 중세 천 년은 기독교 교리로 공동체가 다스려졌다. 하지만 농업에서 상업으로, 대토지를 소유한 영주 계층에서 상인들로 경제활동의 중심 영역과 주체가 변모된 새로운 시대로 바뀌자, 기독교 교리는 이 시대를 운영하는 효율적인 이념이 될 수 없었다."[33]고 설명한다.

상인이라는 존재는 세상을 바꾸는 사람이다. 세상은 그들을 통하여 새로운 문물과 문화와 종교와 사상을 접했으며 심지어 종족의 교합까지 일어난다. 때문에 마아트를 '변화'라고 해석할 수 있다. 신을 절대로 신봉하는 집단은 폐쇄적이다. 그들은 외부와 교류를 하지 않기에 상업이 발달할 수 없는 구조의 사회활동을 하는 것이다. 그러기에 현대에서도 특정한 신을 신봉하는 그룹은 집단적으로 폐쇄적인 생활을 하며 이들은 주로 농업, 축산업 등 1차 산업에 종사하는 것을 종종 볼 수 있다. 결론적으로 타로의 0번에 마아트를 배치한 것은 타로는 역동적으로 변화하

---

33) 성제환, 『당신이 보지 못한 피렌체』, 문학동네, 2017년, 겉면.

는 시대에 만들어진 것으로서 모든 타로는 그 시대 상황을 대변하는 문양으로 이루어졌으며, 이는 곧 타로는 '신탁에 의지하는 점법이 아니다.'라는 방증이다.

그러므로 마아트를 방물장사, 보부상으로 해석하면 그 시대 르네상스를 선도하는 사람은 상인이었다는 의미가 된다(과학과 공업 그리고 예술 발전은 상인의 부의 축적이 있기에 가능했다). 이런 변화를 성제환은 "시간이 지나면서 공동체에 유용한 수단과 가치들을 지속적으로 제공할 수 있었던 상인 계층은 점점 득세했고, 상인 계층에 비해 유용한 수단과 가치를 제공할 수 없는 처지가 된 주교와 주교의 봉신인 영주 계층이 누리던 권력은 서서히 쇠락해 갔다. 중세 시대 천 년을 지배했던 종교의 신성함은 훼손되고, 종교적 신성을 기반으로 주교가 한때 누렸던 세속 권력은 자연스레 상인에게 넘어갔다."[34]고 말한다. 그러므로 마아트가 타로의 첫 번째가 된 것은 시대의 중심이 성직자와 권력자에서 상인에게로 넘어왔음을 示唆(시사)하는 것이다.

하지만 다른 시각으로 보면 마아트는 일체의 속박에서 벗어난 자유자재한 사람이다. 즉 장자가 말하는 소요유(逍遙遊)의 경지에 달한 사람인 것이다. "소요유는 사유의 한계, 지식의 한계, 현실의 한계 등 갖가지 한계에서 벗어난 것이다."[35] 이 경우에서 마아트를 출가인, 자연인, 도인, 無所有人(무소유인), 배교인(背敎人)으로 볼 수 있다. 하지만 돌이켜 생각하면 출가인, 자연인, 도인은 꿈을 꾸는 사람이고 어리석은 사람이 아닌가! 결국 마아트는 사람의 인생 전체를 말하는 것으로서, 모든 인간이

---

34) 성제환, 앞의 책, 8쪽.
35) 장자, 앞의 책, 내편, 14쪽.

란 꿈에서 살고 꿈을 좇고 어리석고 무책임하며 끝을 알 수 없는 곳을 헤
매는 존재라고 말하는 것이다.

3. 현대적인 비유

마아트는 현대에 공연히 바쁜 사람과 연관된다. 그는 집 밖을 항상 바
쁘게 돌아다니며 오라는 곳은 없어도 갈 곳이 많다. 나그네와 바보에 해
당하는 마아트는 무책임한 사람, 무계획한 사람, 돈 없는 사람, 쓸데없이
바쁘게 항상 움직여야 하는 사람, 가정이 없는 사람, 집을 나와 정처 없
이 길을 떠나는 사람, 방랑하는 사람, 무전 여행객, 변심자, 명예와 재물
과 인연이 박한 사람, 몽상가, 소문쟁이, 이야기꾼이다. 하지만 마아트는
생명력과 적응력이 강하여 무슨 일이든지 할 수 있고, 어느 상황에서도
먹고살 수 있는 사람으로서 현시대의 보편적인 민초에 해당한다.

결론: 현대에서 마아트의 상담 언어는 운송 수단으로 신발, 자전거, 오토
바이, 경승용차, 순찰차이고, 대체로 스케일이 작은 일에 종사한다. 학과
는 관광과, 문화과, 상업과, 마케팅과, 비서학과 등에 적합하다. 장소는 골
목길, 시골길, 옛날 길, 정비가 안 된 구도심 길, 타향이다. 질병은 각기병,
다리 질환, 몽유병, 정신 행려병, 위장병, 충동증 등을 조심하여야 한다.

마아트의 연애와 결혼, 즉 애정은 실패, 이별, 별거, 바람기가 끝없는
문젯거리다. 그러므로 가정환경은 주말부부나 데릴사위, 가출한 가족으
로서 대화가 부족하고 소통이 힘든 사람이다. 예컨대 마아트의 성향은
긍정적으로는 아이디어가 속출하고 자유분방한 사람이지만, 부정적으
로는 부산스러운 사람이고 무정한 사람이다. 외모는 특이성이 있는 사
람으로서 보편적이지는 않다. 그래서 이성에게 매력이 있고 인기가 있

을 수 있다. 때문에 애정 문제는 육체적 원나잇도 가능하여 쿨하지만, 법적으로 연관되면 결별과 이혼에서 언제나 남아 있는 문제(재산, 자식, 소유권 등)로 인하여 깔끔하지 못하다.

경제 환경은 병들어 눕기 전까지 계속 돈을 벌어야 하는 처지로 소소한 지출이 많아서 돈을 모으거나 저축하지 못한다. 할 수 있는 일은 많은데 딱히 정해진 것은 없다. 곧 몸으로 때워 먹고산다. 때문에 마아트와 돈거래나 중대한 약속을 하면 곤란하다.

한편 마아트의 강점은 어떤 환경에도 적응을 잘한다. 그러므로 마아트의 사회적 직군은 세일즈맨, 안내원, 경비원, 우체부, 순찰인, 지방직 공무원, 의전관, 대변인, 물류업, 배달업, 도매업, 신문기자, 여행 가이드, 가스·수도 검침원, 요양 보호사, 학습지 선생님, 아르바이트 등 주로 몸을 움직이는 직군이고 일당직이기도 하다.

타로에서 마아트가 등장하면 뜻하지 않은 일들이 발생할 수 있으며 신변에 변화가 생기고 그로 인하여 가정과 사회에서 새로운 일들이나 사건 사고가 시작되는 것이다. 꿈 점은 자신의 정신이 주관하고 신점은 자신과 연결된 외부의 영혼이 주관한다. 때문에 꿈 점과 신점은 반드시 같을 수 없는 것이다. 꿈 점에서 마아트가 등장하면 직장을 이직하거나 그만두게 되고 연인과 헤어지며 외톨이로 고립한다. 신점에서 마아트가 등장하면 객사한 일가친척이나 모르는 객신이 들어온 것이다. 이 객신은 배고프다고 밥 달라고 하고 고달프니 잠시 있게 해 달라고 하며 대체로 귀찮고 불편하고 피곤하게 한다. 하지만 이 요구를 모두 들어줘도 이들은 감사한 줄 모르고 계속 불평하고 시비를 끊임없이 만들어 낸다. 인정하지 말고 수단과 방법을 가리지 말고 내쳐야 하는 객신이다.

신기하게 잘 맞는 마르세유 타로와 십이신살

타로 1번
LE BATELEUR(레 베에틀레어)

Le Bateleur(마술사)

이탈리아 페라라
D' Este 타로

베에틀레어는 '1500년의 것으로 알려진 프랑스 채색 카드를 옮겨 놓은 것이다.[36] 베에틀레어는 요술쟁이, 마술사라는 뜻으로 야외에서 테이블을 펴 놓고 무언가를 열심히 하는 사람으로 그려졌다. 베에틀레어의 사회적인 의미는 누구든지 시작은 이렇게 사소하고 알 수 없는 것에서부터 한다는 것이다. 무언가를 열심히 만들고 변화시키고 변형시키는 것이야말로 인간이 막연하고 험난한 인생 여정을 극복할 수 있는 수단인 것이다. 이것은 또한 0번 Le Mat의 바보와 나그네라는 인간이 변하기 시작하였다는 뜻이기도 하다.

베에틀레어는 바보 같은 나그네로 출발한 인간이 다양하고 수많은 모습의 형태와 성질로 변하여 가는 것을 묘사한 그림이다. 이제 이곳에서 인간은 더 이상 출발했던 모습으로 돌아갈 수 없음을 의미한다. 각자의 개성에 맞게 변화된 인간이 등장하고 또 다양한 모습의 인간이 등장하는 타로의 예고편이 베에틀레어이다. 그래서 이것을 마술사라는 이름으로 부른다.

베에틀레어를 마법사로 부르기도 하고 마술사라고 부르기도 한다. 마법사와 마술사는 다르다. 마법사는 현명하고 사려 깊은 사람으로서 지식이 광대한 학자나 현자와 스승(Wizard, 위저드)으로 예언가를 의미하고, 마술사는 자연이나 초자연 현상을 이용하여 가공하고 각색하는 사람으로서 발명가와 기술자를 의미한다. 때문에 베에틀레어는 타로가 처한 여건에 따라서 마술사로 볼 수도 있고, 마법사로 볼 수도 있다.

먼저 마법사에 대하여 설명하겠다. 그리오 드 지브리는 베에틀레어의 의미를 청렴이라고 설명한다. 베에틀레어를 청렴이라는 의미로 적용할 때는 마법사로 본 것으로서 그는 학자이고 현자이며 스승이다. "그러나 한편으로 타로의 그림들을 어떤 상징물로 보고 그것을 투시력으로 읽어

---

36) 그리오 드 지브리 저, 앞의 책, 372쪽 참고.

내는 사람들도 있었다. 그들은 카드의 그림에 시선을 고정했다가 깊은 최면에 빠진 후, 그림이 알려 주는 미래의 상황을 읽어 냈다."[37] 이런 이들의 수단과 방법으로 볼 때는 베에츨레어를 마술사로 적용한 것이다. 베에츨레어를 마술사로 적용할 때는 베에츨레어는 요술쟁이로서 그는 물리화학자이고 개발자이며 기술자이고 또 다른 어떤 의미로는 사기꾼이라고 할 수 있다.

'앙트완 쿠르드 제블랭'[38]은 마법사, 여사제, 황후, 교황, 황제, 은둔자 타로를 사회적인 지위를 나타내는 타로로 분류하였다. 제블랭의 이러한 견해로 타로를 해석하면 베에츨레어는 사려 깊은 현자와 예언가, 지식이 광대한 학자이다. 그러나 타로를 단순히 신분으로 해석하면 다양한 곳에 적용력이 떨어진다. 이러한 분석에 의한 방법은 단지 인물이 속한 계층을 분석할 때 유익한 것이다. 타로는 서민들의 사회생활과 깊은 연관성이 있기에 주로 발명가, 개발자, 기술자로 보는 사례가 실제 현실 리딩에는 더 많고 빈번할 것이다.

1. 신과의 관계

베에츨레어와 신의 관계는 대척점에 있다고 말할 수 있다. 즉 마술사인 베에츨레어는 신들이 하는 일들을 인간 스스로 하려고 시도하는 자로서, 어떤 의미에서는 이것을 인간의 신에 대한 도전이라고 할 수 있다. 인간이 신에게 도전하였던 인물은 그리스 신화의 'Sisyphus(시지프스)'가 있

---

37) 그리오 드 지브리 저, 앞의 책, 388쪽.
38) 스위스인(1725-1784년)으로 언어학자이고 프랑스에서 개신교 목사로 전도 생활을 했다. 타로의 고대 이집트 기원설을 주장했다. 그는 타로를 이루는 요소를 분석하여 그것을 논리적인 순서에 따라 재배열하였다. 그리오 드 지브리 저, 앞의 책.

다. 시지프스는 그리스 헬레니즘 시대의 코린토스 왕국의 시조로서 욕심과 꾀가 많아 상대방을 잘 속이고 여행객이나 방랑자를 살해하기도 했다.

이런 시지프스는 신을 속이기도 하여서 죽기 전에 아내에게 자신이 죽으면 장례와 제사를 지내지 말라고 당부하고, 훗날 죽은 뒤에 저승의 신 하데스에게 자신이 제사를 받지 못하므로 이승으로 보내 주면 아내를 설득하여 제사를 지내도록 한 뒤에 다시 돌아오겠다고 약속한다. 그 말에 속은 하데스는 시지프스를 이승에 보내 준다. 하지만 그는 저승으로 돌아가기를 번번이 거부하다가 끝내 헤르메스(마아트)에 의해 강제로 저승에 돌아간다. 결국 "시지프스는 저승에서 커다란 돌을 가파른 언덕 위로 끝없이 반복하여 올리는 벌을 받는다."[39]

(좌) 티치아노 베첼리오. 프라도 미술관
(우) 니콜라이 버디킨. 러시아(시지프스)/출처 구글

39) 호메로스, 김성진 역, 『오디세이아』 인문고전 클래식, 인용.

　　　　　　신기하게 잘 맞는 마르세유 타로와 십이신살

이 벌을 혹자는 신을 속인 벌이라고 하고 또 다른 이는 신들의 비밀을 인간에게 알린 대가라고도 한다. 그러므로 베에츨레어에는 꾀가 많은 사람, 속이는 사람, 겉과 속이 다른 사람, 새로운 영역에 도전하는 사람, 같은 일을 반복하는 사람이라는 뜻이 있다.

동아시아에서 신과 대척점에 있던 사람은 석가와 장자이다. 석가는 인간이 깨달으면 신을 초월하는 능력을 가질 수 있다고 주장하였다. 때문에 불교에서 신의 지위는 부처나 보살보다 아래에 위치한다. 장자는 도교의 중심에 위치하는 사람으로 도교에서는 인간이 진실로 열심히 수행하면 長生不死(장생불사)하고 羽化登仙(우화등선)하여 신통한 능력을 지닌, 즉 신의 경지에 도달하여 신과 대등한 능력을 가진 신선이 될 수 있다고 주장한다. 참고로 신의 영역을 나타내는 숫자인 0은 동양에 속하는 인도에서 만들었으며 수학에 관한 여러 가지 함수는 중세 인도가 선도하였다.

2. 시대적인 상황

마법사는 어쩌면 인간이 가장 원하고 바라며 되고 싶은 것이다. 그러므로 이것을 인간의 욕망에 대한 견해로 보면 인간이 사물을 마음대로 변화시키고 변형시키는 것은 신의 영역에 대한 도전이라고 할 수 있다. 베에츨레어는 그 시대(중세 유럽)의 가치관의 변화와 새로운 문화의 시작을 보여 주는 상징적인 그림이다. 즉 신 중심적이던 유럽 사회가 르네상스 시대가 되어 다양한 모습으로 변하는 것을 묘사하는 그림이 베에츨레어이다. 그러므로 이곳에선 더 이상 신의 절대성과 무한함이 작동하지 않는다. 인간이 원하는 대로 사회는 변하고 문화가 발전하며 그에 따라 다양한 사람이 배출되는 것이다.

중세 유럽 시대에 과학의 발전과 더불어 의학이 발달하여 인간이 가장 두려워하던 문제(질병, 죽음)들이 해결되면서, 더 이상 인간은 신을 절대적으로 신봉하지 않게 되었다. 즉 그 시대의 인간은 인간 탄생의 신비와 죽음의 비밀을 점차 어렴풋이 알 수 있게 된 것이다. 말하자면 마법사들의 끝없는 실험으로 과학이 발전하면서 인간에게 천형과 천벌로 여겨지던 각종 질병은 하늘이 내린 벌이 아니라는 것을 인간들이 인식하게 된 것이다. 때문에 베에츨레어를 마법사로 정의할 때는 무신론자, 창의력 있는 사람, 과학자 등으로 볼 수 있다.

그리오 드 지브리는 『마법사의 책』에서 베에츨레어에 '청렴'의 의미가 있다고 한다. 아마도 그리오 드 지브리는 베에츨레어를 魔法師(마법사)로 분석하여 청렴하다고 한 것 같다. 청렴은 탐욕이 없으며 성품과 행실이 맑고 순수한 것을 말한다. 마법사의 사는 스승 師이다. 고대 시대 마법사의 의미는 현대와 달라서 여러 학문에 대하여 방대하고 심오한 지식을 지닌 사람을 의미했다.

이를 그리오 드 지브리는 "우리가 오늘날 '지식인'이라고 부르는 계층을 마법사로 정의한 것은, 당시에 학자에 대한 이미지가 정확하게 정립되지 않았기 때문이다. 당시에는 학교 교육을 받은, 즉 교회의 교리와 아리스토텔레스 사상의 영향을 받은 대학의 공식 교사들은 학자라고 불렸지만, 어두운 실험실에서 여러 가지 재료를 다루며 그 비밀을 파헤치거나 실험 과학의 기초를 정립하려 했던 사람은 마법사의 한 부류로 간주되었다. 사실 그들은 오늘날 자연과학의 한 연구 분야를 영적 작용과 혼합하려고 했다는 점에서 그런 취급을 받을 만하다."[40]고 설명한다.

마법사는 대체로 위인들의 스승이나 선지자에 가까운 인물로 선한 이미지가 강하다. 때문에 베에슬레어 타로를 마법사로 정의할 때는 베에슬레어가 처한 조건이 편하고 순수할 때이므로, 청렴이라는 뜻을 활용하여 과학자, 학자, 창의력이 뛰어난 발명가라고 할 수 있으나, 베에슬레어 타로가 처한 조건이 불리하고 불량하다면 아주 나쁜 의미로 분석하여 현대 카지노의 카드 게임자, 사기도박자, 표절가 등으로 볼 수 있으며 이는 마술사에 해당한다.

예를 들면 베에슬레어와 PAPESSE(피에이스페이스: 여교황)의 만남은 청렴하고 순수한 여황 또는 성녀, 순결한 노처녀를 의미하고, 베에슬레어와 JUSTICE(저스티스: 정의)의 조합은 청렴한 법관, 청렴한 심판관을 의미한다. 그러나 베에슬레어와 PENDU(퍼언츠유: 거꾸로 매달림)의 조합은 세상을 왜곡된 시각으로 보는 편협한 사고의 학자, 학문의 이단아, 위선자이며, 베에슬레어와 DIABLE(지아빌: 악마)은 사이비 종교 지도자, 사행성 다단계이고, 베에슬레어와 FORTVNE(헤어비에인드: 운명의 수레)는 주식 투자, 카지노 클럽, 사행성 게임, 사기도박, 베에슬레어와 JUGEMENT(지유스머: 판단)의 조합은 언론 조작, 사이비 언론가, 과잉 선전 등이다.

베에슬레어를 마술사로 인식할 때는 허풍선, 사기꾼, 야바위꾼, 뜨내기 장사꾼 등으로 볼 수 있다. 이들 즉 마술사의 특성은 대체로 잡스럽다. 이를 장자는 "발에 발가락이 붙은 것은 쓸모없는 살이 덧붙은 것이고, 손에 곁가지를 친 것은 쓸모없는 손가락이 붙은 것이다. 내면의 감정

---

40) 그리오 드 지브리 저, 앞의 책, 58쪽 참고.

에 잡다하게 군더더기를 붙이는 것은 인의의 행위를 지나치고 치우치게 하고 총명을 쓰는 데에 잡다하게 일삼는 것이다."[41]라고 설명한다. 즉 장자의 시각에서 마술사는 그 총명함을 올바른 곳에 쓰지 못하는 사람이므로 진정으로 총명하고 똑똑하며 유능한 사람이 아닌 것이다.

'마술사는 마법사와 달리 본질과 형질을 변형시키는 것이 아니라, 형태 즉 형상만 잠시 변형시키는 사람'을 말한다. 이들의 수법은 실로 교묘하고 다양해서 대중의 눈과 귀 등 오감을 자극하고 기만하여 감추기도 하고 숨긴 것을 꺼내 놓기도 한다. 이러한 수법은 실로 사기와 같고 기만술에 가까워 금방 들통 날 수 있는 것이기에 세인은 추구하지 않는 것이 현명한 것이다. 하지만 그 시대와 현세에도 이러한 마술사들의 수법이 통용되고 주목받는 것은, 인간에게는 탐욕이라는 어리석음이 치명적인 결함으로 항상 도사리고 있기 때문이다. 즉 마술사는 '인간의 탐욕이라는 어리석음을 최대한으로 이용하는 교활한 존재'인 것이다.

3. 현대적인 비유

베에슬레어는 현대에서 주로 마술사로 작동한다. 현대에서 그가 나타내는 그림의 모습을 분석하면 사기를 동반한 장사꾼, 사기를 목적으로 하는 야바위꾼, 길거리 떴다방으로 볼 수 있다. 이들의 수법은 한결같이 세인을 유혹하고 기만하며 결과에 책임을 지지 않는 특성을 갖고 있다. 때문에 현대에서 베에슬레어의 마술사는 '책임지지 않는 사람'이다.

자연의 법칙에서 책임감이 없다면 이것은 분명 잘못된 현상이다. 자연은 항상 스스로를 책임질 줄 안다. 봄은 봄의 본분에 충실하여 여름을

---

41)   장자, 앞의 책, 외편, 16쪽.

책임지며, 여름은 여름의 본분에 충실하여 가을을 책임진다. 또한 가을은 가을의 본분을 다함으로 겨울을 책임지며, 겨울은 비록 혹독한 추위가 있더라도 그 혹독함에 충실하여 건강한 봄을 양산하는 책임을 지는 것이다. 마술사는 이러한 자연의 이치를 충실히 수행하지 않는 자로 분명 '책임지지 않는 교활한 존재'로서 앞장서서 '사람을 현혹하고 미혹하는 인물'이다.

결론: 베에츨레어의 상담 언어는 이과이며 구체적으로 화공과, 화학과, 전기전자과, 요리과, 융복합과, 응용과, 디스플레이과이다. 인물에서 긍정은 과학자, 개발자, 요리사, 연구직, 보험업이고, 부정은 무신론자, 마술사, 만물상인, 노점상인, 도박꾼, 사기꾼, 잡놈, 잡년이다. 공간은 연구실, 공작소, 주방, 상점, 당구장, 노점이고, 장소는 길거리, 시장, 도로변이다. 재물은 있다가도 없고 없다가도 있으며, 결혼과 연애는 변화무쌍하여 파란이 있고 상대를 기만하고 속이며 피곤하게 한다. 베에츨레어에 상응하는 물체는 가판대, 당구대, 실험 도구, 공작 도구, 마술 도구, 조리 기구이고, 건강은 심장 질환, 강박 증상, 집착증, 편두통, 갱년기, 손목이나 손가락 질병이다.

베에츨레어는 뭐든지 잘하여 적어도 처자식을 굶게 하지는 않지만, 문제는 백 가지 재주 많은 놈 한 가지 재주 있는 놈 못 당한다는 것이다. 퍼포먼스의 귀재로서 '사랑하기 때문에 헤어진다.'라고 말한다. 가정 관계는 허풍 센 가족 구성원으로 방심할 수 없는 상대이다. 예컨대 집안을 말아먹는 사람도 일으키는 사람도 베에츨레어이다. 때문에 집안에 심각한 위기 문제가 발생할 때는 베에츨레어가 도움이 될 수 있다. 베에츨레어의 재물은 부채도 재물로서 재산은 없지만 여하튼 잘 먹고 잘 쓰고 산다.

때문에 배우자나 연인으로 선택 여부는 단순히 재미와 능력으로 평가하면 합격이지만 진실 문제는 허망하다.

베에츨레어의 사회적 직군은 응용예술가, 개발 직종, 기술 직종, 소매업종, 요리업종(퓨전), 카지노 딜러, 가판·매장업종 등이다. 애정 관계는 사랑하는 순간도 진심이었고 현재 변심한 이유도 진심이므로 그는 떳떳하게 현 상황을 항변한다. 때문에 결별이나 이혼 후에야 비로소 상대방은 손해 보고 허망한 것을 알게 된다.

타로에서 베에츨레어가 출현하면 언제나 긴장하여야 한다. 그 어떤 경우라도 타인에게 이용당할 수 있으며 예상된 결과가 아닌 비상식적인 결과를 받을 수 있다. 즉 반전 드라마가 연출될 수 있는 것이다. 꿈 점에서 베에츨레어가 등장하면 여하튼 하는 일이나 당면한 문제가 풀려 나가는 조짐이다. 신점에서 베에츨레어가 등장하면 영악하고 잔재주 많은 귀신이 준동한 것이다. 이 경우는 교활한 사기와 심각한 건강 악화가 걱정된다.

타로 2번
LA PAPESSE(라 피에이스페이스)

La Papesse(여자 교황)

Jvnon(주노: 로마 여신): 스위스 1JJ 타로

피에이스페이스는 '1500년의 것으로 알려진 프랑스 채색 카드를 옮겨 놓은 것이다.' 피에이스페이스는 전설상의 수장의 권위를 지닌 여성이라는 뜻으로, 관례복을 입고 장막을 두른 호화스러운 의자에 앉아서 책을 펼쳐 들고 있는 여자 교황의 모습으로 표현된다. 이것은 동서양의 고대 사회가 원래 모계 중심이었고, 그 시기에 하늘(신)과 교감(신탁)하는 사람이 여성이었음을 보여 주는 그림이다. "고대 사회에서 하늘과 소통하였던 무인의 집단은 대체로 여자가 많았으며 모계사회가 발달하였고 여자가 씨족의 문화와 권리를 주도하고 있었으며 대표하고 있었다. 대체로 신령과 교감을 하는 일은 남자와 여자 중에 여자가 남자보다 춤을 더욱 아름답게 추었으므로 무당은 여자가 대부분이고 고대 사회는 모계사회이기 때문에 무당을 의미하는 것은 여자를 말한다고 볼 수 있다."[42]

혜시오도스[43]도 『신통기』의 시작을 다음과 같이 말한다. "헬리콘산의 무사(Mousa)[44] 여신들로부터 노래를 시작하기로 하자. … 무사 여신들이 사랑하시는 자는 누구나 행복하도다."[45] 이렇듯 고대 사회에서는 여성이 주도적으로 공동체를 이끌었다. 그리오 드 지브리는 『마법사의 책』에서 피에이스페이스를 여사제라고 하며 '지혜와 학문'의 의미가 있다고 설명한다. 이는 책을 펼쳐 들고 있는 모습에서 유추한 의미이다. 지혜와 지식은 다르다. 지혜는 통찰력(神氣: 신기)과 현명함이 있는 것이고 지식, 즉 학문은 배우고 익혀서 아는 것이 많은 것이다. 그러므로 피에이스페이스는 '모든 일에 통달한 현명하고 통찰력 있는 나이 많은 여성'이다.

---

42) 김기학, 앞의 논문, 25쪽.
43) BC 740-670년경의 고대 그리스의 서사 시인이다.
44) 그리스 신화 아홉 여신 무사이의 단수형.
45) 혜시오도스 저, 김원익 옮김, 앞의 책, 23-32쪽.

1. 신과의 관계

　지혜와 학문의 여신은 로마의 처녀 여신 'Minerva(미네르바)'이다. 그리스 여신 'Athena(아테나)'는 지혜의 여신으로 미네르바와 성향이 동일한 면이 있지만, 지혜의 여신이면서 전쟁의 여신이기도 하기에 이곳에서는 처녀 여신 미네르바가 적합한 여신이다. 처녀 여신 미네르바는 시와 음악, 상업과 직조와 공예를 관장하는 지혜의 여신으로서 로마의 시인 'Ovidius(오비디우스)'는 미네르바를 천 가지 일의 여신이라고 칭송한다. 현재 미네르바는 미국 국회의사당 도서관과 '토머스 제퍼슨' 중앙 홀 입구에 배치되어 있으며 지혜를 상징한다. 때문에 피에이스페이스를 '지혜(통찰력, 神氣)로운 독신 여성'이라고 읽을 수도 있다.

미네르바/출처 구글

헤스티아/출처 구글

　피에이스페이스는 여교황으로 고대에 불씨를 보호하고 관장했던 여자 족장이다. 이를 신화적인 측면에서 고려하면 다른 신도 연계할 수 있다. 그리스 신화에서 불씨를 관장하는 신은 여신 'Hestia(헤스티아)'이다. 헤스티아의 어원은 화로를 의미한다. "헤스티아는 크로노스와 레아 사이에서 가장 첫 번째로 태어난 자식으로 제우스의 남매 중 만딸이다. 고대 사회의 집에서 화로에 담긴 불씨는 가사 생활의 중심이 되는 필수품이었으므로 굉장히 중요하게 여겨졌다. 헤스티아는 다른 신이 허구한 날 돌아다니면서 사고를 치는 것과 달리 언제나 화로 곁에서 불을 지키고 있었기 때문에 '주부들의 수호자'로 받아들여졌고, 그에 따라 여성들의 공경을 주로 받았다고 한다. 또한 헤스티아는 세 남신에게 동시에 구혼을 받은 관계로 자신으로 인해 분란이 생길 것을 우려하여 순결을 지킨다는 맹세를 함으로써 구혼을 피했다."[46] 그러므로 피에이스페이스는 '주부들의 수호자'이며 순결한 여성이다.

2. 시대적인 상황

유럽의 중세 르네상스 시대에 무역과 금융의 중심지였으며 건축과 예술로 유명한 이탈리아 피렌체는 르네상스의 본고장이며 그곳의 '두오모' 대성당은 '꽃의 성모 마리아 성당'이라는 별칭이 있다. 현재 그 성당 지하 무덤에는 5세기 초에 이민족의 침입(406년)으로부터 여성의 몸으로 피렌체를 구원하였던 성녀 '레파라타'[47]의 유골이 보관되어 있다. "세속 권력의 지도자로서 정당성이 부족했던 피렌체 주교는 기적을 행하는 성녀를 봉헌하고, 주교의 권위를 드러내려 했다. 평범한 시민들은 영적 권위

---

46) 토마스 불핀치 저, 최희성 역, 『그리스 로마 신화 100』, 미래타임즈, 2019년, 62-64쪽 참고.
47) 406년 피렌체가 이민족의 침입을 받자 흰색 바탕에 붉은 백합의 문양이 그려진 깃발을 들고 이민족을 물리쳤다.

를 지녔다고 믿고 주교에게 복종했고, 주교는 이 권위를 기반으로 피렌체를 다스렸다."[48] 1294년에 피렌체의 '산타 레파라타' 교회가 낡고 위험하여 신축하였다. "이 같은 결정을 한 날짜는 1294년 9월 8일(성모 탄생 축일)로 이때부터 성 '레파라타'를 봉헌하는 교회에서 성모를 봉헌하는 교회로 바뀌게 된다."[49] 중세 유럽의 문화의 중심지였던 피렌체에서 성녀의 유골을 신앙의 기반으로 삼은 정황은, 유럽인의 원천적인 종교관에서 여성이 차지하는 비중의 중요성을 보여 주는 확실한 사례라고 할 수 있다.

이런 정황을 17세기 유럽의 관점으로 보면 이미 성모 마리아 사상이 민간에서 오랜 기간에 걸쳐 유행하였다고 볼 수 있다. 성모 신앙은 그 당시에 가톨릭의 중심점에 위치하며 성모, 성자, 성신으로 대변된다. 현재에도 프랑스의 '루르드'는 성모를 친견한 곳으로 여겨지며, 그곳에서 솟아난 샘물을 '기적의 샘물'로 부르며 많은 사람들이 순례와 기적의 발현을 추구하는 장소로 이름이 높다. 이것을 다른 시각으로 보면 17세기는 교회의 권위와 존엄이 무너지는 시기로서 일반인에게 "여교황"[50]의 존재는 남성 위주의 교회를 조롱하고 비하할 수 있는 좋은 소재이기 때문에 타로라는 점술 도구에 등장시켰다고 할 수 있다. 여하튼 2번에 피에이스 페이스를 배치한 것은, 씨족사회에는 유능한 여자가 사회를 이끌었으며 중세 사회에 이르면 다시 여성이 사회에 미치는 영향이 확대되고 강화되는 현상을 나타내는 의미라고 볼 수 있다.

---

48) 성제환, 앞의 책, 101쪽.
49) 성제환, 앞의 책, 102쪽.
50) 8세기 레오 4세 교황과 베네딕토 3세 사이에 존재했다고 전해진다. 레오 4세의 선종 후에 교황에 추대되었으나 임신한 사실이 발각되어 죽는다. 그러나 현대의 종교학자와 역사학자는 이를 허구로 여긴다.

3. 현대적인 비유

피에이스페이스는 불러 주고 지침을 내려 주는 사람으로 실행자는 아니다. 그러므로 현대에서 피에이스페이스는 막후에서 갑질하는 사람으로 여권 신장 운동가, 종교재단과 문화재단 여성 이사장, 여성 무속인(신어미) 등에 해당한다. 한편으로 여성 대학교수나 여성 교육부 장관·차관, 문화예술부 장관·차관 등이 피에이스페이스에 합당한 인물이다. 또한 피에이스페이스를 현대 가정에서 홀로된 할머니, 홀로된 중년 여자, 독신 처녀 등으로 해석하는 것은, 하늘과 교감하고 점치는 여성은 씨족 사회에서 나이가 많은 여성이고 하늘과 교감하는 성녀는 관례에 따라 처녀성을 지녀야 하기 때문이다.

피에이스페이스의 학과는 문과가 적합하여 교육과, 가정학과, 종교학과, 회계학과이다. 재물은 항상 마르지 않으며 부동산, 문서, 주식, 채권, 저작권, 음원권, 판권, 어음 등에 해당한다. 결혼과 연애 운은 늦게 결혼하고 늦게 연애하여야 평안하다. 건강은 갱년기, 부종, 호르몬 계통, 당뇨병이고, 장소는 종교시설, 학교, 접견실, 도서관, 조산·조리원, 육아시설, 가정집에 해당한다. 물질은 법전, 경전, 지침서, 회계 장부, 경리 장부, 가계부에 속하고, 음식은 사찰 요리, 종교 요리(이슬람 요리), 정통 요리(정식, 어머니 음식), 전통 음식(지역이나 가문의 특색이 있는 음식) 등이다.

결론: 피에이스페이스의 상담 언어는 가계부나 일기장 등 기록하는 습관이 있는 여성, 꼼꼼하게 대조하는 여성으로서 행정 업무에 능숙하여 경리와 재무, 자산관리 등 경제권을 장악하고, 문서 관리, 도서 관리, 기록물 관리 등 중요한 업무를 담당한다. 가정 관계는 시할머니, 친정 할머

니, 종가 맏며느리와 연관이 있으며 모계 중심을 형성하려는 경향이 강하다. 때문에 피에이스페이스는 배우자로서 부부관계는 재미없고 애교 없는 사람이지만, 집안을 일으키고 자녀 교육을 잘 시키는 사람으로 외조와 내조를 함께 지닌 여성이다. 그러나 한편으로 피에이스페이스의 가정 관계가 부정적으로 작동되면 가족 구성원에게 정신적 고통과 압박을 주는 사람이며 가장 소통이 어려운 사람에 해당한다.

　* 예컨대 피에이스페이스와 지아빌의 조합은 가족 구성원을 일찍 청상과부 된 할머니나 독신 고모 또는 독신 이모가 심하게 압박하고 통제하는 것이다.

　피에이스페이스의 현대 사회적 직군은 회계사, 세무사, 경리 업무, 도서 출판, 각종 규제위원회, 신문사 편집국, 수련원장, 심리상담(점쟁이) 등 주로 규제와 지침을 내리는 감독 직군이다. 애정 문제는 변화 없고 밋밋하여 상대방과 의무감에 생활을 지속하고 비록 홀로되었어도 외로운 생활을 할 가능성이 크다. 피에이스페이스의 재산은 주로 부동산 등 문서와 관련된 자산이고, 의상은 맞춤 정장이며, 음식은 종교 음식이나 정식 계통에 속한다. 예컨대 국수나 순대라도 국수 정식이고 순대 정식이며 현대판 할랄 음식이다.

　타로에서 피에이스페이스가 출현하면 윗사람의 보호를 받을 수 있으나 정신적으로는 피곤한 것이다. 즉 어려움에서 탈출은 하겠지만 그 대가가 만만치 않은 것이다. 꿈 점에서 피에이스페이스가 등장하면 친조모, 외조모가 현몽한 것으로 임신이며 때로는 건강을 조심하라는 경고로서 특히 여성은 자궁 질환, 남성은 생식기 질환, 전립선 질환을 조심해야 한다. 신점에서 피에이스페이스가 등장하면 삼신할머니와 연결된 것이다. 이 경우는 가정사에 관하여, 특히 유산 상속 문제와 승진과 시험 당락에 큰 틀의 지침을 내려 주는 것이다. 즉 피에이스페이스와 연결된 무당은 올바른 무당으로서 주로 가정의 큰일을 주관하는 역할을 담당한다.

타로 3번
L'IMPERATRICE(라 임베하시스)

L'Imperatrice(여왕)

Marco Benedetti의 charles VI 타로

임베하시스는 '1500년의 것으로 알려진 프랑스 채색 카드를 옮겨 놓은

것이다.' 임베하시스는 황후, 여제로 권위와 위엄을 상징하는 홀과 막강한 수단, 즉 장악력을 의미하는 독수리 문양의 방패를 들고 있는 모습이다. 이것은 고대 사회가 모계 중심으로 형성되었고 남자보다 여자의 권리가 우선하고 있음을 보여 주는 것이다. "인류 사회의 기나긴 발전 과정 속에는 남성이 존재하지 않는 세계 창조주로서의 여신이 세계 곳곳의 신화에 수없이 존재하며, 또한 '어미는 알 수 있지만 아비는 알 수 없던 시대[51]'가 일찍이 존재하였다. 이러한 시대에 여성은 사회생활에서 핵심적인 역할을 맡고 있었다. 그들은 씨앗을 뿌리거나 가축을 기르거나 그릇을 만들거나 옷감을 짜는 중요한 노동자였을 뿐만 아니라, 삶과 죽음을 관장하는 권리도 지니고 있던 위풍당당한 존재였다."[52] 이는 고대 사회에서 여성의 지위가 남성보다 못하지 않았음을 보여 주는 대목이다.

그러므로 임베하시스가 들고 있는 '방패(독수리)'[53]는 고대 사회의 불을 의미하는 것으로 "원시사회에서 불의 발견은 매우 중요한 의미를 담고 있는데, 그것을 나이가 많은 여성이 관리한다는 것은, 바로 사회생활에서 여성이 갖고 있는 남다른 작용을 증명하는 것이다. 당연히 원시사회에서 여성의 여러 가지 작용과 권리는 결국 모두 혈연가족을 유지하는 근본적인 작용으로 돌아간다."[54]

원시사회에서 불은 가장 유능한 수단으로 현대의 재물과 같은 것으로 볼 수 있다. 불의 발견은 동물과 같이 미개하고 나약했던 인간이 원시생활에서 가장 강력한 지배자가 될 수 있었던 결정적인 사건이다. 이때부

---

51) 『장자』, 「도척」 1, 民知其母 不知其父.
52) 김기학, 앞의 논문, 25-26쪽.
53) 독수리와 불은 하늘로 올라간다는 점에서 공통적이다.
54) 소병 저, 노승현 역, 『노자와 性』, 519쪽.

신기하게 잘 맞는 마르세유 타로와 십이신살

터 인간은 어둠의 공포로부터 자유스러웠으며, 나아가 밤에도 활동할 수 있는 전천후의 동물로 진화한다. 또한 사냥과 채취를 통해 얻은 식량을 불에 익혀 섭취하면서 인간의 수명과 개체 수는 급격히 증가한다. 이제 더 이상 인간은 어둠과 추위와 맹수를 두려워하지 않게 되었다.

이런 연유로 피에이스페이스가 불을 지키고 관장하는 여인이라면, 임베하시스는 불을 적극적으로 사용하는 여인이다. 즉 임베하시스는 불을 사용하여 밤의 어둠과 추위를 극복하는 여인으로서 밤에 더욱 가치가 드러나는 존재이다. 그러므로 임베하시스를 밤의 여왕이라고 불러도 전혀 손색이 없는 것이다. 이러한 임베하시스를 그리오 드 지브리는 '황후-밤과 어둠'이라고 설명한다. 곧 세상의 반은 임베하시스 손아귀에 있는 것이다. 그러므로 임베하시스는 재물(방패)과 권위(홀)를 양손에 쥐고 공동체를 실질적으로 장악한 여인이다.

1. 신과의 관계

'중국 고대 신화의 여와 신은 중화민족의 창조주이다. 여와는 사람 얼굴에 뱀 몸을 한 여인으로 천지를 보수하고 인류를 창조한 조물주이다. 그녀는 황토로 사람을 만들었으나 사람의 뼈가 자꾸 부러지자 그냥 줄을 진흙 속에 담갔다가 끌어 올려서 사람을 만들었다고 전해진다. 그녀는 천지가 뒤집히는 괴변이 일어날 때(천지가 어둠에 잠겼을 때), 오색돌로 하늘을 보수하고, 자라의 다리로 천지의 네 기둥을 세웠으며, 흑룡을 잡아 죽여 땅을 물에서 건져 냈고, 갈대의 재로 제방을 쌓아 넘치는 물을 막았다.[55] 중국 신화에서 이러한 여와 신의 위엄과 신통력은 고대

---

55) 유안 지음, 이석명 역, 『회남자』 1권, 소명출판, 2010년, 365쪽 참고.

시대에 여성의 지위와 능력이 남성을 초월했음을 볼 수 있는 정황이다.

타로에서 임베하시스는 밤을 지배하는 여왕이다. 그리스 신화에서 밤의 여신은 'Νύξ(닉스)'이다. 그리스 시인 'Ορφεύς(오르페우스)'[56]는 'Κρόνος(크로노스: 무한의 시간)'에서 'Χάος(카오스: 텅 빈 공간, 즉 혼돈)'와 'Αἰθήρ(아이테르: 높은 하늘, 즉 창공)'와 'Έρεβος(에레보스: 암흑, 즉 어둠)'가 생겼는데, 그들 중 카오스에서 'Φάνης(파네스: 태초의 빛, 생산의 신, 창조의 신)'가 태어나고, 그 파네스가 닉스를 만들었다고 말한다. 그러나 아이러니하게도 파네스는 자신이 만든 닉스와 교합하여 온갖 종류의 신을 태어나게 한다.

그 한 예로 파네스는 닉스와 교합하여 원초적인 'Οὐρανός(우라노스: 태초의 하늘, 제우스의 선조)'와 'Γαῖα(가이아: 태초의 대지)'를 생산한다. 이곳에서 닉스를 임베하시스로 볼 수 있는 근거는 성녀 마리아가 위대한 예수를 출산하는 시간이 밤이기 때문이다. 즉 성녀 마리아는 위대하고 인류에게 가장 중요한 일을 밤에 했다는 사실이다. 다음은 밤의 여신 닉스와 여신들의 왕인 헤라이다.

그리스 신화의 황후는 제우스의 누이이자 첫째 부인인 황금 신발을 신고 있는 'Ήρα(헤라)'이다. 헤라는 제우스와 남매 사이로 아내가 되었으며(근친상간) 모든

닉스: 윌리엄 아돌프 부그로의 「밤」

---

56) 그리스의 시인이며 악사로 전설적인 이야기를 많이 아는 인물이다.

신들의 여왕이 되었다. 하지만 제우스는 그의 누이인 헤라와 결혼을 한 후에 끊임없이 바람을 피운다. 때문에 헤라는 항상 제우스의 바람기를 걱정하고 제우스가 상대한 여신을 투기하였으며, 그의 일생은 어쩌면 제우스가 상대한 여신들과 그 혼외자를 질투하여 응징과 복수에 골몰하면서 보냈다고 하여도 과언이 아니다. 한 예로 제우스는 누나인 헤라와 결혼을 했음에도 또 다른 누나인 'Demeter(데메테르)'[57]와 내연의 관계를 맺는다. 또한 헤라의 성정은 '자신이 낳은 아들 헤파이토스가 절름발이로 태어나자 그 추한 꼴을 싫어하여 천상에서 쫓아낼 정도로 무정하고 비정한 여신이다.'[58]

헤라/출처 구글

---

57) 데메테르는 여러 신과 관계를 맺는다. 제우스와 그의 형제인 포세이돈과 부부의 연을 맺었으며, 그 외에 이아시온, 카르마노르, 트리프톨레모스, 오케아노스와도 관계를 갖는다.
58) 토마스 불핀치 저, 최희성 역, 『그리스 로마 신화 100』, 미래타임즈, 2019년, 25쪽 참고.

혜라의 상징물은 '왕관과 왕홀과 공작새나 뻐꾸기, 또는 사자'를 동행한다. 이것은 임베하시스가 왕관을 쓰고 왕홀과 독수리 방패를 들고 있는 모습과 유사하다. 이러한 연유로 타로의 임베하시스를 '결혼 생활이 불행한 여인, 무정한 여인, 비정한 여인, 질투의 화신, 복수하는 여인'으로 볼 수 있다.

2. 시대적인 상황

유럽에서 기독교가 중심이었던 시기에는 여성이 왕이 될 수 없는 환경이었다. 그러나 스페인의 이사벨 1세(재위 1474-1504년)를 필두로 마르틴 루터의 종교 개혁(1517년) 이후에 영국에서 헨리 8세를 이어 메리 1세(재위 1553-1558년)가 여성으로서 처음으로 왕위에 오른다. 이후에 엘리자베스 1세(재위 1558-1603년), 빅토리아 여왕(재위 1837-1901년), 엘리자베스 2세(재위 1952년-2022년)에 이른다. 또 스웨덴의 크리스티나 여왕(재위 1632-1654년), 러시아의 예카테리나 1세(재위 1725-1727년), 엘리자베타(재위 1741-1762년), 예카테리나 2세(재위 1762-1796년)가 있다. 그중에 엘리자베스 1세와 빅토리아 여왕은 영국을 훌륭하게 통치한 여왕이었고, 이사벨 1세는 스페인을 통일하고 종교재판소를 설립하였으며, 크리스티나 여왕은 30년 종교전쟁을 종식하였다. 공교롭게도 15세기 중반부터 19세기까지 유럽을 부강하고 문명국으로 만든 왕 중에 여성의 등장을 볼 수 있다. 그러므로 그 시대(타로가 만들어진)의 유럽 사회는 여성의 지위가 어느 한순간에는 남성보다 높았음을 볼 수 있다. 즉 임베하시스는 이 시기에 종교의 장악력은 약화되고 여성의 지위가 상승한 것을 보여 주는 타로이다.

신기하게 잘 맞는 마르세유 타로와 십이신살

그리오 드 지브리는 『마법사의 책』에서 임베하시스를 '황후'라고 하며 '권장을 쥐고 옥좌에 앉아서 밤과 어둠을 지배[59]한다고 설명한다. 임베하시스가 왼손에 들고 있는 권장은 권위를 상징하고 오른손의 방패는 무력을 상징한다. 이는 곧 임베하시스가 실질적인 지배자라는 증표이다. 한편 이것을 황제는 낮을 지배하고 황후는 밤을 지배한다는 속설에 근거한 것이라고 유추하기도 한다. 그러나 이러한 속설은 사실이기도 해서 신성로마 시대 Ludwig der Fromme(루트비히, 778-840년) 황제의 두 번째 황후인 프랑켄 왕국 출신 Judith von Bayern(바이에른 유디트, 795-843년)는 교활하고 권력에 대한 의지가 강한 황후로서 황제를 자신의 의중대로 움직여 왕국의 상속 규칙을 자신에게 유리하도록 변경한다. 이는 전 황후 소생 왕자들을 핍박하고 홀대하는 것으로 결국에 왕자들이 반란을 일으켜 아버지 루트비히 황제를 축출하는 비극적인 사건을 일으킨다.

동양에서도 춘추전국시대 진나라 진헌공의 두 번째 부인 여희는 베갯머리송사로 임금의 출중한 장남 신생을 모함하여 자살하게 하고 진나라를 후사의 정쟁으로 끌고 가는 혼란에 빠뜨린다. 조선에서도 이러한 일들이 비일비재하여서 성종의 모후 인수대비, 명종의 모후 문정왕후, 고종의 황후 명성황후 등이 국사를 심각하게 농단한 사례가 있다. 그러므로 임베하시스를 실질적인 권력자, 실권자, 베갯머리송사로 해석하는 것은 상기와 같은 사건들에 연유하고 근거한다.

---

59) 그리오 드 지브리 저, 앞의 책, 372-388쪽 참고.

3. 현대적인 비유

타로에서 임베하시스의 당당함과 권위와 권능을 사용하고 있는 모습은 대단한 카리스마가 느껴진다. 그러므로 임베하시스를 현대에서 '미시녀, 돌싱녀, 자유부인, 무정하고 비정한 여자, 질투에 눈먼 여자, 복수하는 여자, 결혼 생활이 불안한 여자' 등으로 볼 수 있다. 때문에 임베하시스에 해당하는 인물은 실행자로서 이익집단의 여성 오너 또는 대표이고 사학재단 이사장이다. 세부적으로 사회에서는 그룹의 실질적인 여성 오너, 회사의 중요한 일을 결정하는 여성 책임자이고, 가정에서는 모계 중심의 가장, 철의 여인, 무자비한 어머니이다. 즉 지배인이고 수석 간호사이다.

임베하시스의 학과는 문과와 이과 모두 해당하고 이과는 주로 경영계통으로서 직급이 높다. 재물은 현금, 은행저축금, 현물 위주이고, 건강은 불면증, 편두통, 집착증, 히스테리, 만성피로, 우울증, 당뇨 등 신경성 질병이다. 연애는 자유연애, 연하 연인이고 이성 친구는 많아도 확실한 애인이 없고 결혼은 실패할 확률이 높다. 장소는 개인 사무실, 개인 영업장, 공공 집무실이고 물질은 고가의 핸드백, 지갑, 빌딩 열쇠, 외제 차 열쇠, 마이크 등이다.

결론: 임베하시스의 상담 언어는 능력 있는 커리어 우먼, 여성 CEO 등으로 사회활동이 활발하고 명예와 재물에 관심이 많은 외조형의 여성이다. 가정 관계는 시어머니, 친정어머니, 장모, 미혼 고모, 미혼 이모, 계모, 자식 없는 돌싱녀 등에 해당하고, 이들은 항상 가정사에서 중심 역할을 하려는 경향이 있어 가정불화를 조장할 수 있다. 임베하시스의 이런 경향은 배우자와 관계에서 긴장 국면이 지속되고 기러기 부부, 별거, 졸혼, 이혼 등으로 나타난다. 하지만 임베하시스에게는 이런 가정생활이

오히려 편할 수 있다. 그러므로 임베하시스가 부정적으로 작동하면 가장 먼저 가정에 변고와 파탄이 생길 수 있다. 즉 임베하시스는 독립심과 지배심, 통제력과 장악력이 강한 여성이다.

임베하시스의 사회적 직군은 관리자로서 대체로 지시와 갑질할 수 있는 지배인의 위치에 해당한다. 비유컨대 명예회장이 피에이스페이스면 Owner(오너)나 전무 등 실질적이고 현실적이며 실행 역할을 하는 사람이 임베하시스이다. 때문에 어떤 관점에서는 피에이스페이스보다 임베하시스의 권한이 더 지대하고 막강하다. 한 예로 아파트 여성 관리소장을 들 수 있다. 애정 문제는 선택받는 것보다 선택하는 성향으로 사랑받는 것보다 일방적 사랑을 하는 사람이다. 임베하시스의 이러한 성향이 한번 잘못 어긋나면 아주 이기적인 사랑으로 진화되어 불화가 조성되기 시작하는 것이다. 즉 결별과 만남이 반복되는 인생이다. 임베하시스의 재산은 현금자산이 강하고 잘 벌고 잘 쓰는 사람으로 겉 부자이다. 의상은 유명 메이커를 즐기고, 음식은 호텔식이며 객실 배달을 선호한다.

타로에서 임베하시스가 출현하면 만사를 자신의 임의대로 하려는 시기이다. 자신의 의지와 결론이 확고하여 좀처럼 바꿀 의사가 없는 것이다. 즉 대형 사고를 치는 시기이다. 반드시 주변에 임베하시스와 소통을 할 수 있는 젊고 귀여운 남성의 조언이 필요하다. 꿈 점에서 임베하시스가 등장하면 어머니, 고모, 이모가 현몽한 것이며 대체로 재물과 자식 문제에 관한 조언과 경고를 하는 것이다. 신점에서 임베하시스가 등장하면 조왕신과 연결된 것이다. 이 경우는 가정에 걱정스러운 일이 생긴다는 조짐으로 특히 신랑과 부인에게 춤바람, 도박 바람, 동호회 바람이 염려된다.

타로 4번
LE EMPEREUP(레 엄페럴트)

Le Empereup(황제)

L'Empereur 엠페뢰르

엄페럴트는 '1500년의 것으로 알려진 프랑스 채색 카드를 옮겨 놓은 것이다.' 엄페럴트는 황제와 제왕을 말하며 그는 야외에서 의자에 앉아 홀을 들고 방패는 옆에 내려놓고 있다. 그가 들고 있는 홀은 외치(外治)로서 전쟁을 수행하는 모습이고 성 밖을 책임지고 수호한다는 상징성을 보여 준다. 임베하시스가 내부를 장악하여 내치(內治)하는 사람이면, 엄페럴트는 밖을 책임지는 외치, 즉 전쟁과 외교를 통한 안보를 담당하는 지도자이다. 이러한 연유로 엄페럴트는 빛 좋은 개살구라고 할 수 있다. "점차 도구가 발달하고 특히 청동기 시대가 도래하면서 여자보다 상대적으로 힘을 많이 쓰는 남자의 역할이 중요하게 되고, 그에 따른 남자의 신분이 상승하면서, 무인(巫人) 계급과 생산과 전쟁을 이끌며 부족의 안녕과 번영을 담당하는 계급 집단에 해당하는 남자는 대립과 갈등을 하게 된다."[60] 즉 임베하시스와 엄페럴트는 장악력이라는 이권에서 대체로 대립과 갈등 구조를 형성하는 것이다.

고대 사회에서 여성의 지위와 권리는 철의 발견 이후에 남성 위주로 견인된다. 아이를 잉태하게 되면 무력과 생산적인 활동에서 남성보다 불리하였던 여성은 점차 철로 무장한 남성에게 안전을 의지하기 시작하였고, 이때부터 여성은 안에서 남성은 밖에서 각기 맡은 역할을 수행하게 된다. 씨족사회에서 부족사회로 넘어가는 연장선상에는 수많은 전투가 벌어진다. 여성의 권한과 지위가 남성에게 넘어가는 것은 생명의 안전이라는 측면에서 당연한 일이기도 한 것이다. 이러한 관점에서 엄페럴트를 그리오 드 지브리는 '황제-후원과 보호'라고 설명한다.

---

60) 김기학, 앞의 논문, 26쪽.

1. 신과의 관계

그리스 신화에서 신의 제왕은 제우스이다. 제우스는 그리스 신화에서 제신들의 왕으로 올림포스산에 있는 '12신[61]'을 관장한다. 이를 헤시오도스는 "그분들은 현대사와 과거사를 한목소리로 말씀하시어 올림포스에서 아버지 제우스의 위대한 마음을 노래로써 즐겁게 해 드리신다. 그분들의 입에서 지칠 줄 모르는 목소리가 감미롭게 흘러나오면, 크게 천둥을 치시는 아버지 제우스의 저택이 여신들의 울려 퍼지는 맑은 목소리에 웃고, 눈 덮인 올림포스의 봉우리들과 불사신의 거처들이 메아리친다.'[62]라고 말한다. 하지만 이 여러 신들과 그 외의 신들은 자신들의 독특한 영역이 존재하여 그 영역만큼은 제신들의 왕인 제우스도 어쩔 수 없다. 즉 그리스 신화의 특징은 다신론이다.

한 예로 제우스와 그의 부인이면서 누이인 데메테르 사이에서 낳은 딸 '페르세포네[63]'가 동정심이라고는 하나도 없는 지하세계의 가장 강력한 신 '하데스[64]'에 납치되어 저승에 끌려갔을 때, 제우스가 하데스에게 페르세포네를 놓아 달라 요청해도 하데스는 일 년의 ⅔만 데메테르가 페르세포네와 지낼 수 있게 만든다. 신화의 이러한 스토리는 엄페럴트의 후원과 보호는 한계성이 있다는 측면에 부합되는 정황이다. 그러므로 이를 구체적으로 설명하면 재물에 관한 문제는 엄페럴트의 입김이 100% 작동하지 않는 것이다. 약 ⅔ 정도만 작동된다.

---

61) 12신은 제우스, 헤라, 포세이돈, 데메테르, 아테나, 아폴론, 아르테미스, 아레스, 아프로디테, 헤르메스, 헤파이스토스, 디오니소스이다.
62) 헤시오도스 저, 김원익 옮김, 앞의 책, 29쪽.
63) 제우스와 그의 누나인 데메테르 사이에 태어난 신으로 결혼과 사계절의 유지를 담당하는 신, 곡물과 수확의 여신이다.
64) 헤시오도스 저, 김원익 옮김, 앞의 책, 57쪽 참고. 어둠의 신이며 저승의 왕으로 제우스의 형이다.

제우스/출처 구글

한편으로 그리스 신화에서 신민의 보호를 책임지는 신은 'Δεῖμος(데이모스)'와 'φόβος(포보스)'이다. 데이모스는 전쟁의 신 아레스의 아들로 포보스와 쌍둥이이다. '데이모스와 포보스는 두려움과 공포가 신격화된 존재이지만, 이들의 공포는 나쁜 악령과 같이 퇴치해야 하는 대상이 아니라 국가의 단결을 유지해 주고 전쟁에서 적들을 두려움에 빠뜨려 도망치게 만드는 신성한 힘을 의미한다.[65] 때문에 데이모스와 포보스는 신민의 안녕을 책임지는 신이다. 하지만 데이모스와 포보스가 신민의 안녕만을 위한 신은 아니다. 그들은 쟁투에 능한 신이기도 하여서 승리를 의미하기도 한다. 이런 연유로 엄페럴트를 경비경호인, 승부사 등으로 볼 수 있다.

---

65) 박규호 외 3명 지음, 『그리스 로마 신화 인물 사전』, 한국인문고전연구소, 2020년, 274-276쪽 참고.

2. 시대적인 상황

엄페럴트는 1804년 프랑스 황제로 등극한 보나파르트 나폴레옹 1세를 묘사한 것일 수도 있다. 나폴레옹은 식민지 출신의 지도자로 세습된 왕족 출신이나 전통 귀족 출신과는 구분되는 황제이다. 유럽의 이 시기는 전통적인 왕조와 귀족의 시대가 막을 내리고 민중의 시대가 열리는 시기로서, 비열한 종교 지도자와 무자비한 왕족에게 환멸을 느낀 민중들이 가장 열렬히 떠받든 황제는 평범한 가정에서 태어난 나폴레옹이었다. 나폴레옹은 수많은 전쟁을 통하여 정권을 잡은 황제로 엄페럴트가 야외에서 전쟁을 수행하는 정황과 유사점이 많다.

동서양의 위대한 황제의 공통점은 전쟁으로 영토를 확장하고 무력을 통해 권위를 세운다는 것이다. 그러므로 내치를 소홀히 할 수밖에 없어서 황후나 왕자 등 인척이 권력을 관리하는 수가 많다. 엄페럴트는 홀은 들고 있지만 방패는 내려놓고 있다. 홀은 무력의 상징이고 방패는 권위를 유지하고 지탱하는 수단, 즉 재력이다. 그런 면에서 엄페럴트는 임베하시스보다 내부를 장악하는 힘이 약하다고 할 수 있다. 방패(불: 경제)를 내려놓고 있다는 것은 겉은 단단해도 내부는 실하지 못한 것이다. 즉 실권은 흠결이 있다. 하지만 엄페럴트는 땅에 의자를 놓고 앉아 있다. 전쟁을 통해 땅을 정복했기에 땅과 관련된 것에는 실권의 권위가 대단함을 알 수 있는 그림이다. 이것은 현대로 말하면 땅은 많으나 현찰이 없는 것이다. 즉 땅 부자로서 폼생폼사라고 할 수 있다. 역시 현금 부자는 임베하시스이다.

그리오 드 지브리도 『마법사의 책』에서 엄페럴트를 '황제'라고 하며 '후원과 보호를 하는 사람'이라고 설명한다. 황제를 지배하는 사람이 아닌 후원과 보호하는 사람이라고 한 것은, 황제는 신민의 안녕을 책임지는 존재, 즉 봉사적인 사람이라는 것이다. 때문에 엄페럴트는 임베하시스에 비해 실질적인 권위와 장악력이 약한 인물이다. 이런 정황은 엄페럴트가 하고 있는 모습에서 적나라하게 나타난다.

3. 현대적인 비유

현대에서 엄페럴트는 '외치 대통령, 창업자, 월급 사장, 해외 현지 사장, 해외 총판 대표, 사회사업가, 자선봉사단체장, 경비경호업체 대표, 방산업체 대표' 등으로 볼 수 있다. 이들은 주로 대외적으로 대표성을 가진 인물로서 소위 얼굴마담에 해당한다. 그래서 엄페럴트는 크고 잘난 인물이지만 '개인적으로는 고달프고 외로운 사람'이기도 하다. 엄페럴트가 임베하시스에 비해 늙은 모습으로 표현된 것은 엄페럴트의 '인생이 힘들다.'는 것을 간접적으로 표현하고 말해 주는 것이다. 즉 후원은 항상 힘들며 고달픈 것이다.

엄페럴트의 학과는 경영학과, 사관학과, 경찰학과, 토목학과, 건축학과 등이다. 애정 관계는 독신성이 강하지만 항상 주위에 여자가 있으며 비록 결혼했어도 숨겨 놓은 여자가 있다(그래서 고달프다). 재물은 채권 발행, 은행 채무, 선심성 재물 사용으로 씀씀이가 크고 융통성은 좋으나 숨겨진 채무가 있다. 투자 장소는 산, 들판, 강, 바다이고, 건물은 행정관청, 현장 사무실, 지휘관실 등이며, 물질은 결재 서류, 인감도장, 증서, 인허가 증서, 임명장, 표창장, 훈장, 메달, 영장 등이다. 건강은 풍토성 질병(물갈이 배앓이, 말라리아 등), 어깨·무릎 관절 질환, 고혈압, 위장 질환, 간 질환 등이다. 스트레스는 받지 않는 스타일이다.

결론: 엄페럴트의 상담 언어는 지도자급 신분의 인물이며 잔정은 없지만 대범한 사람으로서 믿고 맡기는 스타일이다. 품위가 있으나 비교적 소탈하여 프리한 정장을 즐긴다. 가정 관계는 친정아버지, 시아버지, 신랑, 큰오빠, 외삼촌과 연관이 있고 무심한 듯 보여도 실은 의리와 깊은 정이 있는 사람이다. 엄페럴트의 이러한 성향은 가정사를 부인에게 모두 일임하고 본인은 사업과 직장에 몰두하는 형태를 보인다. 하지만 이것이 자칫 잘못될 경우 배우자와 자식에게 가정에 무관심한 가장 또는 책임감 없는 가장으로 오해받을 수 있다.

엄페럴트의 사회적 직군은 필드를 뛰는 지배인 또는 관리자이다. 즉 항상 현장에 상주하고 현장 업무를 총괄하는 사람에 해당한다. 이는 곧 해당 분야의 야전사령관 격으로서 지방자치장(서울시장 등), 독립부처장(금융감독원, 감사원, 선거관리위원장), 정부 산하 공공기관장, 그룹 산하 기업 사장, 건설·건축 현장소장 등 주로 자신의 고유한 권한과 영역이 확고하고 그에 따른 책임이 막중한 직책이다.

엄페럴트의 애정 문제는 터프한 프리스타일로 주로 업무상 맺는 경우가 많고 단발성이지만 의외로 속정이 깊다. 그래서 한번 맺은 사랑의 인연을 함부로 내팽개치지는 않으나 엄페럴트의 성향상 한 여인에 안주할 수 없는 환경이 수시로 조성된다. 바로 이런 점이 엄페럴트의 가정사와 애정사를 복잡하게 만드는 요인이다. 엄페럴트의 재산은 부동산, 주식, 채권으로 형성되며 크게 벌기도 하고 크게 손해 보기도 하는 사람으로서 여하튼 큰돈 만지는 사람, 크게 잘 쓰는 사람이다. 의상은 프리스타일 정장, 노타이, 기능성 복장, 현장 지휘 복장 등이며, 음식은 야전식과 간편식을 선호하여 바비큐, 비빔밥, 도시락, 샌드위치, 햄버거, 인스턴트 등에 해당한다.

타로에서 엄페럴트가 출현하면 변칙과 반칙이 난무하는 판이 벌어지는 것이다. 즉 목적을 위해서 무리한 일도 감행하는 시기에 해당한다. 물론 이러한 일들은 모두 집 밖에서 벌어지는 일로서 가정사와 무관한 경우가 많다. 즉 사업과 직장에서 바쁜 일들이 너무 많아 가정을 돌볼 수 없는 상황이다. 꿈 점에서 엄페럴트가 등장하면 부탁할 사람이 생기고 아양을 떨면 해결된다. 신점에서 엄페럴트가 등장하면 본인과 가장 밀접한 부계나 모계에 헌신하셨던 분들과 연결된 것이다. 주로 친정아버지, 시아버지, 신랑의 사업과 직장에 연관이 있다. 구체적으로 투자와 투기와 전업이고 승진과 퇴출에 관한 조언이다. 그러므로 전반적으로 사업에 대한 경고이다.

Le Pape(교황)

Le Pape 레 파아퍼

파아퍼는 '16세기 베르뉴아노 타로 카드이다.[66] 파아퍼는 종교의 수장으로 교황, 종정, 신부님, 목사님, 고승, 대사를 의미한다. 파아퍼는 두 기둥 사이에 홀을 잡고 앉아 교인과 신민들의 애원과 고해성사를 듣고 있다. 중세 시대에 파아퍼의 권위와 영향력은 실로 막강하여 각 나라의 국왕들도 그의 통제와 지도를 감히 거부할 수 없었다. 구원이라는 권위로 기득권을 행사하는 모습으로 그려진 파아퍼 문양은 늙은 사람이다. 이러한 연유로 파아퍼는 진취적이거나 위압적이지 않은 노회한 지도자이다. 그러므로 파아퍼를 부자가 아니면 상대하지 않으며 아주 비싼 술을 먹는 사람이고 공짜를 좋아하는 사람이라고 말할 수 있다. 즉 파아퍼는 상징성을 내세우는 골통 보수에 속하는 인물로서 진보와 개혁과는 거리가 멀다.

이러한 파아퍼를 그리오 드 지브리는 교황이라고 하며 '화해와 사교(구원의 의미)'의 의미가 있다고 말한다. 르네상스 시대에 교황은 각국의 왕들이나 상인들의 이권 다툼을 중재하고 화해를 권장하는 역할을 했다. 르네상스 시대에 유럽의 사회는 "주교와 주교의 봉신이었던 영주 계층과 상인 사이에 갈등과 폭력이 끊어지지 않았다."[67] 그 시대에 이들의 갈등과 반목을 조정하고 화해를 조성할 수 있었던 세력이 교황이다. 그런 의미에서 그들의 만남을 주선하는 과정을 그리오 드 지브리는 '화해와 사교'라고 한 것이다.

1. 신과의 관계

그리스 신화에서 화해와 사교를 담당하는 신은 'Διόνυσος(디오니소

---

66) 그리오 드 지브리 저, 앞의 책, 372쪽 참고.
67) 성제환, 『당신이 보지 못한 피렌체』, 문학동네, 2017년, 7쪽.

스)'이다. "디오니소스를 로마에서는 Bachos(바코스)라고 한다. 그는 제우스와 '세멜레'의 아들로 태어나 헤라의 질투로 죽은 어머니 세멜레를 지옥에서 데리고 나와 천상세계의 신들의 자리에 모셨다. 디오니소스는 '대지의 풍요'를 주재하는 신이며, '술의 신'으로서 '축제와 사교(화해와 용서의 장)'를 의미하기도 한다. 이 신을 숭배하는 제례에서 연극이라는 장르가 발생한다. 디오니소스 제전은 도취와 황홀경 속에서 신과의 완전 합일을 갈구하는 열광적인 것이다. 일반적으로 디오니소스형이라고 하면 예술적 충동에서 음악적인 충동과 격정적인 약동을 말하는 것으로 '니체'가 긍정하고 강조한 생의 본질이다."[68] 이러한 연유로 파아퍼의 화해와 사교는 '술을 매개체로 하는 리셉션을 통한 화해와 사교'이다.

디오니소스/출처 구글

68) 두산동아 백과사전연구소, 『두산세계대백과사전』, 2002년, 8편, 481-482쪽 참고.

신기하게 잘 맞는 마르세유 타로와 십이신살

2. 시대적인 상황

이제 교회는 현실에서 더 이상 인간에게 복종을 강제하는 것이 아니라 상징적으로 존재하는 것이 되었다. "당시 막대한 부를 축적한 피렌체 상인들은 현세에서 더 이상 이룰 것이 없었다. 이들의 관심사는 사후세계였다. 죽음에 대한 의학적 원인이 규명되지 않았던 시대에 죽음은 공포 그 자체였다. 그래서 이들은 현세뿐만 아니라 사후에도 구원받기를 간구했다. 교회의 최고 지도자인 교황은 알고 있었다. 교황은 부유한 상인들의 주머니를 열게 하는 묘안을 짜내야 했다. 교황은 천국의 열쇠를 상인에게 내주는 대가로 그들의 금고를 열 수 있게 된 것이다. 수도원은 죽음에 대한 공포로 떨고 있던 상인들의 영혼을 기꺼이 구원했고, 그에 대한 보답으로 상인들은 금고에 넣어 두었던 황금을 수도원으로 옮기기 시작했다."[69] 이러한 연유로 파아퍼는 '대가를 반드시 지불해야 하는 구원의 타로'이다.

교황의 아래에서 그의 무릎에 손을 대고 있는 사람은 사실 교인과 불쌍한 신민이 아니다. 그들은 부유한 상인으로 교황을 통해 자신의 부와 영혼의 안전을 교환하고 있다. 부유한 상인들은 자신의 부를 이용하여 권력을 탐하는 방법으로 교회를 이용한다. 그들은 각기 자신들의 부를 교회에 헌납하고 교회에 자신의 행적과 표식을 남기려고 하였다. 즉 교회의 건물과 교회의 벽과 외부를 장식하는 그림 또는 조각을 자신이 헌납하는 재물로 만들고 그것으로써 자신의 입지와 위세를 선전하는 행위를 한 것이다. 상인들의 이러한 행위는 자신의 신분을 성직자와 귀족 계급과 동일선상에 두려는 시도이고 그 시대에 적합하고 유일한 방법이었다.

---

69) 성제환, 『피렌체의 빛나는 순간』, 문학동네, 2013년, 23-24쪽.

고대 동양에서 성직자의 역할은 원래 여성 중심이었다. 그러나 씨족 사회에서 부족사회로, 다시 통합된 국가사회로 변해 가는 과정에서 남성은 여성이 지닌 하늘과 소통할 수 있는 권한, 즉 제사권을 빼앗는다. 고대 시대의 동양은 신탁에 의지하는 신권시대로서 하늘과 소통하는 제사권은 권력(천자)을 의미하기에, 수시로 전쟁이 벌어졌던 고대 시대에 여성보다 상대적으로 체력이 강하고 활동이 많은 남성이 제사권을 독점하려고 했던 것은 필연적이었다.

또한 부족이 통합되어 다양한 부족이 함께 살아야 했던 국가 시스템에 각 부족이 숭배하는 다양한 신들을 하나로 통합할 수밖에 없었던 것도 남성이 여성으로부터 제사 권한을 가져올 수밖에 없던 이유이기도 하다. 이것과 관련된 사건이 전욱의 절지천통(종교개혁)이고 요임금의 삼묘족 정벌이다. 하지만 동아시아는 '축의 시대'[70]가 도래하면서 신 중심의 통치 문화가 인간 중심 문화의 유교와 도교로 변한다. 이를 통하여 혈연을 중요시하던 씨족사회는 문치(학문)가 우세하고, 능력을 중요시하는 통합시대는 무치(무력)가 우세한 것을 알 수 있다.

3. 현대적인 비유

파아퍼는 구원과 화해와 사교를 담당하는 중재자, 조정자이다. 무섭고 강압적인 사람은 아니지만 음흉한 인물이기도 하다. 그러므로 뇌물이 통하는 사람, 가만히 앉아서 갑질하는 사람, 치켜세우면 좋아하는 사람이다. 이들은 주로 상징성과 차별성을 부각하여 정신과 사상, 나아가

---

70) 독일 철학자 칼 야스퍼스의 『역사의 기원과 목표』에 등장하는 용어로 기원전 900년경에서 200년경 사이 동·서양에서 동시에 새로운 사상과 철학이 발생하는 시대.

영혼을 통제하는 사람이다. 대중을 세뇌하는 능력이 탁월하여 대체로 '생산 활동에는 소극적이지만 소비 활동에는 적극적인 인물'로서 필요하지만 불필요하기도 한 사람이다. 또 이들의 특징은 불법적인 행위를 하더라도 구금되거나 영창에 가지 않는 초법적인 사람으로 직설적으로 말하자면 육체적 노동을 싫어하고 게으른 사람이고 '행동보다 말이 앞서는 사람'의 범주에 속한다. 그러므로 아주 나쁜 의미로 부도수표 남발자, 돈 빌려주면 못 받을 수 있는 사람, 자격증 매매자이다. 하지만 파아퍼의 장점은 인상이 좋고 호감도가 좋으며 친밀감이 있다는 것이다.

현대에서 파아퍼는 종교 사상 사업을 의미한다. 예컨대 정신적인 지도자, 중재자로 기독교의 모세, 교황, 불교 총무원장, 개신교 목사, 신흥 종교 교주, 박수무당, 최면술사, 결혼상담사, 직업소개소, 축복 전도사 등이다. 사회사업 분야는 봉사단체장, 환경단체장, 인권단체의 대표, 정당 대표, 종가 장손 등으로 볼 수 있다. 이를 불교로 비유하면 아미타 부처, 미륵 부처라고 할 수 있다. 그러므로 파아퍼의 재물은 기부금, 세금 포탈, 은닉성, 신탁성, 뇌물성으로 숨겨진 재물이다.

파아퍼의 연애, 애정 문제는 은밀한 형태로서 왜곡된 사랑의 곤란함이다. 즉 원조교제, 근친상간 등 불륜에 가까운 형태이다. 학과는 종교학과, 심리학과, 철학과, 교육학과 등이며, 장소는 종교시설, 교육시설, 결혼식장, 장례식장, 상담실 등이다. 물질은 각종 종교 행위에 사용되는 것으로서 예컨대 십자가, 묵주, 성수병, 목탁, 염주, 요령이다. 즉 현대에 누군가를 부르는 기구로서 핸드폰, 주문 벨, 호출기 등이다. 건강은 비만, 성인병, 노인성 질환, 당뇨, 안과 질환, 고혈압, 성병 등에 해당한다.

결론: 파아퍼의 상담 언어는 용서를 잘 해주는 사람, 타인의 말을 잘

들어주는 사람, 아부가 통하는 사람, 말로 죽이고 살리는 사람, 자신의 마음에 들면 뭐든지 들어줄 수 있는 사람이다. 즉 줏대 없는 사람으로서 자신이 한 약속이나 말을 곧잘 잊기도 한다. 대체로 근엄하고 격식을 갖추며 올드한 스타일이다. 가정 관계는 조상, 할아버지, 시할아버지, 종가 어르신 등과 연관이 있으며 원칙과 체면을 중요하게 여긴다. 때문에 파아퍼의 이러한 성향이 부정적으로 작용할 때는 가족 구성원 간에 긴장감과 위화감이 조성되어 역동성이 결여한다.

파아퍼의 사회적 직군은 막후 조정자 역할로서 주로 상담과 중재에 능한 직종이다. 구체적으로 각 단체의 원로나 고문, 종교의 상징자, 복지상담사, 고충 처리 업무에 해당한다. 파아퍼의 애정 문제는 연령 차이가 많은 이성 관계나 변칙성 애정이라고 할 수 있다. 이를 단도직입적으로 표현하면 사회적으로 용인되기 어려운 애정의 형태로서 곧 파아퍼의 애정 문제는 상당히 불합리한 구조이다.

파아퍼의 재산은 경제인 범주에 들지 못하여 부유하지 못하지만, 언제나 쓸 돈은 넉넉하며 빚이 없다는 특징이 있다. 특히 파아퍼의 재물 관계의 특수성은 돈을 꿔 주거나 맡기면 받을 수 없다. 이는 파아퍼에게 재물이란 모두가 십일조이거나 시주 또는 기부에 해당하기 때문이다. 의상은 정장 스타일을 고집하고, 전통 스타일을 즐긴다. 음식은 대중적인 음식과 잡곡을 회피하고 발효음식과 가정식을 선호하며 규칙적인 섭생을 즐긴다.

타로에서 파아퍼가 출현하면 비록 억울하고 손해 보는 듯해도 타협하고 중재안을 수렴해야 할 때이다. 만일 독불장군처럼 고집하면 예기치 못한 타격이 올 수 있음을 명심해야 한다. 예컨대 승진과 당락 문제는 결정권자에게 읍소하고 아첨해야 한다. 꿈 점에서 파아퍼가 등장하면 고민되고 어려운 문제가 해결되는 것으로, 이때는 떼인 돈, 잊어버린 것 등 어려운 문제가 해결되는 징조로서 길몽이다. 신점에서 파아퍼가 등장하면 조상신, 산신, 모세, 독성 존자, 불교의 신중단과 연관이 있으며, 이때는 이들에게 치성드리면 원하는 것을 들어준다는 신호이다.

 * 신과의 약속은 최소화해야 한다. 치성은 엄숙하되 조촐하게 하라.

타로 6번
LA MOVREVX(라 모브걸비이스)

La Movrevx(연인)

Les Amoureux
레 아무뢰(연인)

모브걸비이스는 '16세기 베르뉴아노 타로 카드이다.' 모브걸비이스는 연인들이라는 뜻으로 스페인어로는 '전(前) 즉 옛날, 구(舊) 즉 오래전, 전직'이고, 이는 경우에 따라 '전부인, 전남편'이라는 의미이다. 영어의 Move(무브)가 '움직이다, 바뀌다, 달라지다'라는 의미를 나타내는 것을 보면 모브걸비이스의 의미를 어떻게 인지할 것인가를 알 수 있다.

그리오 드 지브리는 모브걸비이스를 연인이라고 하며 '결혼(정략적 결혼)'의 의미가 있다고 설명한다. 모브걸비이스를 르네상스 시대에 만연했던 자유연애와 계약 결혼 또는 향락적 결혼에 빗댄 표현이다. 또한 이는 중세 유럽에서 권력과 재력을 겸비한 여러 귀족이나 상인들이 서로의 이권을 지키기 위해 정략결혼을 했던 것을 생각나게 하는 주장이다. 이러한 정황으로 모브걸비이스에는 '선택, 연결, 접속'의 의미가 내재되었음을 알 수 있다.

모브걸비이스의 'Movr'는 'Change(체인지)'의 의미가 강하게 내재한다. 'Change'는 '변화, 바꾸다'라는 뜻을 가진 영어이다. 즉 모브걸비이스는 상황에 따라서 변화하고 바뀌는 인간사를 그린 타로인 것이다. 그러므로 모브걸비이스의 애정은 '변심'이고 인간관계는 '배신'이 될 수 있다. 그러므로 앙트완 쿠르드 제블랭은 모브걸비이스 타로를 인간사의 불행과 관련된 두 가지 요소 중의 하나로 분별한다. 이는 곧 '연인과 결혼은 변심과 이혼'이라는 결말을 내재하고 있다는 의미로서 지속적인 행복을 담보하고 있지 못하다는 뜻이다.

1. 신과의 관계

그리스 신화의 신들은 결혼을 통하여 자신들의 권위와 영역을 지키고 확장하는 형태를 보인다. 제우스는 다수의 여신과 님프, 그리고 인간 여인과 관계를 하고 2세 출산을 통하여 자신의 영역을 더욱 공고히 한다. 이러한 제우스의 구애 상대는 이름 있는 상대만 따져도 총 60여 명으로 심지어 자신의 핏줄인 누나, 딸, 후손도 포함된다. 그 외에 다수의 남신들과 여신들도 대부분 바람을 피우고 중혼과 삼혼 등을 거듭하며 자신의 2세를 생산한다. 즉 신들은 끝없는 이합집산으로 자신들의 이익을 지키려는 행위를 한 것이다. 예컨대 제우스는 자신의 누나인 헤라를 정실로 삼았고, 제우스의 부인인 헤라도 질투에 눈먼 나머지 바람을 피운다. 이는 곧 신들의 세상은 인간이 이상적으로 추구하는 육체와 정신의 순결보다 욕망이 우선하고 그것이 당연하다는 방증이다. 그러기에 모브 걸비이스의 결혼은 순수함이 아니라 정략적이고 또 다른 욕망과 애정의 변화를 강력하게 시사한다.

제우스와 인간 여인 'Semele(세멜레)[71]/출처 구글

71) 테베 왕 카드모스(페니키아의 왕자)와 하르모니아의 딸. 남매로는 아우토노에, 이노, 아가우에, 폴리도로스, 일리리오스가 있다. 즉 세멜레는 테베의 공주이다.

아름다운 여인 세멜레는 제우스와 사랑을 하여 임신하지만, 질투심에 가득 찬 '헤라의 꼬드김'[72]에 넘어가 끝내 죽음을 맞이한다. 이렇듯 그리스 신화의 남신들은 아름다운 인간 여인들도 유혹하여 자식을 생산한다. 제우스와 세멜레 사이에서 태어난 반신반인이 술의 신 디오니소스이다. 그리스 시대에 연인·결혼을 담당하는 신은 디오니소스와 아프로디테(로마의 비너스) 사이에서 태어난 'Hymenaios(히메나에오스)'[73]이다. 히메나에오스는 신부가 신랑의 집으로 가는 동안 불렀던 결혼식 축가를 의인화한 신이다. "그는 결혼을 상징하는 신으로 의학적으로 처녀막을 뜻하기도 한다. 미술 작품에는 머리에 화관을 쓰고 손에 결혼을 상징하는 횃불과 장옷을 든 미소년으로 묘사되며 '히멘'으로 불리기도 한다."[74]

히메나에오스(히멘)에게 제물을 바치는 여성들. 니콜라스 포신, 1634년/출처 구글

타로에서 모브걸비이스의 모습은 불꽃 속에 사랑의 화살을 든 미소년이

---

72) 헤라의 꼬드김에 넘어간 세멜레는 제우스의 모습을 보여 주기를 희망하고 제우스의 모습인 번개를 보고 불타 죽는다.
73) 디오니소스와 아프로디테의 자식으로 축연과 축혼가 등을 관장한다. 날개 달린 사랑의 신들인 에로테스 중 하나이다.
74) 두산동아 백과사전연구소, 앞의 책, 14편 참고.

장옷을 입은 젊은이들을 겨누는 모습이다. 모브걸비이스의 이러한 묘사는 미술 작품에 등장하는 정황과 매우 흡사하므로 경우에 따라서 모브걸비이스도 히메나에오스와 더불어 결혼과 관련이 있는 인물로 볼 수 있다.

2. 시대적인 상황

중세 시대 유럽의 사교클럽을 연상하게 하는 모브걸비이스는 정치적으로 보면 '외교 활동'으로 종교개혁(1517년)에서 촉발된 유럽의 종교전쟁(16-17세기)이 일어나기 직전에 각국의 수장이나 외교관들이 모여 회의와 중재를 하는 모습이다. 한편으로 모브걸비이스를 프랑스 루이 16세가 베르사유궁에서 '삼부회[75]'를 개최한 모습으로 볼 수 있다. 하지만 이 삼부회는 결국 파경에 이르고 그 뒤에 프랑스 대혁명이 일어나서 프랑스는 유럽의 군주국들과 전쟁을 시작한다. 그러기에 모브걸비이스 다음에는 CHARIOT(사르조)라는 전쟁을 수행하는 전차가 등장한다.

모브걸비이스의 경제적인 측면은 '상인의 비즈니스(현대의 엑스포)'이다. 상인들이 유럽 르네상스의 실질적인 주역이 되어 견인차 역할을 하는 모습이다. 르네상스 시대는 사실 상인들의 부의 축적에서 비롯된다. 부유해진 상인들은 재력을 바탕으로 교회 건물에 회화와 조각을 하였으며 이는 미술과 조각 등의 발전에 기여한다.

"피렌체 세속 권력을 장악했던 상인들의 정부는 주교의 권력을 약화시키기 위해 주교의 교회였던 산타 레파라타 성당을 허물고, 그 위에 현재의 모습을 지닌 두오모 성당을 신축했다. 오늘날까지 피렌체에 잘 보

---

75) 루이 16세가 국가의 만성적인 재정 적자와 신민의 기근을 타파하기 위하여 종교 수장, 귀족, 상인의 대표를 초청하여 베르사유궁에서 회담을 하게 한 일.

존되어 있는 르네상스 건축물과 조각 작품에는 돈과 권력에 의해 르네상스 시대가 새로이 깨어나고 창조되는 문명의 역사가 그대로 기록되어 있다."[76]

모브걸비이스의 사회적인 측면은 '자유연애'의 유행이다. 르네상스 시대에 만연했던 '궁정풍 사랑'은 영주의 부인이나 지위가 높은 귀부인, 즉 유부녀를 열렬히 사모하고 흠모하며 성적 욕망에 괴로워하는 사랑이다. 볼프강 라트는 "사랑은 중세에는 욕망을 억압하면서 방탕을 용인하는 이중성으로 바뀌었다. 승화된 오르가즘을 중시한 나머지 사랑의 황홀경에서 육체적 욕망을 추방해 버렸다. 중세가 욕망의 억제로 요약된다면 르네상스 이후는 향락적 사랑과 세련된 기술의 시대다. 그리고 낭만적인 사랑의 역사는 겨우 250년밖에 안 된다."고 말하며, "18세기에 와서 인간은 사랑과 결혼을 함께 묶어 생각했고 평생 한 사람과의 행복을 약속받았다."[77]고 말한다.

동아시아의 관점으로 모브걸비이스는 군웅할거의 시대로서 춘추전국시대나 오호십육국 시대를 연상시킨다. 이 시대는 강력한 왕조가 서서히 붕괴하고 분열이 시작하는 시대로 자고 나면 전쟁이 벌어지는 끔찍한 시대였다. 또는 전국시대에 합종책과 연횡책을 유세했던 '소진'과 '장의'가 연상된다. 이들은 현란한 언변의 외교술로 주나라 전국시대를 풍미하던 인물들이다. 즉 모브걸비이스는 이들이 정치적으로 사회적으로 상업적으로 치열한 외교술을 발휘하는 모습이라고 할 수 있다.

---

76) 성제환, 앞의 책, 8-9쪽.
77) 볼프강 라트 저, 장혜경 역, 『사랑, 그 딜레마의 역사』 참고, 이끌리오, 1999년.

3. 현대적인 비유

　모브걸비이스는 주로 변화를 모색하고 실천하는 것으로서 인간은 이 것을 통해 인생의 커다란 분수령에 진입한다. Movr의 뜻은 움직이다, 바 뀌다, 달라지다 등이다. 그러므로 모브걸비이스를 예전과 다른 상황이 전개될 수 있다는 의미로 보는 것이다. 때문에 타로 리딩에서 모브걸비 이스를 주어보다 동사의 의미로 사용하여 '변하고 바뀌며 달라졌다.'라 고 표현할 수 있다. 모브걸비이스는 현대적인 관점에서 외교는 이합집 산이 일어나고, 비즈니스는 인수합병이 일어나며, 애정은 이혼이나 결 별 또는 삼각관계가 형성되는 밀회, 변심, 새로운 애정의 시작, 상사병 (가슴앓이) 등으로 복잡하다. 정치는 UN, OECD, IMF이고, 상업은 기업 설명회, 박람회(엑스포)이며, 사회에서는 투자 설명회, 사교클럽, 나이 트클럽, 축제, 결혼식, 동아리, 결혼정보 회사, 부동산 회사, 다단계 회사 (정략적), 보험 회사 등이다. 인물은 이간질하는 사람, 바람둥이, 멋쟁이 등으로 볼 수 있다.

　모브걸비이스의 학업 관계는 기독교 계열의 종합대학으로 학과는 외 교학과, 경영학과, 부동산학과, 경매학과 등이고, 재물은 뜻밖의 행운이 있으며 소개료, 수임료, 중계료이다. 승진은 치열한 경쟁 구조이며, 건강 은 심장병, 각기병, 하지 정맥류 등이다. 음식은 뷔페 음식, 잔치 음식이 고, 차량은 외제 차, 승합차(SUV)이며 옷은 정장, 연회 옷, 유행 옷이다. 장소는 상업 요충지, 연회장, 공연장 등이다. 또한 모브걸비이스를 다른 시각으로 분석하면 경매, 공매, 주식 등과 연관할 수 있다.

　결론: 모브걸비이스의 상담 언어는 타협을 잘하고 마음이 열린 사람, 예의 바르고 친절한 사람이다. 하지만 한편으로 속내를 알 수 없는 사람

이기도 하고 외면과 내면이 다른 사람이기도 하다. 그래서 현대 유행에 민감하고 스마트하지만 그의 약속과 말에는 허풍이 항상 끼어 있다. 때문에 100% 신뢰할 수 없는 사람이다. 가정 관계는 장남과 장녀가 아니라 차남, 차녀에 해당되고, 경우에 따라 사촌, 외사촌 등 일가친척이다. 모브걸비이스는 마당발로서 만사에 관심이 많아서 참견하기를 좋아한다. 그러나 그의 참견과 관심이 결코 행복한 결말로 이어지지는 않는다.

모브걸비이스의 직군은 대체로 인간관계나 사회적 기능에서 연결과 조정을 하는 분야이다. 곧 외교, 통상, 국제기구, 통역, 경매, 투자설명회, 호텔 세미나, 예식업, 사교모임 등 제반 서비스업에 해당한다. 단 모브걸비이스의 직업적 모임은 순수한 목적이 아니고 정략적이라는 특징이 있다. 이런 연유로 모브걸비이스의 승진과 합격의 키포인트는 로비와 뇌물을 쓰는 것이다. 모브걸비이스의 애정 문제는 삼각관계가 형성되고 선택하고 선택받는 구조로서 순수한 애정의 발로보다 주변 상황, 즉 조건에 치우치는 경향이 있어 순정 드라마라고는 할 수 없다. 그러므로 모브걸비이스 타로의 애정운은 연애와 결혼이지만 결코 스마트한 행복이 보장되지 않는다. 항상 변심, 결별이라는 변수가 내재한다.

모브걸비이스의 재산 형성은 채권과 채무가 비등한 것이다. 예컨대 대체로 투자 형태를 띤 상업지 부동산이며, 이 타로가 재물 점에서 등장하면 무리한 투자는 훗날 반드시 후회하게 된다고 설명해라. 반드시 처음 의도와 다르게 삼자가 개입되어 복잡한 양상이 전개될 수 있다. 때문에 매매 운은 삼자가 개입되는 매매로서 수수료가 발생할 확률이 크다. 의상은 유행에 민감하고 정장 스타일을 즐기며, 음식은 라운지 코스 요리, 뷔페 음식, 다과, 차, 음료 등 대중적인 음식을 선호하고, 식사와 취침이 불규칙하다.

타로에서 모브걸비이스가 출현하면 선택의 기로에 서 있는 순간이다. 이때는 반드시 상대방의 말과 태도를 100% 신임하면 곤란하다. 주변 상황과 환경을 면밀하게 체크하여야 한다. 그 이유는 모브걸비이스에는 정략적과 변심이라는 의미가 깊게 내재하고 있기 때문이다. 꿈 점에서 모브걸비이스가 등장하면 애인을 소개받고 원하는 이성을 만나는 것이다. 원하던 이성은 구체적으로 학창 시절 선생님이거나 사회의 스승에 속한다. 신점에서 모브걸비이스가 등장하면 잡신이 장난질하는 것으로서, 대체로 이간과 분쟁이 발생하며 복잡한 일이 생긴다. 구체적으로 협력과 동업 관계에 문제가 발생하고 연인 관계에 변심이 생기며 결혼에 파탄이 염려된다.

＊ 타로 리딩 팁: 모브걸비이스+써어우노=자궁 질병(근종, 암). 모브걸비이스+지아빌=성 착취, 윤락녀. 모브걸비이스+메조 디지에스=사생아, 낙태. 모브걸비이스+덴니이=환율 조정. 모브걸비이스+쿠우트=문화재 경매. 모브걸비이스+에페=처녀성 상실(겁탈).

신기하게 잘 맞는 마르세유 타로와 십이신살

타로 7번
LE CHARIOT(레 사르조)

Chariot(수레, 전차)

Le Chariot 레 사르조

사르조는 '16세기 베르뉴아노 타로 카드이다.' 사르조는 네 바퀴 짐수레, 운반차, 운송 수단이고 중세 시대의 전차를 의미한다. 사르조는 두 마리 말이 끌고 있는 전차에 장수가 갑옷을 입고 있는 모습이다. 이 사르조를 전차와 지휘관 또는 개선장군으로 보면 승리를 의미한다. 그리오 드 지브리는 사르조를 '궁중 의상을 입은 사람이 말 두 마리로 전차를 이끈다.'[78]라고 설명한다. 즉 사르조는 평범한 사람이 아니라 상당한 위치에 있는 왕족이나 대신이다. 이를 참고하면 사르조는 국가의 녹을 받는 사람이거나 현대 사회의 대기업의 이사급이라고 할 수 있다.

하지만 사르조는 사무직이 아니고 현장직이다. 때문에 나이가 젊은 사람이고 육체가 발달한 사람이며 야성적인 기질을 가진 사람이다. 중세 시대의 전차는 현대의 장갑차, 화물차, 대형 버스, 항공기, 선박에 해당한다. 그러므로 현시대의 사르조는 전쟁과 연관되면 장갑차 지휘관, 전투기 조종사, 전투함 선장이고 운송 수단과 연관되면 항공기 조종사, 각종 대형 선박 선장, 대륙 횡단 열차 기관장, 운송회사 책임자, 수출입 회사 딜러 등 다양한 카테고리를 형성한다.

평화 시대의 사르조에는 상업적 역동성이 강하게 내재한다. 즉 사르조는 교류하고 교환하는 사회를 그린 타로이다. 그러므로 사르조는 큰 틀에서 교환과 교류가 이루어지는 것이다. 전쟁 시대의 사르조도 문명과 문화의 교류, 자원의 교류, 사상(종교)의 교류와 교환을 유발한다. 이를 통해서 각자가 사는 세상은 발전(승리)하기도 하고, 억압(패배)당하기도 한다. 때문에 사르조는 '새로운 형태의 세상이 오고 있다.'고 말할 수 있다. 즉 한마디로 사르조는 문명과 문화의 대변화를 나타내는 그림이다.

---

78) 그리오 드 지브리 저, 앞의 책, 372-373쪽 참고.

1. 신과의 관계

사르조와 신의 관계를 전쟁이라는 관점에서 분석하면 다음과 같다. 그리스 신화에서 전쟁과 승리의 신은 'Ἄρης(아레스)'이다. "제우스와 헤라 사이에서 태어난 전쟁의 군신인 아레스는 폭력과 피를 좋아했다. 그래서 신들과 인간도 그를 좋아하지 않았다. 아레스는 전쟁의 잔인하고 난폭한 면, 육체적인 폭력성을 한껏 드러내는 군신이다. 그는 전쟁에서 전차를 타고 군사들의 전의와 공포를 부추기는 고함을 지르며 돌아다닌다고 한다. 하지만 아레스는 성격은 잔인하지만 키도 크고 미남이라 여성에겐 인기가 높았다."[79] 로마 신화에서 전쟁의 신은 'Mars(마르스)'이다. 그러므로 사르조는 냉철한 승부사로서 '냉혈한 돌격형의 인간, 폭력적인 사람, 외면과 내면이 다른 사람' 등 현대의 나쁜 남자 범주에 해당한다.

아레스(그리스)/출처 구글

마르스(로마)/출처 구글

---

79) 토마스 불핀치 저, 최희성 역, 『그리스 로마 신화 100』, 미래타임즈, 2019년, 184쪽.

사르조와 신의 관계를 교류 또는 교역이라는 상업적 관점에서 분석하면 다음과 같다. 로마 신화에서 교역의 신은 'Mercurius(메르쿠리우스)'이다. 메르쿠리우스라는 이름은 라틴어 Merx(메르크스: 상품)와 Mercator(메르카토르: 장사꾼)에서 유래한 이름으로서 그리스 신화의 헤르메스에 해당한다. 때문에 메르쿠리우스는 날개 달린 모자와 날개 달린 신을 착용하고 있는 모습으로 표현된다. 메르쿠리우스의 다른 이름은 Alipes(알리페스: 날개 달린 발을 가진 자)이다. 특히 로마가 정복한 여러 민족은 이 메르쿠리우스를 상업의 신으로 숭배하고 경외하였다. 이는 곧 정복이라는 전쟁이 교역을 유발하여 국가와 민족 간에 상업, 교환이라는 문명과 문화의 변화를 이끌어 오는 현상을 나타내는 것이다. 기원전 495년에 로마의 'Circus Maximus(키르쿠스 막시무스)' 경기장에 메르쿠

날개 달린 샌들과 모자 그리고 숫양을 지닌 메르쿠리우스

신기하게 잘 맞는 마르세유 타로와 십이신살

리우스 신전이 지어졌다. 그 시대에 경기장은 단순히 무력을 겨루는 장소가 아니고 물물교환과 정보교환이 활발하게 이루어지는 공간이었다. 때문에 경기장의 입지는 평민들의 주거지 아벤티누스와 귀족들의 주거지 팔라티누스 언덕 사이에 위치한다. 메르쿠리우스를 영어에서는 Mercury(머큐리: 수성)라고 부른다. 메르쿠리우스와 헤르메스의 차이점은 메르쿠리우스가 정보나 재화의 교류와 교환이 주목적이라면, 헤르메스는 정보와 재화의 전달이라는 의미가 강하다는 것이다.

2. 시대적인 상황

사르조는 중세 시대 유럽의 각국이 외교적인 화합에 실패하여 전쟁이 일어난 것을 의미한다. 중세 유럽에서 왕들은 자신들의 권력을 지키려는 수단으로 종교를 빙자(종교개혁)하여 전쟁을 일으킨다. 사실 이들에게 종교는 적국을 침공할 구실에 불과하였고 16세기에서 17세기에 걸쳐 서유럽, 중앙유럽, 북유럽은 종교전쟁에 휩쓸린다. 유럽의 종교전쟁은 개신교도 기사들을 신성로마제국 황제(독일)가 무력으로 진압(1522년)한 이후, 천주교 측이 개신교에 대항하며 일으킨 반종교개혁(1545년)을 시작으로 본격적으로 일어난다. 특히 1618-1648년 사이에 일어난 30년 종교전쟁은 유럽 대부분이 개입된 대규모 종교전쟁이다.

유럽의 군주들은 이러한 종교전쟁을 통하여 왕권을 공고히 다지는 동시에 르네상스 시대에 부유해진 상인 계급이 사회의 주류로 부상하고 주도하는 것을 효과적으로 통제하고 견제할 수 있었다. 그러므로 중세 유럽의 이러한 정황은 사르조를 '전쟁과 신권정치'라고 할 수 있는 이유이다. 이런 연유로 사르조를 '사회와 가정에 공포 조장'으로 리딩할 수 있다. 때문에 그리오 드 지브리는 사르조를 정치적으로 보고 '승리와 독재 정치'라고 말한다. 이는 그 시대의 전쟁과 그를 통한 군주들의 정치 형태를 의미하는 것이다.

사르조를 상업적으로 운반차, 운송 수단으로 보면 르네상스 시기는 상인들이 주도하는 시대로서 동서양의 무역과 물자와 문화의 교류가 빈번한 때로 무역의 발달에 따른 운송 수단이 중요한 화두이다. 사르조는 그 시대에 운송 수단을 장악한 자가 사회적 강자가 되었다는 것을 의미한다. 두 마리의 말이 끄는 사르조는 강력한 운송력을 보유한 집단이나 개인이 사회의 주류로 부상한 것을 말한다.

사르조는 'Age of Discovery(대항해의 시대)'가 시작된 것을 의미한다. 유럽의 대항해 시대는 1400년대에서 시작되어 '크리스토퍼 콜럼버스'의 아메리카 항로, '바스코 다 가마'의 아프리카 남단을 경유하는 인도 항로 개척, '페르디난드 마젤란'의 세계일주 항해 등이 이루어지며 이때부터 식민지 시대가 열린다. 즉 대항해 시대는 15세기 초중반에 대서양으로 유럽인들이 진출하는 것으로, 유용한 운송 수단이 절대적으로 필요하고 가장 중요한 시대였다. 하지만 대항해 시대는 유럽인의 입장에서 역사를 바라보는 것으로서 아메리카, 아프리카, 인도 등의 입장에서는 유럽인들의 침략과 정복이 시작된 것이다. 이것을 '새뮤얼 P. 헌팅턴'은 '문명의 충돌'(정치+상업)이라고 정의한다.

3. 현대적인 비유

현대의 자동차 역사를 살펴보면 1482년 '레오나르도 다빈치(Leonardo da vinci)'가 태엽자동차의 설계도를 그린 후에 1698년 '토마스 세이버리(Thomas savery)'의 증기기관(대기압식) 발명, 1765년 '제임스 와트 (James watt)'의 와트식 증기기관 발명, 그리고 1769년 '니콜라스 조셉 퀴뇨(Nicholas joseph cugnot)'가 최초의 증기자동차를 발명한다. 이러한 운송 수단의 발달은 지역과 지역을 연결하는 것을 넘어서 국가 간의 교류와 이동을 쉽고 편하게 만들었고, 이는 곧 문화적인 섞임 현상을 유발하여 문화의 다양성에 따른 변화와 창조를 불러온다. 즉 르네상스의 확산과 폭발이 강력한 운송 수단에 의해 전 세계로 퍼지는 것이다. 이것은 독립적으로 존재하던 각 문명권들의 본격적인 교류로서, 이때부터 진정한 세계사가 시작된다고 할 수 있다.

사르조를 현대적인 관점으로 보면 운송업으로 비행기, 자동차(트럭), 선박 등 멀리 이동하는 수단이다. 해외 영업, 무역, 수출·수입업, 보세업, 해외여행사, 물류사업 등으로 이때는 주로 자신의 처지보다 못한 나라나 집단과의 교류와 방문(정복)으로 볼 수 있다. 직접적으로는 자동차 딜러, 차량 수리업, 차와 관련된 사업, 해운업, 항공업 등이다. 사르조는 특히 외제 차와 관련이 있는 것으로 차량 수출입, 중고차 수출입, 차량 부품 수출입, 차량 폐차업 등을 들 수 있다.

사르조는 주로 이동, 이주하는 것으로 공간에 변화가 일어나며 이를 통하여 환경이 달라지는 것이고 위치가 조정되는 것이다. 때문에 사르조의 리딩을 '이사, 이민, 이직'이라고 조언할 수 있다. 사르조는 사건 사고와 연관되면 공공의 문제가 발생한다. 한편 사르조를 아주 나쁜 의미로 분석하면 현대의 경정, 경륜, 경마 등 도박 게임에 속한다.

결론: 사르조의 상담 언어는 개방적으로 변화에 적응을 잘하고 가리는 것이 별로 없는 성향의 사람이다. 그러므로 출퇴근이 자유스러운 사람,

물류 유통과 관련이 있는 사람, 해외 문명을 선도하는 사람, 인수합병 등 공격적인 성향을 지닌 사람, 뚝심이 있는 사람이다.

이런 연유로 사르조에 해당하는 학과는 사관학과, 해운·항공학과, 철도학과, 물류학과이고 직종은 해외와 관련이 있는 것으로 구체적으로 철도공사, 공항공사, 항만청, 도로공사, 오퍼상 등이다. 음식은 기내식, 카레, 돈가스, 스테이크, 쌀국수, 똠양꿍 등으로 주로 퓨전 음식 계열이며, 질병은 풍토병으로 주로 물갈이병이고 유행성 바이러스병이다. 사르조의 연애, 애정 문제는 주말 부부나 연인, 기러기 부부나 연인, 해외 동포 인연, 외국인 인연으로 조건부 형태이고 상황에 따라서는 강요와 공포가 개입된 애정에 속하기도 한다.

재물은 달러, 유로화, 엔화 등 외국 화폐와 관련이 있고 주식도 해외 주식(① 개발도상국, ② 미국, 유럽 등 선진국)으로 운에 따라서 크게 벌기도 하고 크게 까먹기도 하며 큰돈을 벌려면 타이밍(3년, 3달, 3주, 3일)을 잘 맞추어야 한다. 사르조는 대출(은행권)을 두려워할 필요가 없다. 부동산은 공항, 항만, 고속도로 톨게이트 등의 지근거리에 위치한 보세 창고, 물류 배송 시설이다. 매매 운은 성사는 되지만 세금과 소개료 등 중개료가 만만치 않게 발생한다.

타로에서 사르조가 출현하면 인생사에 큰 폭의 변화와 교역과 교환이 일어나는 시기이다. 즉 흥망성쇠의 기로에 들어선 것이다. 이를 긍정적인 측면으로 분석하면 인생에 드물게 오는 절호의 기회이다. 분명한 것은 물러서면 뒤처지고 패배가 기다리고 있다는 것을 명심하라. 꿈 점에서 사르조가 등장하면 오랜만에 소식이 오는 것이고 먼 곳에서 손님이 오는 것이다. 그러나 길몽은 아니다. 전쟁과 상인 꿈은 길보다 흉이 많다. 신점에서 사르조가 등장하면 장군신과 연관이 있으며 이것은 큰 사건과 사고가 일어날 수 있는 징조이다. 때문에 이날은 매사를 조심하고 심사숙고해야 한다.

타로 8번
LA JUSTICE(라 저스티스)

La Justice(정의, 공정)

La Justice 라 저스티스

저스티스는 '16세기 베르뉴아노 타로 카드이다.' 저스티스는 정의, 올

신기하게 잘 맞는 마르세유 타로와 십이신살

바름, 공정, 공평, 정당함, 당연함으로서 정의의 여신이 칼과 저울을 들고 있는 모습이다. 그리오 드 지브리는 저스티스를 '법-정의'라고 설명한다. 이는 프랑스 시민혁명에 의해 탄생한 공화정의 시스템을 말하는 것이다. 때문에 저스티스는 적어도 독재자는 아니다. 저스티스를 정의의 여신으로 본다면 앞에 등장하는 사르조를 통해 보여 준 유럽인들의 정복과 침략을 정당화하려는 모습을 그린 것이다. 즉 저스티스는 자신들의 행위가 공정하고 올바르다고 하며 이에 불복하는 세력이나 개인은 칼로 다스리겠다고 엄포를 놓고 있다.

한편 저스티스는 유럽이 나폴레옹 전쟁(1803-1815년) 후에 사법적인 기준과 기초가 태동하였음을 시사하는 문양이다. 나폴레옹 전쟁 후에 승리한 유럽(영국이 주축) 국가들은 비엔나 회의를 개최하여 국경을 새로 정했으며 미국에서는 아메리카 독립전쟁(1775-1783년), 스페인령 라틴 아메리카 독립전쟁(1808-1833년)이 일어나고 전 세계로 자유주의가 확장된다. 특히 미국 독립의 결과, 절대군주와 왕정귀족체제에 반하는 자유민주국가가 탄생하고, 이 여파는 곧 프랑스 혁명과 연결되어 유럽 대륙에 자유주의를 전파한다. 즉 법치주의가 시작되고 공정과 공평, 정의가 유럽 국가 제도의 기본 틀이 된 것이다.

앙트완 쿠르드 제블랭은 정의, 힘, 신중, 절제 타로를 기본적인 미덕으로 분류한다. 때문에 저스티스를 법으로 이해하기 전에 정의로 이해하는 것이 더 훌륭한 타로의 리딩이 될 수 있다.

1. 신과의 관계

그리스 신화에는 'Themis(테미스)'라는 여신이 존재한다. 제우스의 고모이며 두 번째 부인인 테미스는 율법의 신으로 자연법, 관습, 질서, 공정함을 상징하는 신이다. 그는 제우스와 결혼하여 시간의 여신인 'Hōrai(호라이)'[80] 세 자매와 운명의 여신인 'Μοῖραι(모이라이)'[81] 세 자매, 즉 로마의 Parcae(파르카이) 여신을 생산하였다. 호라이 세 자매는 규율을 상징하는 'Εὐνομία(에우노미아)', 정의를 상징하는 'Δίκη(디케)', 평화를 상징하는 'Εἰρηνη(에이레네)'이고, 모이라이 세 자매는 생명의 실을 뽑는 'Clotho(클로토)', 그 실에 운명의 힘을 부여하는 'Lachesis(라케시스)', 그리고 그 운명의 실을 끊는 'Atropos(아트로포스)'이다. 그러므로 저스티스는 '시간의 공평함, 운명의 공평함'을 의미한다.

테미스(그리스)/출처 구글   유스티티아(로마)/출처 구글

---

80) 호라이는 복수형으로 시간과 계절의 여신을 말한다.
81) 모이라이는 복수형으로 그리스 신화에 나오는 세 명의 운명의 여신을 뜻하며, 그리스어로 모이라이는 각자가 받은 몫을 의미한다.

로마 신화에서는 눈을 가리고 검과 저울을 들고 있는 'Justitia(유스티티아)'를 정의의 여신이라고 한다. 때문에 라틴어의 유스티티아는 정의이다. 정의란 법이 추구하는 궁극적인 이념이다. 유스티티아가 눈을 가리고 있는 것은, 자신의 선입견에 의한 판단이 아니라 공정함을 전제로 오로지 법에 의한 판단을 할 것이라는 의지를 나타내는 것이다. 그러므로 그가 들고 있는 저울은 '공평과 공정'을 의미하며 검은 '강제성이 동반된 처벌'을 의미하는 것이다. 그리스 신화에서 단순히 정의를 상징하는 여신은 Dike(디케)이다. 디케는 테미스의 자식으로 종종 테미스와 혼동되기도 한다. 테미스는 자연법칙, 자연의 질서, 관습법을 주관하지만 디케는 사회 구성원들이 만든 사회법을 관장하는 신이다. 그러므로 디케와 유스티티아의 저스티스는 '공평과 공정한 처벌, 즉 법의 잣대와 판결'을 의미한다.

2. 시대적인 상황

저스티스를 법이라고 보면 침략이나 정복으로 혼란한 정국을 법치를 앞세워 통치하겠다는 의지이다. 즉 법치국가의 탄생을 의미한다. 이는 곧 종교의 영향과 압력이 더 이상 권력을 통제할 수 없다는 뜻이다(법이 최상위이다). 사르조라는 운송 수단의 발전을 통하여 세계의 각 문명과 사상이 유럽 대륙에 도래할 때, 교회와 왕족 계급이 신을 매개체로 유럽인들의 정신과 영혼과 생활을 통제하던 시스템에 문제가 발생한다(특정 사상과 종교가 무력화됨). 저스티스의 법은 이제 더 이상 유럽인들이 유일신을 절대적으로 숭배하지 않고 교회와 왕족의 강압적인 통치를 거부하며 일정한 룰에 의거하여 통제되는 사회, 법대로, 규칙대로 하는 사회,

즉 모두에게 평등하고 공평하게 적용되는 시스템을 만들어 낸 것을 의미한다.

저스티스를 공평이라고 본다면, 이는 민중의 봉기에서 촉발된 미국 독립전쟁과 프랑스 대혁명과 연관 지을 수 있다. 일례로 18세기(1789년)에 프랑스에 일어난 흉작은 마침내 도시민과 농민을 봉기하게 한다. 절대왕정과 교회가 지배하던 프랑스는 2년의 시민혁명 끝에 '앙시앵 레짐(Ancien Regime)[82]을 무너뜨리고 공화정을 수립한다. 이는 정치권력이 왕족, 귀족, 교회에서 자본가 계급, 즉 평민에게 옮겨 가는 사건으로 세계사에서 새로운 시대를 여는 계기가 된다.

앙시앵 레짐(절대군주 체제)은 전체 인구의 2%에 해당하는 성직자와 귀족이 권력과 부를 독점하는 체제로서 평민은 이들을 위하여 육체적 노동은 물론 무거운 세금을 책임지는 체제를 말한다. 예를 들면 경작세, 토지 상속세, 양도세, 농수용 물 공급세(수차), 빵 가마 사용세, 도로세, 교량세, 운반세, 육체적 부역, 교회에 의무적인 십일조 등이며, 성직자와 귀족들은 이를 내지 않아도 된다. 그러므로 이곳에서 저스티스의 공정은 국가에 부담하는 '각종 세금과 부역'을 의미한다. 미국 독립전쟁과 프랑스 대혁명은 권력의 이동뿐만 아니라 경제체제의 재설정인 것이다.

3. 현대적인 비유

저스티스에 내재한 현대적인 의미는 판결, 균형성, 안정성, 매뉴얼, 계약이며 문양적인 의미는 검사, 의사, 약사, 정품 메이커, 정육점 등으로 볼 수 있다. 때문에 저스티스의 직종은 법의 관점으로 보면 사법에 가까

---

82) 절대군주 체제로 군주가 막강한 권력을 지니는 것이다.

워 검찰, 판사, 감사, 세무서에 해당하고 안정성으로 보면 감리·감독 업무, 제품 검사 업무, 성능 검사 업무이다. 균형성으로 보면 중계 업무, 경매사이며 계약은 법에 의한 각종 계약서, 즉 등기권과 저당권, 전세권, 특허권, 상표권 등이다.

저스티스를 메이커의 관점으로 보면 정품으로 주로 남녀 정장 옷, 모자, 목걸이, 골프채에 해당하고 시계, 저울로서 시계 산업, 계량 산업이다. 주로 수술을 전문으로 하는 외과 의사이고 정육점은 등급에 따라서 g 단위로 파는 것이며 대체로 쪼개서 팔고 나누어서 파는 사업이다. 그 외로 저스티스는 현대에서 아주 초미세한 분야를 의미하여 경우에 따라 반도체 사업, 나노 사업 등으로 볼 수 있다.

결론: 저스티스의 상담 언어는 원칙에 기반한 합리주의(법치주의)자로서 변칙이 통하지 않는 사람, 반칙을 사용하지 않는 사람, 지름길을 아는 사람(법이 지름길이다), 법을 잘 이용하는 사람, 법을 잘 아는 사람, 앞뒤가 막힌(법전에 있는 대로 한다) 사람, 사회 분쟁을 조정하는 사람이며 독재와는 거리가 먼 사람이고 굳이 분류하면 보수에 가까운 사람이다. 가정 관계는 백부, 숙부, 외숙 등과 연관이 있으며 간혹 원망의 대상이 되기도 한다.

저스티스의 사회적 직군은 원칙과 법에 기반한 직종으로 대체로 생산업, 유통업, 향락업 등 자유업과는 거리가 멀고, 승진과 취직은 공채와 정기 승진으로서 출세가 빠르지 못하고 원활하지도 못하다. 재산과 재물 운은 돈이 많지 않은 사람이며 돈을 많이 벌 시기도 아니다. 부동산은 신호가 있는 사거리, 공영개발 분양 땅이며, 매매 운이 잘 풀리지 않는 이유는 너무 경직된 고집이 원인이므로 가격과 조건을 적당히 조절하면 매매가 원활하다. 한마디로 저스티스의 경제는 중산층에 해당한다.

저스티스의 연애, 애정은 중매결혼으로서 재미있지 못하고 화려하지 못하여 하루하루가 판박이 생활이다. 음식은 소식인으로 양이 정해진 것(초밥, 맥도날드)이고 양식(돈가스, 스테이크)이며, 의상은 정장을 고수하고, 차량은 중형차를 선호하지만 특징은 절대로 중고차는 사지 않는다. 건강 운은 신경성 질병, 허리 통증, 신장 질환, 방광 질환, 손목 통증 등이고 병이 발생하면 수술할 가능성이 많다. 저스티스의 이사 운은 심사숙고(전세권, 등기권 문제)하여야 한다.

타로에서 저스티스가 출현하면 망설이고 머뭇거리는 현상이다. 즉 도토리 키 재다가 세월 보내는 격이다. 또 다른 관점에서는 원칙대로 하라는 신호이다. 즉 너무 따지지 말고 매뉴얼대로 하면 된다. 꿈 점에서 저스티스가 등장하면 조상 꿈이 아니다. 그저 관재구설이 들어오는 징조이다. 후손이 안쓰럽고 걱정스러운 조상이 경고하는 것이다. 그러나 신점에서 저스티스의 등장은 벼슬한 조상이 들어온 것이다. 벼슬한 조상은 취업, 승진, 진학과 학업 문제를 해결해 주고 결정해 주려고 오시는 것이다.

신기하게 잘 맞는 마르세유 타로와 십이신살

타로 9번
L'HERMITE(레 테르미트)

L'Hermite(은둔자)　　　L'Ermite 레 르마이트

테르미트는 '17세기 파리의 노블레 타로 카드[83]에서 나온 것이다. 테르미트는 은둔자, 현자(지혜, 지식), 시인(비평가, 천재), 지혜를 의미한다. 등불과 지팡이를 들고 어디론가 가고 있는 테르미트는 노약하고 지친 사람이 은퇴하는 모습이다. 테르미트를 은둔자로 본다면 저스티스가 실현된 사회로부터 밀려난 세력들이라고 할 수 있다. 즉 테르미트는 교회 종사자와 귀족들의 권한과 혜택이 박탈되어 사회와 격리되는 과정으로 특정 상류 계급층의 은퇴를 말하는 것이다. 때문에 테르미트는 신분이 천한 사람이 아니며 과거 정치·경제에서 중요 세력이거나 후손이고, 대체로 지식이 풍부하고 머리가 총명하여 범상치 않은 인물이며 먹고살 돈은 풍족한 사람이다. 테르미트의 성향은 고집이 있고 고독하며 신중하고 심사숙고하는 사람이지만 신의가 있다. 그는 자신의 의사를 직접적으로 표현하지 않는다. 참모나 비서에 잘 어울리는 사람이다.

그리오 드 지브리는 테르미트를 지혜라고 설명한다. 즉 테르미트는 왕년에 잘나갔던 집안이나 사람으로서 현재 본인은 별 볼 일 없어도 부모, 조상 또는 자신의 과거가 화려한 사람이고 재정적으로 빈곤하지 않은 사람이다. 하지만 이들의 특징은 다시는 복귀(리턴)하지 못한다. 앙트완 쿠르드 제블랭은 테르미트를 사회적인 지위가 있는 타로로 분류하였다. 그러므로 테르미트는 종교인, 명상가, 사상가로서 본인이 소속된 집단이나 해당 분야에서 특별한 능력을 인정받는 지도자 위치에 있는 사람이다. 그러나 테르미트는 은퇴자와 사상가라도 그들의 특징은 고집과 고독한 성질로서 사회성이 결여된 사람이다. 때문에 자신을 잘 드러내지 않고 좀처럼 자신의 의견을 표현하는 일이 적다. 그렇다고 해서 테

---

83) 그리오 드 지브리 저, 앞의 책, 373쪽 참고.

르미트가 우유부단한 사람이라는 것은 아니다. 단지 신중하고 심사숙고를 타인이 느끼기에는 답답할 정도로 하는 사람일 뿐, 기회가 되면 확고하고 단호하게 자신의 의견을 피력한다.

1. 신과의 관계

로마 신화에서 은둔, 은퇴를 상징하는 신은 그리스 신화에 등장하는 'Kronos(크로노스)'[84]이다. 크로노스는 한 손에는 시간을 상징하는 모래시계를 들고 다른 손에는 무력을 상징하기도 하고 농업을 상징하기도 하는 낫을 들고 있다. 그는 자신의 부친 'Uranus(우라노스)'를 어머니 '가이아'와 함께 몰아낸 신으로서, 나중에는 그 자신도 막내아들인 제우스에게 축출되어 '타르타로스'에 감금된다. 즉 자식에 의해 강제 은퇴를 당한 것이다. 고대 이탈리아 신화의 'Saturnus(사투르누스)'[85]와 동일시되는 신이다. 한편 "사투르누스도 '유피테르'에 의하여 폐위되자 이탈리아로 도망하여 로마의 '카피톨리누스' 언덕에 도시를 건설해서 왕이 되었다. 그리고 미개하고 야만스러운 백성에게 농업과 기타 여러 가지 유용한 기술을 가르쳐서 태고의 황금시대를 구축했다고 한다."[86]

훗날 그는 '라티움' 민족의 지도자가 되었다. 그가 카피톨리누스 언덕에 세운 '사투르니아'를 통치한 시기가 세칭 '황금의 시대'로 불리므로 로마 신화는 그를 '농업의 신', '시간의 신', '자유의 신', '부(富)의 신', 즉 덕의 군주로 인식한다. 그림에서 사투르누스는 수염이 많이 있는 모습에 낫

---

84) 하늘의 남신인 우라노스와 땅의 여신 가이아 사이에 태어난 12명의 티탄족 신 중에 막내이다. 그는 신족에서 가장 영리하고 똑똑했으며 꾀가 많았지만 그만큼 위험했다.
85) 크로노스를 라틴어 식으로 부르는 이름.
86) 토마스 불핀치 저, 최희성 역, 『그리스 로마 신화 100』, 미래타임즈, 2019년, 30쪽 참고.

과 이삭을 든 모습으로 표현된다. 그러므로 테르미트에는 '은퇴하는 사람' 그리고 '농업', '자유', '풍족한 재물', 즉 '덕'이라는 의미가 내재하여 있다. 여하튼 테르미트는 적어도 까칠한 사람은 아니다.

크로노스/출처 구글   사투르누스/출처 구글

2. 시대적인 상황

그리오 드 지브리는 테르미트를 '새로 태어난 디오게네스, 그를 닮아 정직한 삶을 추구하는 은둔자' 혹은 현자라고 설명한다. 그리스의 철학자 '시노페의 디오게네스'는 자연에서 적합한 것을 찾아 살 수 있다면 그것이 진정한 행복이라고 하며 그 외는 쓸데없는 욕심이라고 주장한다. 일설에 의하면 그리스 최고의 괴짜인 디오게네스는 광장에 서서 자위행위를 하면서 '배고픔도 이처럼 해결할 수 있다면 얼마나 좋을까.'라고 말했다고 한다. 그러므로 테르미트를 디오게네스라고 하면 정치를 조롱하고 풍자하는 비평가이지만, 은둔자나 현자로 보면 이 세상에 정의가 실현되지 못함을 안타까워하며 후학을 양성하는 정신적 지도자로 볼 수 있다.

동아시아의 은둔자와 현자 중에 으뜸은 장자[87]이다. 장자는 가난하지만 초나라 위왕의 초청을 거절할 만큼 자유로운 생활을 즐겼다. 그는 자연의 법칙에 따라 함께 즐기며 도덕적인 사회에서 벗어나 자유와 독립을 얻으라고 주장한다. 장자의 '호접몽'이라는 우화와 자신의 부인의 죽음에도 놋대야를 두드리며 노래를 부른 것은 아주 유명한 일화이다. 그러므로 테르미트를 은둔자나 현자로 보면 위대한 자연 사상가와 자연 철학자로 볼 수 있다. 때문에 그리오 드 지브리는 테르미트를 '지혜'의 의미가 있다고 설명한다. 역사적인 시각에서 볼 때 서양에서의 '지혜'를 동양에서는 '덕'이라고 부른다. 이때의 덕이라는 지혜는 공화정 출범 이후에 은퇴하는 주교와 귀족 세력들이 오랫동안 권력을 유지하며 통치를 통해 인간경영술을 체득한 사회적인 경험과 노하우를 말하는 것이다(알렉산더와 디오게네스의 일화)[88].

3. 현대적인 비유

테르미트를 현대적인 관점에서 보면 은퇴한 사람, 노숙자, 노약자, 시골 노인, 할아버지, 공부시키는 사람, 책임질 줄 아는 사람, 머리 좋은 사람, 때를 기다리는 사람, 용돈 주는 사람 등으로 볼 수 있다. 이들의 공통점은 육체적으로 쇠약하고 재정적으로 빈곤하게 보이지만 실제로는 자

---

87) BC 369-BC 286년, 송나라 출신으로 본명은 장주(莊周), 도가의 대표적 인물로 만물 일원론을 주장하며 자연 속에서 개인의 행복을 추구하였다. 『남화진경』의 저자로 남화진인, 남화노선으로 불린다.

88) 알렉산더에게 디오게네스는 햇빛을 가리지 말라고 요구한다. 이는 곧 나중을 말하지 말고 현재 민중들의 배고픔을 해결하라는 간접적인 충고이다.

신이 쓸 돈은 있다. 사회적인 관점으로 테르미트는 기초재료사업으로 식량, 목재, 석탄, 유류, 철강, 시멘트이고, 발명가, 연구원이다. 퇴직자 재취업 사업으로 직업훈련원, 중고 매매이며, 실버 사업으로 생활 안정 기금(각종 연금기관), 노인 대학, 노인 요양원, 사회복지, 보조 치료 계통이다.

테르미트를 재물의 관점으로 보면 노후자산관리와 관련된 저축, 연금 기금, 연금보험, 퇴직금, 퇴직연금, 비자금 등이다. 옷과 식생활은 정장, 평상복, 개량복이고, 음식은 숙성된 음식과 먹기 편한 음식으로서 구체적으로 장류, 식초, 홍어 요리, 젓갈 요리, 보리굴비, 치즈, 하몽, 와인이며 죽, 잔치국수, 칼국수, 수타면, 파스타, 묵, 두부 등이다. 질병은 만성 질병으로서 치매 질환, 하체 질환이고 기력 저하 질환이다. 생활용품으로는 파스, 돋보기(안경), 손전등, 지갑, 휴대용 mp3 등이고, 차량은 비록 중고차라도 중형 이상으로서 벤츠 등 외제 명품이다.

테르미트의 공간, 즉 장소는 전통시장, 오일장, 노인 대학, 노인정, 전통 문화 시설로서 예를 들면 스타벅스가 아니라 전통 찻집이며 케이크 전문점이 아니고 월병, 화과자 등 전통 빵집이다. 그러므로 보석, 그림, 악기 등을 취급하는 골동품상이다. 여하튼 테르미트는 생산적인 일이나 역동적인 일이 아닌 것으로서 주로 휴식, 정신노동 또는 사상적인 활동과 연관이 있다. 대체로 테르미트는 아날로그에 속하여 역사와 전통이 있으므로 전통이 있는 메이커에 해당한다.

결론: 테르미트의 상담 언어는 사려 깊고 신중한 사람, 머리로 먹고사는 사람, 긍정의 마인드가 있는 사람, 취미가 별난 사람이다. 그의 특징은 자신의 의사를 직접적으로 표현하지 않는다. 하지만 비록 진취적이

고 생기발랄하지는 못해도 동양의 강태공에 비유할 수 있다. 참모나 비서는 딱 좋다. 사회적 직군은 앞장서서 나가거나 뛰는 현장직은 배제한다. 취직, 승진 운은 기다리면 소식이 오고 조기 승진은 못 하여도 정년까지는 가며, 연애, 결혼 관계는 안정적으로 보이지만 항상 서로 기다리고 참고 사는 형태이다. 재물은 절대로 망하지 않고 손해 보지 않는 것으로서 끝까지 참고 기다리기 때문에 매매 운에서 뜻밖의 성과가 있다. 부동산은 지가가 비싼 장소에 있는 오래된 건물로서 즉 은마 아파트이고 강남의 오래된 건물이다. 이사 관계는 구도심이나 도시 외곽으로 간다면 긍정적이다.

타로에서 테르미트가 출현하면 나서지 말고 잠시 뒤로 물러날 때이다. 즉 일시 후퇴가 최선이 될 수 있는 수단이다. 꿈 점에서 테르미트가 등장하면 부계 쪽인데 사회에서 행세한 조상신(조부, 증조부)이 현몽한 것이고, 신점에서 테르미트가 등장하면 산신이나 불교의 아미타 부처와 지장 부처가 강림한 것이다. 신점에서 테르미트의 빨간 지팡이는 특별한 재주가 있고 신통한 재주가 있는 것으로서(아프고 문제가 발생한 곳을 찌르고 때리면 치유된다) 진행 사항이 찜찜해도 마무리가 잘되는 것이다.

타로 10번
LA ROVE DE FORTVNE
(라 로버 데 헤어비에인드)

La Rove De Fortvne(운명의 수레)

Wheel of Fortune 휠 오브 포춘

로버 데 헤어비에인드는 '17세기 파리의 노블레 타로 카드'에서 나온 것이다. 로버 데 헤어비에인드는 운명의 수레, 운수 등을 의미한다. 영어로 rove는 '방랑하다, 두리번거리다'이고 fortune(포춘)은 '운, 행운, 재산, 운명, 운수, 우연히 일어나다, (남에게) 재산을 주다'라는 뜻을 지닌다. 이를 직역하면 로버 데 헤어비에인드는 방랑하는 운명, 두리번거리는 운수 또는 방랑하다가 우연히 일어나는 일들이라고 해석할 수 있다. 이런 종류의 언어를 동양에서는 '業(업)의 굴레, 카르마'라고 부른다. 즉 因果應報(인과응보)라는 말로도 표현할 수 있다. 때문에 로버 데 헤어비에인드의 의미를 운명, 운수, 우연한 일들, 업이라고 결론지어도 무리한 해석이 아니다. 앙트완 쿠르드 제블랭은 헤어비에인드를 인간사의 불행과 관련된 두 가지 요소 중에 하나라고 주장한다. 이를 참고하면 헤어비에인드는 좋은 의미로 해석할 수는 없는 것이다.

수레는 물질을 다른 곳으로 이동시키는 역할을 한다. 수레는 물건과 물자의 이동으로 재산의 증식을 의미한다. 그런데 카드에서 수레바퀴는 회전을 하고 있다. 보통 수레바퀴는 무엇을 이동시키려고 회전을 하지만 카드에서는 항상 제자리로 다시 돌아오는 작용을 한다. 즉 같은 일 혹은 비슷한 일을 다시 반복하는 것으로서, 예를 들면 재물이 증식된 것처럼·보이고 감소한 것처럼 느끼는 것이다.

수레의 회전은 내려가는 작용과 올라가는 작용이 동시에 행해지는 것으로서 내리막길이 있으면 오르막길이 있고 흉한 시기가 있으면 길한 시기도 온다는 암시를 하고 있다. 때문에 이 수레에 운명이라는 단어가 붙은 것이다. 즉 운명은 이렇게 수레처럼 流轉(유전)하는 것이라는 말이다. 그러므로 로버 데 헤어비에인드를 운명의 수레에 탄 인간은 절대로 절망할 필요도 없고 너무 우쭐해서도 안 된다는 것을 알리고 경고하는 의미로 받아들일 수 있다. 이러한 연유로 로버 데 헤어비에인드를 항상 같은 결과로 귀속한다고 해석할 수 있지만, 다시 도전을 하면 일시적이라도 어느 한 순간 결과가 달라질 수 있다고 해석해도 된다. 이때 이러한 해석의 결정적인 키는 로버 데 헤어비에인드와 연결되는 타로가 쥐고 있게 된다.

1. 신과의 관계

그리스 신화에서 운명의 여신은 세 명으로 '모이라이'라고 부른다. 모이라이라는 이름의 뜻은 'μοῖρα(모이라: 각자가 받은 몫)'가 신격화된 것이다. 모이라이는 제우스와 둘째 부인인 테미스[89] 사이에 태어난 신으로서 인간에게 길흉을 나누어 주는 역할을 부여받았다.

「실을 잣는 파르카이 여신들」, 마리 드 메디시스의 생애에 관한 습작, 페테르 파울 루벤스, 루브르 박물관 소장./출처 구글

---

89) 우라노스와 가이아 사이에 태어난 열두 티탄 신 중 하나로 법과 정의의 여신으로 제우스의 고모이다. 테미스는 눈을 가리고 천칭과 검을 들고 있는 모습으로 묘사된다. 눈을 가리고 있는 것은 허상에 현혹되지 않고 마음으로 보겠다는 의미이며 천칭은 공정함을, 검은 형벌을 의미한다. 즉 정의와 질서, 자연법과 관습을 의인화한 신이다.

"이들은 인간의 생명을 관장하는 실을 관리하는데, 한 명이 그 실을 풀면 다른 한 명은 이를 감고 나머지 한 명은 인간의 목숨이 다하면 그 실을 끊는다고 한다. 베를 짜는 여신 'Clotho(클로토)'는 인간의 운명의 실, 즉 생명줄을 지어내는 여신(밑으로 내려가는 동물)으로 그는 얽힌 운명의 탈출을 돕는다. 또한 인간이 임신 중인 10달을 관장한다. 운명의 여신 'Lachesis(라케시스)'는 인간의 생명 길이를 할당하는 실, 즉 생명줄을 감아 나누어 준다(위로 올라가는 동물). 곧 그녀는 운명을 순조롭게 하는 역할을 하는 것이다. 거역할 수 없는 'Atropos(아트로포스)'는 인간의 죽음의 시기와 방법을 결정하는데, 그녀는 가차 없는 가위질로 인간의 생명을 거두어들인다(중앙에 앉아 있는 사람). 즉 끝맺음을 하는 것이다. 이 운명의 세 여신만이 인간의 삶과 죽음, 즉 길흉 정도를 결정한다. 그 무엇도 그 누구도 심지어 제우스와 하데스도 세 여신이 정한 것을 바꿀 수 없었다. 로마 신화에서는 이 그리스 '모이라이' 세 여신을 'Parcae(파르카이)' 여신이라고 불렀다."[90]

1. 「운명의 세 여신」, 조반니 안토니오 바치 소도마, 로마국립고대미술관 소장.
2. 플랑드르 태피스트리, 빅토리아 앤드 앨버트 미술관 소장./출처 구글

90) 토마스 불핀치 지음, 최희성 번역, 『그리스 로마 신화 100』, 미래타임즈, 2019년, 186쪽 참고.

로버 데 헤어비에인드에 등장하는 세 가지 개체를 운명의 신에 비유하면 클로토와 라케시스와 아트로포스이다. 이들은 각기 맡은 권한으로 인간의 운명을 조작한다. 때문에 로버 데 헤어비에인드에는 '운명의 변화 또는 바뀌는 길흉화복'이라는 의미가 가장 많이 들어 있다.

2. 시대적인 상황

역사적으로 로버 데 헤어비에인드는 공화정이 출발하고 교회와 귀족의 권력이 축소되거나 없어지면서 일반 백성의 삶이 변한 것을 의미한다. 그동안 안락한 생활과 끝없는 향락에 빠졌던 주교와 왕족, 귀족 계급이 몰락하고 삶의 현장에서 부단히 노력하던 일반 백성(상인과 공인)의 중요성과 위치가 바뀌었음을 보여 주는 그림이 로버 데 헤어비에인드이다.

프랑스에서 공화정 시대가 도래하면서 절대적인 군주와 교주가 장악했던 권력을 변방인 코르시카의 작은 섬 세인트헬레나에서 태어난 하급 귀족 출신인 나폴레옹이 황제가 되어 장악한다. 나폴레옹이 유럽의 신흥 권력자가 되면서 시민 평등 사상, 법치주의, 능력주의가 유럽 각국에 퍼진다. 또한 그에 따라 남성과 여성의 관계도 수직적에서 수평적인 균형을 찾아간다. 즉 신분제에 의해 고단한 삶을 살던 인간에게 운명의 수레는 이러한 작동을 한다. 황제가 되어 무한한 권위를 자랑하던 나폴레옹이 나중에는 세인트헬레나섬에 유배되어 생을 마치는 것은 로버 데 헤어비에인드를 가장 잘 이해할 수 있는 사건이다.

로버 데 헤어비에인드는 돌고 도는 인생의 여정을 그린 것이다. 인간의 인생 여정은 똑같지 않아서 파도와 같고 밤낮과 같으며 계절과 같이 陰이 陽이 되고 陽이 陰이 된다. 내리막이 있으면 오르막이 있고 이런 것들이 끝없이 무한 반복되어 돌고 돌아도 언제나 제자리로 오게 되는 것이 인생인 것이다. 즉 시간과 공간이 무한의 결합으로 이루어진 것이 로버 데 헤어비에인드이며 인간의 희로애락과 흥망성쇠는 이것에 따라 순간순간 처지가 바뀌게 되는 것이다.

3. 현대적인 비유

그리오 드 지브리는 로버 데 헤어비에인드를 '행운과 부'라고 설명한다. 서양의 관점으로 물레와 직조기는 부를 상징한다. fortunes(포춘스)는 영어로 운, 운명, 운수, 우연히 일어나는 일, 행운, 재산 등이고 fortune(포춘)은 운명의 여신을 말한다. 때문에 로버 데 헤어비에인드의 현대적인 의미는 운명, 운수, 팔자, 업, 환생, 환절기, 주기, 체인지, 변형, 변위, 시간과 공간, 정신적인 트라우마 탈출 등이다. 이러한 연유로 로버 데 헤어비에인드를 반복되는 사건과 일, 어쩔 수 없는 필연적인 일, 시간이 흘러야 되는 일, 공간 즉 장소를 바꿔야 해결되는 일, 점점 증가하고 감소하는 사항 등이라고 할 수 있다.

로버 데 헤어비에인드의 물질적인 관점은 바퀴, 베틀, 엔진 구동 장치, 회전하는 물질 등에 해당한다. 장소는 톨게이트, 환승장, 로터리, 내리막과 오르막이 있는 언덕, 재개발지, 재건축 건물, 놀이공원, 오락실이며, 사물은 엘리베이터, 물레방아, 발전기, 원자력·수력·풍력 발전기, 엔진, 정미소, 냉온풍기, 뻥튀기 기계, 회전문 등이다.

시간과 공간이 변하면 운명도 변한다. 예컨대 풀에 불과하던 국화는 가을이 되면 꽃이 만개하여 꽃 중의 제왕이 되고, 남쪽 지방에서 재배하는 귤과 무화과는 북쪽 지방에서는 열매를 맺지 못한다. 시간을 변하게 하는 방법에는 늦게 일어나던 사람이 일찍 일어나도 시간이 변한 것이고, 낮과 밤을 바꾸어서 생활하는 것도 시간을 변하게 한 것이다. 운명을 변하게 하는 방법 중에 해외 이주는 시간과 공간을 한꺼번에 변하게 하는 것이고, 남쪽에서 북쪽으로 이주(에너지, 감정, 애정)와 서쪽에서 동쪽으로 이주(재화)는 확실한 공간의 변화이다.

결론: 로버 데 헤어비에인드의 상담 언어는 언제나 변치 않는 사람, 기다려 주는 사람, 완충 역할을 하는 사람, 재기하는 사람이다. 가정 관계는 닮은꼴의 어른과 자손으로서 대체로 조상의 성격과 유업을 계승하는 인물에 해당한다. 로버 데 헤어비에인드를 현대의 에너지 산업에 비유하는 것은 현대의 모든 에너지는 회전하는 방식으로 발생하기 때문이다. 따라서 전기, 발전기, 수력·풍력 발전소, 원전, 에너지 재생산업 등과 연관성이 많다. 이러한 연유로 로버 데 헤어비에인드의 사회적 직군은 에너지 관련 분야가 가장 적합하며, 취직과 승진은 차례가 오면 되는 것이고 기다리면 되는 것이며 재취업에 유리하다. 학업은 엔진 분야와 발전 분야로서 재수와 편입학으로 재도전하면 성공하며(재수하거나 편입학하면 원하는 학교와 학과를 갈 수 있다) 때문에 더 좋고 높은 곳으로 가려면 직장과 학교를 옮기면 기회와 행운이 올 수 있다.

로버 데 헤어비에인드의 재물은 불안정성으로 돌려막기 형태이다. 만약에 융통성과 순환성에 지연과 막힘이 발생하면 심각한 문제가 발생하므로 주식, 환율 등이 추락하는 것을 의미한다. 때문에 투자가 불리해지면 오랜 기간을 무조건 기다려야 한다. 매매는 매수자는 관망할 때이고 매도자는 무조건 팔 때이다. 연애와 애정과 결혼은 헤어지고 만나기를 거듭하고 살면서 반드시 한 번 정도 환란이 있지만 이혼과 결별이 쉽지 않고, 미혼모의 자식은 모계 성향이지만 이혼모의 자식은 부계 성향이다. 이사는 움직여야 할 시기로서 서쪽에서 동쪽으로 남쪽에서 북쪽(에너지, 건강, 애정)으로 이주하는 것이며, 건강 운은 순환기 계통, 호흡기 계통, 신장, 심장 질환, 뇌졸중으로 병세는 이상과 호전을 반복하는 평생 지병 형태이다.

로버 데 헤어비에인드는 행운과 부를 의미하지만 운명의 뇌졸중이라고도 할 수 있다. 그러므로 타로에서 로버 데 헤어비에인드가 출현하면 시간이 지나고 장소가 바뀌면 상황이 달라지는 것으로서, 현 상황이 불리하면 시간이 흐르고 장소가 바뀔 때 유리해지며 반드시 재기할 수 있다. 이런 연유로 로버 데 헤어비에인드 타로의 개운 방법은 일상에서 밤낮과 기상 시간을 바꾸고 카운터 위치를 조정하며 가정에서는 커튼, 벽지, 장판 등을 교체하고 시계를 새로 사거나 거는 장소를 바꾸라고 조언한다.

꿈 점에서 로버 데 헤어비에인드가 등장하면 그 집안을 이끌었던 조상과 연관이 있는 일에서 모든 것이 끝남을 의미한다. 때문에 현 상황이 어려운 사람에게는 길몽이지만, 현 상황이 아무 일 없이 무탈한 사람에게는 흉몽에 해당한다. 무속인이 신점에서 로버 데 헤어비에인드와 연관되면 세습무 성향으로 4대 조상이 강림한 것이다. 이 신점은 내담자가 원하는 문제를 이루어 주고(클로토: 감는다), 해체하고(라케시스: 푼다), 마무리(아트로포스: 끝낸다)하는 점이다. 한 예로 신점에서 로버 데 헤어비에인드와 데나리우스(텐니이) 타로가 연결되면, 터주신이나 토지신이 들어온 것인데 그들은 돈 귀신에 해당한다. 이때는 클로토와 연관되면 돈이 들어오고, 라케시스와 연관되면 돈이 나가며, 아트로포스와 연관되면 길흉이 끝나는 것이다.

타로 11번
LA FORCE(라 퍼어스)

La Force(힘)

La Force 라 퍼어스

라 퍼어스는 '17세기 파리의 노블레 타로 카드'에서 나온 것이다. 라 퍼어스는 힘, 체력, 완력, 활력 즉 에너지를 의미한다. 모자를 쓴 여자가 맨손으로 사자의 입을 찢는 모습의 라 퍼어스는 그 시대에 여권의 신장과 더불어 여성이 사회 전선에 본격적으로 등장했음을 示唆(시사)하는 것이다. 그러므로 퍼어스는 여성 사회 참여 시대를 의미하며 남성을 지배할 수 있는 여성을 말한다. 하지만 그 시대에 여성이 남성을 지배하는 수단은 제한적이었다. 예컨대 남성 가부장적이던 사회가 적어도 동등한 관계로 선회한 것이고 여성 가장이 가정을 이끄는 현상이라고 할 수 있는 것이다. 그들은 대체로 재화의 운용, 문화 선도(유행 문화 선도는 여성이 빠르다), 기질적 행동 등으로 많이 나타나며 특히 가정에서 그 영향력은 더욱 두드러진다. 앙트완 쿠르드 제블랭은 퍼어스를 기본적인 미덕으로 분류하였다. 그러므로 퍼어스를 여권 신장과 여성의 사회 참여 또는 여성 가장 등으로 이해하는 것이 좋은 리딩이다.

이곳에서 퍼어스가 사자를 제압하는 모습은 남성의 권위에 맞서는 행위를 은유하는 것이다. 그러므로 퍼어스는 가정적으로 여성 가장, 상처한 홀어머니, 자녀를 부양하는 이혼녀, 때로는 강직하고 강압적인 여성(이모, 고모, 누나, 여동생, 애인)이나 부인 또는 어머니라고 할 수 있다. 사회적으로 라 퍼어스는 사회 활동을 활발히 하는 여성으로 여성 오너, 여자 운동선수, 여권 신장 등 여성 문제 운동가, 환경·노동 분야 여성 운동가, 강압적이고 폭력적인 여성 직장 상사 등이다. 그러나 라 퍼어스는 직접 자신의 힘과 에너지에 의존하는 사람으로서 아주 높은 레벨이라고 할 수 없다.

1. 신과의 관계

그리스 신화에서 힘의 여신은 '티탄[91] 팔라스와 여신 '스틱스[92]'의 딸로 태어난 '비아(Bia)'이다. 비아는 그리스어로 폭력을 의미한다. 즉 비아는 힘, 용감함, 무용, 폭력을 의인화한 것이다. 티탄의 후예인 그녀는 티탄과 제우스가 전쟁할 때, 티탄을 배신하고 제우스 편에서 싸운 공으로 전쟁

비아(출처/구글)

후에 제우스의 측근으로 임명되어 올림포스산의 하급 신이 된다.

비아의 행적 중에 두드러진 설화는 '프로메테우스[93]'가 제우스의 맏아들 '헤파이스토스(불의 신)[94]'의 대장간에서 불을 훔쳐 인간에게 준 사건으로 제우스의 노여움을 샀을 때, 제우스의 명으로 헤파이스토스와 그녀의 형제인 '크라토스(힘의 남신)'와 함께 프로메테우스를 체포하여 코카서스의 바위산에 쇠사슬로 묶은 것이다. 바위산에 묶인 프로메테우스

---

91) 제우스를 중심으로 한 올림포스 신들이 세상을 지배하기 전에 세상을 다스렸던 신들이다. 이들이 다스리던 세상을 '황금시대'라고 불렀으며 남성 신을 '티타네스', 여성 신을 '티타니데스'라고 한다. 이들이 제우스와 그의 아버지 크로노스의 조상이다.

92) 저승에 흐르는 강의 여신.

93) 예지 능력이 뛰어난 티탄족 신으로 우라노스와 가이아의 아들인 이아페토스의 아들로 태어나 티탄 신들을 이어 주는 전령 역할을 한다. 프로메테우스는 크로노스를 중심으로 한 티탄과 제우스가 중심이 된 올림포스 신이 전쟁을 할 때 티탄의 패배를 예언하고 올림포스 편에 선다. 전쟁 후에는 제우스에게 인정을 받아 12주신 아래 등급에 위치하였고 제우스의 명으로 인간을 창조하였다. 즉 프로메테우스는 제우스의 사촌이다. 하지만 인간과 신들이 갈라서게 되고 제우스가 인간에게 불을 빼앗아 버리자 인간을 창조하였던 그는 불을 훔쳐 인간에게 전해 준다.

94) 제우스와 헤라 사이에서 태어난 첫째 아들로 뛰어난 손재주를 가졌지만 용모가 추했다. 그는 화산에서 분출되는 불의 신으로 그의 불은 물보다 더 강했다. 아테네에서는 제조와 산업 종사자들에게 숭배된 신이다.

　　　　　신기하게 잘 맞는 마르세유 타로와 십이신살

는 매일 낮 정오에 독수리가 간(영혼)을 파먹는 고통에 시달리지만 그의 간은 곧 재생되어 영원히 죽지 않고 고통을 당하는 형벌을 받는다. 일설에는 힘의 남신 크라토스가 프로메테우스를 감당하지 못할 때 그녀가 나서서 홀로 프로메테우스를 제압하였다고 한다. 그녀의 형제에는 '니케(승리)', '크라토스(힘, 권력)', '젤로스(열의, 경쟁, 질투)'가 있는데 모두 제우스의 측근이 되었다.

니케(BC 3세기. 루브르 박물관)

2. 시대적인 상황

중세 유럽에서 여성의 지위는 남성의 지위에 의해 좌우된다. 여성의 이름조차도 결혼하면 남성의 성을 따라야 하는 것이 그 시대에 여성이 처한 사회 환경이었다. 즉 중세 여성은 굴종하고 순종적인 여성이었다. 중세에 여성이 사회로부터 소외당하고 핍박받았던 이유에는 천주교라는 종교의 영향이 절대적으로 작용한다. 중세 유럽의 권력의 정점에 있던 종교 성직자들은 여성이 원죄의 원흉인 이브의 후계자라는 인식하에 남성 위주인 성직자들의 수양에 부정적인 영향을 미친다고 생각했다.

그러나 종교혁명이 시작되면서 영국에서 메리 1세가 왕위에 오른 이후에 엘리자베스 1세와 빅토리아 여왕이 왕위에 오른다. 또한 스페인은 이사벨 1세가, 스웨덴은 크리스티나 여왕이, 러시아에서는 예카테리나 1세와 엘리자베타, 예카테리나 2세가 왕위에 오르게 된다. 그중에 엘리자베스 1세와 빅토리아 여왕, 이사벨 1세, 크리스티나 여왕은 유럽의 정치사에 중요한 위치를 차지하는 여왕들이다. 중세 후기에 유럽의 여성관은 부정적인 이브의 의미에서 예수의 어머니 마리아의 긍정적 의미로 바뀐 것이다. 이렇듯 중세 후기에 유럽은 여권이 강화되고 신장하는 전환기를 맞았다. 그러므로 라 퍼어스는 그 시대에 여권의 신장과 여성의 지위를 나타내는 문장이다.

라 퍼어스에서 여성이 맨손으로 입을 찢고 있는 사자는 중세 유럽에서 남성과 기사를 상징하는 동물이다. 유럽이 이슬람과 종교전쟁을 할 때 영국 왕 리처드 1세는 3차 십자군 원정에서 소수의 병력으로 약 63,000명에 달하는 이슬람의 살라딘군을 전멸시킨다. 이후에 유럽에서는 리처드 1세를 사자왕이라고 부르며 사자를 기사도의 상징으로 삼는다. 그러므로 사자를 완전히 굴복시키는 이 문양은 한 시대에 여성 왕들이 기사를 통제하고 장악하였음을 간접적으로 보여 주는 것으로서 남성을 제압하는 여성을 그린 것이다. 한편 퍼어스의 여성이 모자를 쓰고 있는 모습은 여성들이 한정된 공간인 가정에서 벗어나 본격적인 사회 활동에 참여하게 되었다는 것을 의미한다고 볼 수 있다. 중세 후기의 일부 여성은 남성들의 감시와 훈육을 비판하고 권력의 독점을 부정하며 가정에서 가부장적인 관습과 전통을 바꾸려 노력한다.

그리오 드 지브리는 라 퍼어스를 '사자의 입을 벌리는 여자 장사'라고 하며 이것은 '힘과 통치권[95]'을 상징한다고 설명한다. 그것은 중세 유럽 시대 어느 한 부분에서 여성이 국가의 수반으로서 강력한 힘으로 나라를 다스렸다는 것을 뒷받침하는 설명이다. 또한 퍼어스는 15세기 프랑

---

95)   그리오 드 지브리 저, 앞의 책, 373-388쪽 참고.

스의 Jeanne d'Arc(잔 다르크: 1412-1431년)를 연상시킨다. 그녀는 백년 전쟁에 참가하여 프랑스를 승리로 이끈 여성이다. 잔 다르크는 부르고 뉴 군대에 사로잡혀 잉글랜드에 의해 화형을 당하며 처단되었으나 훗날 에(1920년) 성녀로 추증되었다.

3. 현대적인 비유

라 퍼어스를 현대적인 관점에서 분석하면 '여성 우월주의, 여성 상위, 여성 오너, 인텔리 여성, 직업여성, 여성 스포츠인, 모계 가정' 등으로 아는 것이 많고 당차고 똑똑한 여성이다. 이를 구체적으로 분석하면 '여성부, 여권 신장 운동가, 여성 회사 대표, 여군인, 여성 법조인과 정치인, 여성 가장, 홀어머니, 자녀를 부양하는 이혼녀'이고 여성이 동물을 통제하는 모습은 '강압적이고 폭력적 성향의 여자(부인, 애인, 어머니, 누나, 이모, 고모, 여동생), 여자 동물 조련사, 여성 수의사' 등이다.

그러므로 라 퍼어스의 일반적인 직종은 육류와 어류를 취급하는 여성, 요식업 사업 여성, 크레인, 포클레인 등 중기를 부리는 현장직 여성, 안전과 관련된 현장직 여성, 미용사, 산부인과 의사, 수의사, 수간호사 등 전문직 여성으로 볼 수 있다. 취직과 승진은 일의 귀천과 지위 고하를 가리지 않는 성향으로 힘든 일도 강한 의지로 추진하고, 재물은 꾸지도 않고 꿔 주지도 않는 성향으로서 독립적인 자수성가형이며, 주택은 중소형을 선호하고 건물, 밭, 야산 등의 부동산으로 재산을 형성한다. 라 퍼어스의 장점은 모성적 기질이 강한 것이다. 때문에 그들이 자식에게는 특별히 3번 기회를 주는 것은 강한 모성적인 기질의 발동이다.

동양적 관점에서 라 퍼어스를 분석하면 조선 사회에서는 화류계 여성이 모자를 썼다. 대체로 모자를 즐겨 쓰는 여성은 기질이 강하고 자존심이 강하여, 자신을 내세우려는 성향으로 일상사를 자신이 주도하려는 경향이 있어 애정에 몰입하기보다 일을 사랑하는 여인이 많다. 하지만 이들의 내심은 의외로 외로워서 애정 문제는 자신보다 약한 남성이 사랑으로 접근하면 자신의 모든 것을 다 줄 수 있는 성향이다. 대체로 이런 여성에게 보호 본능을 유발하는 남성이 인연이 되는 것은 자신의 기질에 원인(남성적인 기질 때문에 선택을 본인이 한다)이 있으며 이로 인하여 힘들고 고달픈 생활을 지속하게 된다. 그러므로 라 퍼어스는 드세고 팔자가 센 인생으로 '남성이나 남편 복이 없는 여자'로 볼 수 있으며 본인이 노력하여 가정을 이끌어 가는 형태의 삶을 산다고 볼 수 있다.

라 퍼어스의 건강 운은 건강미가 넘치는 미모의 여성으로 겉은 멀쩡하고 아픈 곳이 없는 것 같아도 때때로 피곤하며 그래서 한번 아프면 큰 병에 걸린다(이것이 가장 무서운 병이다). 차량은 SUV 등 중대형 승용차(중고차라도 개의치 않는다)를 선호하고 술은 즐겨도(힘들기 때문에) 담배는 피우지 않는 성향이다.

결론: 라 퍼어스의 상담 언어는 활동적인 여성, 사회생활에 적극적인 여성, 이성적인 애정보다 모성애가 강한 애성, 다산에 자식 부양과 교육에 엄격한 여성, 망한 시집이나 친정을 일으키는 여성이라고 하면 적당한 표현이다.

타로에서 퍼어스가 출현하면 친척, 형제, 지인 등 타인에게 기대거나 조언을 구하지 말라는 신호이다. 즉 자신의 의지와 판단에 따라 닥친 일을 해결하라는 것이다. 꿈 점에서 라 퍼어스의 등장은 친정 홀어머니, 친정 고모, 친정 이모와 연관이 있으며 드물게 홀시어머니와 연관이 있는 경우도 있는데, 이때는 시어머니를 친어머니처럼 모신 경우에 해당한다. 이 꿈 점은 현재 상황과 앞으로 일어나는 일들이 만만하지 않다는 경고이다. 신점에서 라 퍼어스의 등장은 전적으로 빙의 현상을 의미한다. 이때 나타나는 증상은 몸이 심하게 아프거나 주변 사람을 괴롭게 한다. 이때 대부분 종교인이나 무속인은 환란의 인생이 시작된다. 가장 좋은 방편은 오랜 기간 사심 없는 봉사를 끊임없이 하는 것이다. 이것이 인고의 시간을 그저 열심히 기도하고 정진하며 보내는 행위이다. 만약에 다중적인 빙의 현상이라면 해외 봉사가 가장 효과적인 방편이다.

타로 12번
LE PENDU(레 퍼언츠유)

Le Pendu(매달린 사람)　　Le Pendu 레 퍼언츠유

퍼언츠유는 '14세기 샤를 6세 타로를 그대로 옮긴 것이다.[96] 퍼언츠유는 걸린 것, 매달린 것, 늘어진 것이란 뜻으로서 교수형 당한 사람, 목매어 죽은 사람, 매달려 죽은 사람을 말한다. 그리오 드 지브리는 퍼언츠유를 '거꾸로 매달린 자-신중'(경거망동하지 말라)이라고 설명한다. 퍼언츠유를 '자크맹 그랭고뇌르[97]'가 그린 14세기 샤를 6세 타로에서 찾아보면 한쪽 발이 올가미에 걸려 거꾸로 매달린 사람이 두 손에 자루를 들고 있다. 그는 거꾸로 매달려 있어도 결코 자루를 놓지 않는다. 그림의 이러한 정황은 인간의 욕망이 그 자신을 파멸로 이끈 것을 의미하고 있다.

레 퍼언츠유를 그리오 드 지브리는 신중으로 해석할 수도 있고 다른 것으로 해석할 수도 있다고 했는데, 거꾸로 매달린 사람이 두 손에 든 자루를 보고 해석하면 욕망에 의한 파멸이라고 해석할 수 있는 것이다. 때문에 레 퍼언츠유는 경고의 의미로는 신중이고, 결과의 의미로는 파멸로 해석한다. 그러므로 레 퍼언츠유 타로가 등장하면 상담자는 내담자에게 사건의 진행 여부를 자세히 물어야 한다. 사건의 진행도에 따라서 이 타로의 해석은 신중함 혹은 파멸로 해석되기 때문이다.

모든 점의 기본은 상담자와 내담자의 교감에서 출발한다. 즉 정확한 점을 치기 위한 가장 중요한 조건은 내담자와 진솔한 대화가 필요하다는 말이다. 만약에 상담자가 내담자와 교감이 없이 점을 친다면 필경 의제와 동떨어진 엉뚱한 점사를 말하게 될 것이다.

---

96)   그리오 드 지브리 저, 앞의 책, 373쪽 참고.
97)   프랑스 태생, 점성가, 화가(1392-?), 프랑스 샤를 6세에게 3세트의 타로를 그려 바쳤다. 현재는 17장만이 남아서 파리 국립도서관 판화실에 남아 있다.

1. 신과의 관계

그리스 신화에서 형벌을 받는 사람은 '익시온'을 들 수 있다. 테살리아의 라피타이족의 왕인 그는 탐욕스러운 인물로서 지참금이 아까워서 그의 장인을 살해한다. 당시 그리스의 관례에 따르면 사람을 살해한 자는 타지방으로 추방되어 고행하면 그 죄를 용서받을 수 있었는데, 친족을 살해한 그를 아무도 용서하지 않았기에 불쌍히 여긴 제우스는 그를 올림포스산의 신들의 축제에 초대한다. 하지만 배은망덕한 그는 제우스의 부인 헤라에게 음심을 품고 추파를 던진다. 이를 본 헤라가 자신을 구름으로 위장하자 그는 구름으로 변한 가짜 헤라를 곧바로 능욕한다. 그와 구름으로 위장한 가짜 헤라 사이에 태어난 자가 반인반마(半人半馬)인 괴물 '켄타우로스'이다. 이를 안 제우스는 대로하여 익시온을 불이 타오르는 수레바퀴에 묶어 영원히 돌게 하였다. 즉 탐욕의 상징 '재물'과 욕정의 상징 '색'을 지독히 탐한 대가는 파멸이라는 형벌로 돌아온다는 경고이다. 때문에 레 퍼언츠유는 경고와 파멸을 의미하는 익시온과 유사한 타로이다.

익시온의 형벌 Alexandre-Denis Abel de Pujol 작품./출처 구글

2. 시대적인 상황

　1789년에 일어난 프랑스 대혁명은 루이 16세가 미국 독립전쟁(1775-1783년)에서 영국과 대립하면서 막대한 재정 지출을 하며 생긴 채무와 선대왕들, 즉 루이 14세와 15세가 남긴 채무에 따른 막대한 이자(국가 예산의 절반)와 왕실 귀족의 사치스러운 낭비 생활이 원인을 제공하였다. 즉 연회, 사냥, 왕실의 의복 등에 지출하는 사치로 인한 국가의 만성적, 고질적 재정 적자에 더하여 민간의 흉년과 기근(1785년 가뭄, 1787년 홍수, 1788년 가뭄, 우박, 벼락, 1788-1789년 겨울에 극심한 한파)이 겹쳐 일어난 사건이 프랑스 대혁명이다.

　이때 루이 16세는 왕비인 마리 앙투아네트와 함께 왕비의 나라 오스트리아로 탈출하다가 발각되어 단두대에 오르게 된다. 사실 루이 16세는 그 당시에 재정난을 해소하기 위해서 '삼부회'를 베르사유궁에서 개최한 왕으로 혁명파는 그에게 어느 정도 우호적이었지만, 오스트리아로 탈출하다 발각된 사건으로 인하여 혁명파는 그가 오스트리아 군대를 불러와 자신들을 공격하려고 한다고 생각한다. 이때 대혁명을 일으킨 많은 사람들이 루이 16세를 옹호하지만 급진 자코뱅당의 수장인 '로베스피에르'는 '그를 죽이지 않으면 혁명이 완수될 수 없다.'고 하며 단두대에서 왕비와 함께 처형한다. 그래서 그리오 드 지브리는 퍼언츠유를 '신중'이라고 설명한다. 루이 16세가 마리 앙투아네트의 권유로 프랑스를 탈출하지 않고 당당하게 자신의 위치를 고수했다면 죽지 않았을 것이고, 아마도 프랑스는 유럽의 다른 국가와 마찬가지로 왕가 존속의 이원적인 국가 체제를 채택하였을 것이다. 이런 이유로 퍼언츠유는 신중의 뜻을 지닌다.

　퍼언츠유는 인간이 두 팔과 두 발이 묶인 채 형틀에 매달려 죽음을 앞둔 모습으로 항거할 수도 없고 어찌할 방도가 없는 상태이다. 퍼언츠유는 인간의 모든 육체적 기능이 정지된 상태로서 이는 흡사 죄수가 형틀에 매달려 죽음을 기다리는 모습이다. 그래서 퍼언츠유는 '체포, 구금, 구속'의 의미를 지닌다. 퍼어스(힘) 다음에 등장하는 퍼언츠유는 강력한 공권력 등 특권을 누려 오던 종교인과 귀족 계급이 대거 처형되는 모습으로, 실제 프랑스 총독이 물러간 피렌체의 성당은 감옥으로 사용되어 사형수가 교수대에 오르기 전 참회를 하는 장소가 된다.

인간은 죄가 있거나 없거나를 떠나서 죽음을 앞두고 반드시 자신의 인생을 반추하고 참회하게 된다. '톨스토이'는『안나 카레니나』를 집필하던 중에 죽음에 대한 공포가 엄습하여『참회록』을 쓴다. 그는『참회록』에서 자신의 부와 명예는 의미가 없다고 말하며 불가의 우화(코끼리, 독사, 두 마리 쥐, 꿀)를 예로 들면서 자살이 유일한 해결책이 될 수 있다고 주장한다. 즉 톨스토이는 퍼언츠유의 해결책을 '참회해라. 이것도 안 되면 자신의 신체 일부분을 훼손하라.'고 말하는 것이다. 그래서 퍼언츠유는 '파멸이라는 공포와 자살'의 의미를 지닌다.

3. 현대적인 비유

퍼언츠유의 파멸을 현대적인 관점에서 분석하면 '체벌, 작동 불능, 정지, 정반대 현상, 공포심, 참회, 자살' 등이다. 이를 구체적으로 분석하면 '공개 처형, 체포, 감옥, 물구나무, 요가 자세, 정지된 시공간(죽음), 정신적인 환자' 등이다. 그러므로 퍼언츠유의 법적인 측면은 '체포, 구금, 형벌, 처형'이고 정신적인 측면은 '체벌 공포, 압박 공포, 폐쇄 공포, 약물 중독, 과거의 트라우마'이다. 사회적인 측면으로 '실패, 무기력, 무능, 잘못된 판단'이고 직업적인 측면으로는 '교도관, 체포 영장 전담관, 마취과 의사, 최면술사, 심리 치료사, 요가인, 회개 전담 신부, 탄원 대서소(반성문 대필)' 등으로 대체로 활발하지 못한 직업이다.

퍼언츠유의 신중을 현대적인 관점에서 분석하면 경고의 의미로서 '반추(反芻), 후회, 반성, 회개, 참회, 역발상, 극적인 반전'으로 구체적으로는 '복기(復棋), 참회록, 반성문, 회고록'이다. 때문에 퍼언츠유를 신중으로 해석할 때는 '돌다리도 두들겨 보고 건너라.'고 충고한다. 특히 재물의 투자, 직업의 전환, 애정의 변화는 신중과 고심을 거듭해야 하고 이때는 탐욕과 애욕을 억제하라고 충고하라. 때로는 계획서 제출, 반성문 제출이나 참회록 제출을 권할 수 있다.

결론: 퍼언츠유의 파멸의 상담 언어는 욕망의 집착에 파멸된 인생, 앞뒤 퇴로가 막힌 사람, 세태의 처분에 맡긴 인생 등이다. 가정 관계는 가문과 혈연관계의 傾倒(경도)와 속박되고 억압된 가족 구성원이 형성된다. 대체로 종가 장남, 종가 며느리, 정신 또는 신체가 부자유스러운 자손 등과 연관이 있으며 희생과 고통을 의미한다. 때문에 퍼언츠유가 부정적으로 작용할 때는 '결자해지하라, 포기해라.'라는 뜻이다. 그러면 상황은 종결되어 모든 고뇌와 고통에서 해방될 수 있는 것이다. 즉 사건과 사고를 종결하는 것이다. 인생의 어느 순간은 억울하고 불합리하더라도 그 상황을 신속하게 빨리 끝내는 것도 좋은 방법이다.

재물 문제라면 가압류 상황으로 마지막까지 온 상태로서 더 이상 악화할 수 없다. 즉 재물이 부동산에 묶여 있거나, 만기가 많이 남은 어음과 채권에 묶여 있는 상황으로 현금 유통이 올 스톱 된 것이다. 취직과 승진 문제도 상황이 좋지 않다. 그러므로 반드시 이 직장을 고집할 때가 아니며, 이 시기에 오히려 험지나 한직 등에 스스로 지원하는 것도 훌륭한 대처가 될 수 있다. 애정 문제와 결혼 생활은 포기하여야 하는 상황으로 별거, 졸혼 또는 이혼, 이별도 좋은 방법이다. 그래야 상황이 반전할 수 있고, 다른 짝이 생긴다. 건강 문제라면 이제까지 건강을 위해 해 왔던 방법이 아닌 다른 방법을 모색하라. 사실 퍼언츠유라는 파멸까지 오면 늦은 것이다. 이 경우에 가장 좋은 해결책은 만사를 스톱시키는 방법이다.

퍼언츠유의 신중의 상담 언어는 역지사지(易地思之), 즉 '처지를 바꾸어서 생각하라. 역발상을 해 보아라. 기회가 위기이고 위기가 기회일 수 있다고 생각하라. 끝없이 과거의 사례를 반추해 보아라.'이다. 즉 퍼언츠유를 반대하는 현상으로 생각해서 반대를 위한 반대를 하면 안 된다. 인생사 어느 경우든지 퍼언츠유의 신중은 주도적인 시기가 아니므로 도전보다 관망이 유리하고 간을 많이 보아야 하는 시기이다. 신중이란 고뇌의 시간이지만 고통의 시간이 아니다. 그러므로 퍼언츠유를 신중으로 해석할 때는 '경거망동하면 파멸이 기다리고 있음을 유의하라.'는 충고의 의미로 볼 수 있다.

타로에서 퍼언츠유가 출현하면 만사에 잠수 모드로 들어가야 한다. 섣불리 움직여서는 안 된다. 가만히 상황이 끝나고 진정될 때까지 기다려라. 예컨대 읍소와 아첨도 해가 될 수 있음을 명심하라. 이 시기는 죽은 듯이 숨만 쉬고 있는 것이 최선의 방법이다. 꿈 점에서 퍼언츠유가 등장하면 억울하게 죽은 조상과 연관이 있으며 현실에서는 모든 일에 차질이 발생하고 정지된다는 신호이다. 신점에서 퍼언츠유가 등장하면 과거에 한때 한가락 하던 대단한 조상과 연관이 있다. 이 현상은 현실에서는 기막힌 반전이 일어날 수 있다는 징조로서 현 상황을 뒤집어 주려고 들어온 것이다.

타로 13번
SANS NOM(써어우노)

Sans Nom(이름, 세례명이 없는 사람)

La Mort
라 모르트(죽음, 사신)

써어우노는 '17세기 파리의 노블레 타로 카드의 일부'이다. 써어우노는 '이방인, 이교도'로 '이름 없는 사람, 세례명 없는 사람, 알 수 없는 사람, 불법 체류자'를 의미한다. 중세 유럽에서는 "무법자나 추방자, 거지, 부랑자 등은 합법적인 범위 내에서 인구에 포함되지 않았다."[98] 그러므로 써어우노는 그 시대의 최하 계층에 해당하는 사람으로 사회의 각종 험하고 천한 일들을 전담한다. 즉 현대에 3D 업종에 종사하는 외국인 노동자나 불법 체류자를 연상하면 써어우노를 이해할 수 있다.

그리오 드 지브리는 써어우노를 '사신-파멸, 죽음, 몰락'이라고 설명한다. 즉 그는 퍼언츠유에서 신중하지 못하면 써어우노(파멸과 죽음과 몰락)가 온다고 설명한 것이다. 그러므로 써어우노의 사회적인 의미는 고난과 고통 그리고 파산이다. 가정은 깨져서 가족은 뿔뿔이 흩어지고 본인 역시 유력한 집단에 소속되지 못하고 하루하루를 근근이 버텨 나가는 생활이다. 또한 비록 가정은 유지하더라도 일정한 수입이 보장되지 않는 직종과 직업을 전전하는 형편에 처한다. 앙트완 쿠르드 제블랭은 써어우노는 사신이고 '알레고리'적인 두 인물 중 하나라고 분류하였다. 즉 써어우노는 이교도고 사회에서 일용 노동자, 혐오 직종 종사자, 노숙자, 수감자로 이해할 수 있다.

1. 신과의 관계

그리스 신화에서 죽음의 신은 'Charon(카론)'[99]이다. 카론은 저승사자로 죽은 자를 배에 태워 저승으로 보내는 일을 한다. 그러나 이 죽음의 신에게는 인간의 목숨을 끊을 수 있는 권한과 능력이 없으며, 그저 죽은

---

98)　그리오 드 지브리 저, 앞의 책, 368쪽 참고.
99)　태초에 암흑 카오스의 자식인 에레보스와 닉스(밤의 신) 사이에서 태어난 신.

자의 영혼을 저승으로 인도하는 일을 할 뿐이다. 그러기에 카론은 인간에게 뱃삯에 해당하는 돈을 받고 저승으로 가는 강 'Acheron(아케론)'[100]을 건너 준다. 이 뱃삯을 인간은 저승에서 쓸 노잣돈이라고 하며 그리스에서는 죽은 자의 눈 위에 금화를 올려놓기도 하였고 입속에 금화를 넣어 주기도 하였다. 저승사자에 대한 이러한 설정은 동양에서도 비슷하여 중국에서는 지전(가짜 돈)을 태웠고, 우리 풍습에는 망자 입에 쌀과 동전을 넣어 주었다. 부연하면 카론의 배는 산 자가 타면 가라앉는다고 한다.

카론/출처 위키피디아

하데스와 케르베로스/
출처 위키피디아

이윽고 죽은 자가 'Cocytus(코키토스)',[101] 'Phlegethon(플레게톤)',[102] 'Lethe(레테)',[103] 'Styx(스틱스)'[104] 강을 건너 저승 입구에 도착하면 그곳

---

100) 그리스 신화에 따르면 저승으로 가는 과정에는 다섯 개의 강을 건넌다고 한다. 그중에 아케론은 비통의 강으로, 죽은 자가 자신의 죽음을 슬퍼하며 건너는 강이다.

101) 회한의 강으로 이 강을 지나며 망자는 자신의 과거를 반성하고 시름에 젖는다.

102) 불로 이루어진 강으로 망자의 혼은 이 강에서 불에 타서 정화된다.

103) 망각의 강으로 정화된 망자의 영혼은 이 강물을 마시고 자신의 모든 과거를 잊는다.

104) 증오의 강으로 불리며 저승을 일곱 번 휘감고 흐르는 신들의 강이다. 신조차도 이 강에 맹세를 하면 반드시 지켜야 하고 맹세를 절대 깰 수 없는 절대적인 신들의 강이다. "불사신들 중에 누구든지 거짓 맹세를 하며 이 물을 붓는 이는 일 년이 다 차도록 숨도 못 쉬고 누워

에서 저승으로 들어가는 청동 대문을 지키는 '케르베로스[105]'라는 개가 최후로 산 자와 죽은 자를 구분하여 들여보내 준다. 15세기 이후에 서양에서는 이 죽음의 신을 해골의 모습에 검은 망토와 후드를 걸치고 낫을 들고 있는 모양으로 묘사한다. 그러므로 써어우노는 죽음의 신 카론을 摹寫(모사)한 것이다.

한편 그리스 신화에서 죽음의 신은 밤의 여신 닉스의 아들인 'Thanatos(타나토스)'가 있다. 타나토스는 잠의 신 'Hypnos(Ὕπνος, 히프노스)'의 쌍둥이 형이다. 잠의 신과 죽음의 신이 쌍둥이라는 것은, 당시 그리스 사람들이 잠과 죽음을 유사한 개념으로 사유했다는 방증이다. 그리스 신화에서 타나토스는 젊은 청년 또는 해골의 모습으로 표현하며, 타나토스에서 사망학(Thanatology)이라는 단어가 파생되었다.

타나토스
(아르테미스 신전)

타나토스/출처 구글

있다. 음식을 먹지도 못하고 목소리도 내지 못하며 기나긴 병고에 시달린다. 또한 이 시련이 지나도 구 년 동안 신들에게서 격리된다. 때문에 불멸의 신들은 스틱스의 물로 맹세를 삼은 것이다."(『신통기』, 71쪽 참고)

105) 저승문을 지키는 개로 무자비하고 간계에 능하여 들어오는 자에게는 꼬리를 치며 반기지만, 다시 나가려 하거나 탈출하려 하면 서슴없이 잡아먹는다.

2. 시대적인 상황

교회와 귀족들의 탐욕과 수탈, 특권에 대항하여 프랑스 대혁명이 일어났지만 특권 계층들은 반성하거나 협조하지 않고 국외로 탈출하거나 자신의 영역을 더욱 공고히 하려고 한다. 이러한 귀족과 가톨릭교회 세력들의 반발은 민중들을 더욱 흥분시키고 과격하게 만들어 마침내 혁명은 급진 공화파인 자코뱅당 산악파에 의하여 유혈이 낭자한 비극적인 방향으로 진행된다. 이때 어느 지방의 영주 일가는 농민에 의해 불에 타서 바비큐가 되었다는 기록도 남아 있을 만큼 대공포가 프랑스 전역을 휩쓴다 (그 당시 혁명에 부화뇌동하여 폭력적으로 변한 자들은 대부분 민초와 소외 계층, 즉 노동자 계층이다). 써어우노는 한 시대의 이러한 프랑스의 상황(사신-파멸)을 극단적으로 표현한 것이다. 그러므로 써어우노를 죽음의 사신인 사형 집행수와 광신적인 폭력 살인자라고 할 수도 있다.

써어우노는 이방인, 세례명 없는 사람, 이름 없는 사람으로 프랑스 혁명이 일어난 후에 지방의 노동자 계층과 국외자들이 대거 수도인 파리로 진입한다. 사회적으로 이방인이 할 수 있는 일은 극히 힘들며 혐오스러운 일로 시체를 묻거나 소각하는 일, 더럽고 오염된 장소를 청소하거나 구걸하는 등 현실에서 가장 험악한 일들을 담당한다. 그러나 이들이 하는 일은 소위 현대에 3D 업종에 해당하는 것으로 만일 이들이 없다면 권력자와 부유층은 안락하고 쾌적한 생활을 할 수 없는 것이다.

'알베르 카뮈'의 대표 소설 「이방인」의 주인공 '뫼르소'는 살인을 저지른 후에 범행 동기를 '이 모든 것은 태양 때문'이라고 하며 사형을 선고받고 속죄의 기도를 하라는 司祭(사제)의 권유를 무시한다(참회를 거부하는 사람은 기존의 관례가 통하지 않는 사람이다). 그는 현실의 가치와 습관은 무의미하여 인생은 어떠한 의미도 없다고 생각하며 독방에서 형집행을 기다린다. 그는 이미 의식적으로 현실과 격리된 존재, 즉 죽은 사람인 것이다. 그의 이러한 의식은 사회에서 어머니의 장례 다음 날에 희극 영화를 보며 웃고, 해수욕장에서 여자 친구와 동침하는 데서도 엿볼수 있다. 일반인이 이해할 수 없는 사람, 일반인의 대중적인 관습과 가치관을 따르지 않고 이질적이고 독자적인 문화의 관습과 가치관을 중요시하는 사람이 이방인이다.

써어우노를 죽음으로 보면 모든 것을 한 번에 정리하는 의미가 있다. 죽음이라는 이 써어우노에서 타로 카드가 끝나지 않음은 죽음을 통하여 또 다른 것이 생겨나고 있다는 것이다. 우리는 이 죽음이 진정 잘못에 의한 죽음인지, 아니면 억울한 죽음인지, 또 스스로 목을 매단 건지 알 수 없다. 만약에 이 죽음이 진정 억울하여 스스로 목을 매단 거라면(또는 스스로 이방인(이민)을 택한 사람) 자발적인 희생으로서 이 경우는 부활의 의미가 강하다. 이런 경우를 동아시아 중세 시대 '쿠차국'[106]의 '쿠마라지바(AD 302-370년)'[107]는 '진흙 속에서 연꽃이 피어난다.'라고 표현하였다.

3. 현대적인 비유

써어우노를 현대적인 관점에서 분석하면 장례식장, 영안실, 공원묘지, 납골묘, 화장시설 등 장례 업종과 관련이 있고, 쓰레기 매립장, 쓰레기 소각장, 하수처리장 등 생활환경 업종과 관련이 있으며, 고물상, 폐기물

---

106) 현재 청해성 신장 위구르 자치구이다. 타클라마칸 사막에 있던 도시국가로 과거 실크로드의 천산남로에 위치한 오아시스 국가이다.

107) 쿠차왕국의 왕족(어머니)으로 인도인과 백인계 혼혈인이다. 출가하여 승려가 되었으나, 전진왕 부견의 장수 여광에게 나라는 망하고 본인은 사로잡혀 강제로 파계를 하고 장안성에서 불경의 산스크리트어를 중국어로 번역한 비극적인 승려이다.

수집, 산업물 재처리 산업, 재생업 등과 관련된다. 즉 써어우노의 직종은 주로 현대 사회의 틈새시장과 극한 업종에 속한 것으로 작금의 외국인 노동자(이방인)들의 현실이기도 하다. 주로 이들이 하는 일들은 사회에서 종말과 재생의 고리를 연결하는 가장 중요한 일들이지만, 모든 현대인이 회피하는 업종으로서 문화와 가치관과 습관이 충돌하는 이중적인 구조를 갖고 있다.

그러나 또 다른 의미로 써어우노는 전문적 성향이 강한 직종이다(프로 의식). 그러므로 3D 업종이지만 영원히 존속되는 직종이고 앞으로 가장 유망한 업종에 해당하여, 예컨대 토질 정화 업종, 공기 정화 업종, 수질 정화 업종, 산업물 폐기업종 등이 이에 해당한다.

결론: 써어우노의 상담 언어는 고통스럽고 고생하는 현실, 어렵고 최악의 환경에 맞닥뜨린 현실로서 가장 어렵고 힘든 상황이며 고독한 시기이다. 즉 써어우노는 파산, 이혼, 이직, 이사, 이민, 轉科(전과), 감금 후에 회생하고 재기하는 형태로서 뼈를 깎는 고통과 고난을 감내하는 생활이다.

써어우노의 가정 관계는 혼외 자손, 양자, 데릴사위이고 사회적 관계는 외국인 노동자, 불법 체류자, 이민자, 파산신청자, 구조조정 대상자, 직권 말소자, 노숙자 등이다. 때문에 이들의 성씨는 한국을 대표하는 김씨, 박씨, 이씨가 아니다. 그러므로 결혼 상대는 뼈대 있는 집안 즉 종갓집이 아니다. 회사는 코스피가 아니라 코스닥 등록 회사이고 미상장 회사이며, 복장은 정장이 아닌 다용도 옷, 즉 등산복이나 작업복 차림이고, 음식은 동식물의 부산물 음식(소나 돼지로 만든 순대, 머리, 시래기 등), 소시지, 퓨전 음식 계통이다. 재물은 주로 현금자산(달러)을 선호하고,

부동산은 자투리땅 등 철거개발지이다. 만약에 투자 제안이 들어올 때 써어우노는 저승사자를 만난 격이니 경거망동은 돌이킬 수 없는 불행의 늪에 빠질 수 있음을 명심해라.

써어우노의 종교 성향은 신흥종교와 사이비성 종교이며, 건강은 골수병, 골다공증병, 거식증, 체중 미달, 영양실조, 고질적인 다이어트 중독, 지독한 암, 공포증 등에 해당한다. 학업은 아르바이트를 병행하는 학업 생활이며, 학과는 환경재생과가 적합하다. 학업 환경은 기숙사 생활, 사관학교 영내 생활, 고시원 등과 흡사한 구조이고, 시험 운은 재수나 삼수 또는 대기 합격자 신세이다. 직장도 대기업이 아닌 납품업체 등 중소기업으로 현장 생산 직종, 3D 업종, 기간제 직종, 일용직종 등에 해당한다. 써어우노의 애정은 뼈를 깎는 지독한 사랑으로서 전부가 아니면 전무인 고통스러운 사랑이다. 결론으로 써어우노의 사회생활은 파산 후에 회생, 재기하는 형태로서 뼈를 깎는 고통과 고난을 감내하는 생활이다.

써어우노의 꿈 점은 오래 묵은 문제가 해결되는 징조이다. 고생이 끝났음을 알려 주는 것이다. 오랜 지병이 낫기도 하고, 못 받던 돈을 받거나 말년 진급 적체가 풀린다. 또는 눈엣가시였던 사람에게서 풀려난다. 그러나 써어우노의 신점은 무서운 귀신 점이다. 이때 써어우노는 객사한 조상이 저승사자가 되어 온 것으로서 조상굿, 천도굿, 씻김굿(해원굿) 등을 반드시 해야 한다. 그렇지 않으면 집안의 사람이 죽어 나간다. 심지어 키우던 동물이 집을 나가거나 자꾸 죽는다. 식물도 마찬가지다. 이때 죽는 사람과 동식물은 반드시 소중한 존재이다.

타로 14번
TEMPERANCE(타페라스)

Temperance(절제)

La Temperance 라 타페라스

타페라스는 '17세기 프랑스 파리의 노블레 타로 카드의 일부이다.' 타페라스의 뜻은 節制(절제)로 德(덕)에 해당한다. 절제는 자발적인 자제와 조정이라고 정의할 수 있다. 절제란 비폭력과 용서로 분노와 보복을 극복한 것으로, 오만과 사치와 갈망을 자제하는 겸손, 겸허, 자기조절, 용서, 자비, 환대, 예의, 신중함, 평온함을 의미한다. 이 절제의 반대개념은 탐욕이다. 그러므로 타페라스를 '탐욕하지 마라.'로 이해하는 것이 빠르다. 이것을 동양에서는 전통적으로 미덕이라고 표현한다. 앙트완 쿠르드 제블랭도 타페라스, 즉 절제를 기본적인 미덕이라고 분류한다.

그리스와 기독교의 고전적인 도상학[108]에서 미덕은 두 개의 그릇을 지니고 물을 한쪽 그릇에서 다른 곳으로 옮기는 여인으로 묘사한다. 덕을 'Aristotle(아리스토텔레스)'는 교육을 통해 형성되는 지성적인 덕(후천적)과 반복과 습관을 통해 형성되는 품성적인 덕(본능, 선천적)으로 구분한다. 이곳 타페라스에서 두 개의 물병은 지성적인 덕과 품성적인 덕을 뜻하며, 이 둘을 적절하게 융합할 때 절제라는 완성된 미덕이 출현하는 것이다.

그리오 드 지브리는 타페라스를 '절제-절제와 중용'이라고 설명한다. 절제는 정도를 넘지 않도록 알맞게 조절하여 제한하는 것이다. 즉 어느 한편에 치우치지 않도록, 또한 각자의 역량에 맞게 배분하는 것이 절제의 요지이다. 중용은 치우치지 않고 한쪽으로 기울어지지 않으며 넘치거나 모자라지 않는 것을 평소에 실천하는 것이다. 그러므로 중용은 중간에 처하는 것이 아니라, 어느 한쪽으로 치우치지 않으려고 부단히 애쓰고 노력하는 행위를 말하는 것이다. 때문에 타페라스는 인간이 살아

---

108) 그림의 내용을 판단하여 서술하고 해석하는 학문. 동양의 도상학의 권위자는 송나라의 소옹(소강절)이 있으며, 중국의 나시족의 동파문자는 도상학에 가깝다.

가는 동안에 극단적으로 한쪽에 치우치거나 기울지 말라는 경고이다. 즉 어려움에 처해도 극단적인 선택을 하지 않는 것이 타페라스이며 목적을 위하여 수단과 방법을 가리지 않고 행하는 것을 삼가라고 하는 것이 타페라스이다.

1. 신과의 관계

신 가운데 절제를 통한 중재를 할 수 있는 신이 존재하는가? 신이 절제와 중재를 할 수 있는 존재라면, 티탄 신과 올림포스 신 사이에 전쟁은 없었어야 한다. 즉 절제하고 중재하는 자는 그에 합당한 권위와 힘을 보유하여야 한다. 절제란 강력한 힘과 권위를 무분별하게 사용하지 않는 것이고, 중재는 양쪽이 인정할 만한 힘을 보유한 존재만이 그 양쪽을 통제할 수 있기 때문이다. 신 중에서 이러한 중재를 할 수 있는 존재는 계절을 담당하는 여신 'Demeter(데메테르)'[109]이다. 로마는 Ceres(케레스)라고 칭한다.

여신 데메테르

대지의 여신 즉 곡물과 계절의 여신인 '데메테르'는 자신의 딸 페르세포네[110]가 하데스에게 납치당하여 어둠의 세계로 끌려가자 낙심한 나머지 자신의 직분인

---

109) 레아와 크로노스 사이에 태어난 올림포스 12신으로 제우스의 둘째 누이이고 연인이다. 그의 상대 남신은 제우스, 포세이돈, 이아시온, 카르마노르, 트리프톨레모스, 오케아노스이다.
110) 제우스와 둘째 누이 데메테르 사이에 태어난 명계의 여신.

농업을 돌보지 않았다. 그로 인하여 인간은 최악의 흉년을 맞이하게 되고 재앙에 직면한다. 이에 제우스는 데메테르와 하데스 사이를 중재하여 일 년 중 4개월은 페르세포네를 어둠의 세계에서 하데스의 신부가 되어 저승의 여왕으로 지내게 하고 나머지 8개월은 지상에서 거주하도록 명령을 내린다. 이 4개월은 겨울이고 나머지 8개월은 봄과 여름, 가을에 해당한다. 이는 중재라는 행위는 막강한 권위와 힘에 의하여 이루어질 수 있다는 방증으로 타페라스는 범상한 인물이 아니고 권위와 힘이 막강한 막후 조정자이다.

페르세포네의 납치(루카 조르다노, 1684년)/출처 구글

2. 시대적인 상황

역사적으로 프랑스 대혁명 이후에 사회는 무분별한 폭력과 파괴 등 무질서한 양상이 전개된다. 그러한 모습을 타로는 이미 퍼언츠유와 써어우노를 통하여 보여 준다. 이러한 프랑스 사회를 안정시키고 진정시켜 질서를 바로 세우라고 하는 것이 타페라스이다. 타페라스는 절제라는

비폭력과 미덕이라는 용서로 극단적인 언행을 자제하라고 권유하는 것이고, 왕권 타파, 신권 타파, 민중주의를 위한다는 명분으로 수단과 방법을 가리지 않고 행하는 것을 삼가라고 경고하는 것이다. 또한 그러면서 왕족과 주교에게도 자비를 베풀어 서민들에게 동등한 인권과 권리를 적용하라고 권고한다. 이럴 때 비로소 타페라스가 추구하는 절제와 미덕이라는 진정한 중용이 완성되는 것이다.

타페라스의 다른 해석은 중재, 즉 절충이다. 시민혁명 이후에 프랑스 사회는 혁명 세력에 의한 지배 계급의 단죄에 따른 무자비한 처형이 횡행한다. 이러한 무분별한 단죄는 프랑스인들의 분열과 갈등을 심각하게 조장하여 사회적인 불안을 惹起(야기)하는 기제로 작동한다. 이러한 상황을 타로는 타페라스라는 이미지를 등장시켜 그 시대 사람들을 선도하고 계몽하는 것이다. 타페라스는 중재, 즉 절충을 통하여 혼란을 잠재우고 조화롭고 균형된 사회를 건설하라는 메시지를 던진 것이다.

3. 현대적인 비유

타페라스를 현대적인 시각으로 분석하면 인물로는 중재인, 중개인, 중계인, 통역사, 외교관, 민정수석(소통), 대변인, 교환원, 환전상, 결혼 상담인 등이고 사회적으로는 사면령, 합의서, 탕평책, 노사 조정이다. 타페라스는 조절과 조정 능력이 있으므로 물질은 시간 타이머, 변압기, 교류기, 통신기 등이다. 타페라스는 현대 사회에서 중심적이고 이타적인 성향의 인간 또는 업종이나 물질의 현상으로서, 이것에 의해 사회는 조화와 균형으로 화합될 수 있고, 진보와 보수, 좌경과 우경, 부자와 빈자의 극한 대립을 조정할 수 있는 것이다. 이러한 연유로 타페라스는 자제, 절제, 중재, 절충에 가장 적합한 타로이다.

타페라스는 취직과 승진의 적당한 시기이며 연애 운과 결혼 운도 give-and-take를 실천하면 조화롭고 평범하게 살 수 있다. 다만 원만하지만 특색 없는 삶이 흠이다. 배우자에서 타페라스는 우유부단한 성격으로 과단성을 선호하고 파격적인 현대 사회에는 재미없는 인물로 보일 수 있다. 타페라스의 재물 관계는 중산층이며 엄밀히 말하면 항상 중상위에 위치하고, 건강 운은 극심한 절식과 과식이 원인이고 노화에 따른 질병과 지병 관리가 필요하다. 학과는 어느 학과라도 융합학과가 유리하고, 복장은 세미 정장이며, 거주지는 주상복합이고, 식생활은 퓨전 음식이며, 식품은 쌀, 밀, 옥수수 등 공통적으로 세계인의 주식에 해당한다.

결론: 타페라스의 상담 언어는 모든 일에서 타협과 융합이 어려운 국면을 슬기롭게 극복할 수 있는 가장 좋은 해결책이다. 또한 change(체인지)를 통하여 어려운 국면을 전환시킬 수 있고 더욱 발전할 수 있는 기회이다.

타페라스의 가정 관계는 결혼이나 재혼 등을 통하여 새로운 가정이 형성되는 것으로서 며느리, 새엄마, 새아빠, 이복형제나 자매, 양자, 양녀 등이다. 때문에 결혼 생활은 서로가 양보하고 이해하는 시기에 해당하고, 연애, 애정은 다소 생소한 문화와 이성 관계가 형성될 수 있는 시기로서 적응이 필요하며, 승진과 시험 운은 무난하다.

타페라스의 사회적 관계는 교환 학생, 교환 교수, 직업과 직장의 교류와 연수, 학과 통폐합, 기업 합병, 기술제휴, 노사 상생, 상하 간의 의견교류 등이다. 때문에 방대한 조직이나 직장이 아닌 심플하고 유연한 조직으로 현대의 '콘텐츠 융복합'[111] 생산 기술을 기반한 기업이다. 복장은 개량 한복, 개량 정장 등이고, 음식은 현지 맞춤 퓨전 음식으로 예를 들면 부대찌개, 불고기 피자와 햄버거, 고추장 카레 등이다. 타페라스의 재물은 대표적으로 현대의 비트코인 등 가상 화폐와 CD 채권이며, 부동산은 잡종지로서 다양한 사업을 할 수 있는 장소에 해당한다. 타페라스의 사업 제안은 자금과 기술의 만남이나 기술과 기술의 상호 보완을 의미한다.

꿈 점에서 타페라스가 등장하면 이해하고 용서하라는 계시이다. 또 발생한 사건이 있으면 만사가 원만히 타협되는 것이다. 가정에서 불편하였던 사람과 직장에서 의견이 첨예하게 달랐던 문제들이 해결된다는 신호이다. 하지만 신점에서 타페라스의 등장은 신과 교류하는 현상을 의미하여 주로 강신이나 빙의에 해당한다. 신어미가 신 줄을 이어 주려고 오신 것으로 이때는 강신굿으로 내림을 받으라는 지침이며, 현재 발생한 모든 상황은 오로지 굿을 통하여 해결할 수 있다는 신호이다. 즉 반드시 굿을 하여야만 하는 상황이다.

---

111) 서로 다른 분야의 콘텐츠의 교차 또는 최신 기술과 문화 예술의 교차, 플랫폼과 다른 산업 기반과의 결합 등을 말한다.

타로 15번
LE DIABLE(레 지아빌)

Le Diable(악마)

17세기 파리 무명 메이커 타로/
출처 구글

레 지아빌은 '17세기 프랑스 파리의 노블레 타로 카드의 일부이다.' 지아빌은 악마, 사탄, 마귀로서 악마처럼 심술궂고 위험한 사람이다. 좋은 의미로 말하면 놈, 녀석으로 고약한 장난꾸러기, 말썽꾸러기, 개구쟁이지만, 실제는 이중인격자, 사채업자, 노예 상인, 우상숭배, 사이비 종교를 뜻하며 마약과 약물과 도박과 섹스 중독 등이 이에 해당된다. 때문에 지아빌이 사건 사고와 연관되면 육체와 물질과 정신을 모두 지배당하는 현상이 발생하기에 극단적인 상황까지 몰리는 것이다.

사실 지아빌은 악마를 그린 것이다. 악마는 언제나 인간에게 물질의 풍요와 행운을 약속하며 정신적, 육체적으로 종속을 강요한다. 프랑스 대혁명 후에 사회는 혼란이 가속되어 물가는 치솟고 경제는 파탄하여 민중의 고통은 극에 달한다. 당시 혁명을 주도했던 '자코뱅당'의 '로베스피에르'는 공포정치를 실시하고 치솟는 빵값을 억제하기 위해 '최고 가격제'를 실시했으나 실패했고 2년 후 그의 실각은 물가의 폭등을 또다시 불러온다. 지아빌은 강압 정치, 세뇌 정치, 물가 폭등, 낮은 최저임금과 가난, 콜레라 등 질병의 확산에 사로잡힌 프랑스 대혁명 시기의 불쌍하고 비참한 대다수의 평민들의 삶을 묘사한 타로이다.

1. 신과의 관계

지아빌의 모습은 여자의 몸에 남자의 생식기를 가진 것으로 마치 'Petronius(페트로니우스)'[112]의 『사티리콘』에 나오는 남근의 신 '프리아포스'[113]를 섬기는 'Quartilla(콰르틸라)'[114]를 연상시킨다. 색을 탐닉하는

---

112) 페트로니우스(?~66년)는 로마 시대 작가로 집정관이었으며 비티니아의 총독이었다. 그가 지은 『사티리콘』은 문학사에서 첫 소설로 평가받는다.
113) 미의 여신 아프로디테와 술의 신 디오니소스 사이에 태어난 신으로 다산과 번식을 상징하는 신이다.
114) 프리아포스(남근의 신)를 섬기는 신녀, 색을 탐하는 신녀로 신전에서 음행을 즐긴다.

콰르틸라는 신전에서 치르는 의식을 빙자하여 색정을 채우고 자신의 음행을 아는 자들을 강제하고 협박하여 음란의 연회에 참석하게 한다. 지아빌의 아래에 묶인 사람은 콰르틸라의 어린 노예 'Pannychis(파니키스)'와 'Trimalchio(트리말키오)'이다. 파니키스는 밤새워 노는 여성이며 트리말키오는 세 번 축복받은 자로 노예 출신이 자연인이 되어 졸부가 된 사람이다. 또한 지아빌의 남근은 인간의 끝없는 욕망을 나타내는 것으로 성에 대한 타락을 의미한다. 그러므로 지아빌은 자본에 대한 욕망과 성의 타락, 노예화된 하층민의 고단한 삶을 나타내는 문양이다.

그리오 드 지브리는 지아빌을 '악마-물리력(강제)과 무분별함(자신의 마음대로 함)'이라고 설명한다. 물리력은 지아빌이 어린 노예 파니키스와 졸부 트리말키오를 제단에 묶어 놓은 것을 말하며, 이는 성과 자본에 대한 강제적인 억압과 수탈을 의미한다. 무분별함은 지아빌의 신체 구조가 남녀의 성기능이 혼합된 것을 말하는 것이다.

헤르마프로디토스/출처 구글

그리스의 신화에서 'Hermaphroditos(헤르마프로디토스)'는 남성과 여성의 육체를 동시에 지닌 양성적인 인물이다. 도둑과 상인의 신 헤르메스와 미와 사랑의 여신 'Aphrodite(아프로디테: Venus)' 사이에서 남자로 태어난 헤르마프로디토스(소년)는 님프 'Salmacis(살마키스)'[115] 즉 중년 여인의 욕정의 꾐에 넘어가 그와 한 몸이 되어 양성을 지닌 인물이 되었다. 때문에 헤르마프로디토스의 육체의 양성적인 성향은 살마키스의 욕정의 결과이다. 그러므로 지아빌에 내재한 왜곡된 욕정은 여성이 더 강하게 작동하며 특히 중년 여성에게 심하게 작동하는 것이라고 할 수 있다.

2. 시대적인 상황

역사적으로 타로의 15번 지아빌은 프랑스의 사회적 격동 이후에 권력을 장악하고 공포정치와 경제 파탄을 극복하지 못한 다수의 지도자들과, 제1통령으로 군사독재를 실시하고 황제에 등극한 나폴레옹을 풍자한 그림이다. 그들은 프랑스 혁명을 자신의 출세의 기회로 삼아 권력을 장악하고 사회를 이끌었으나, 프랑스 사회와 평민들의 삶을 전쟁이라는 고통 속에 몰아넣었다.

한편 나폴레옹은 황제로서 프랑스의 한 시대를 이끌었던 인물이다. 나폴레옹은 혁명가로서 프랑스를 현대적인 국가로 바꾸어 놓지만, 그는 권력과 애증에서 결코 자유롭지 못한 인물이다. 그의 권력욕은 대단하여 집권 후에는 이웃 나라와 전쟁을 하였으며, 그의 애정 관계는 프랑스 정치인인 폴 프랑수아 바라스 등의 情婦(정부)인 프랑스 사교계의 꽃 '조세핀'[116]을 아내로 삼아 사랑하고 질투하며 그로 인하여 자신이 상처받

---

115) 순결을 거부하고 비혼녀로 살기를 원하며 나태하게 사는 것을 좋아한 정령.

116) 결혼 전의 이름은 마리 조제프 로즈 타셰 드 라 파세리로, 귀족 집안의 딸로 미모가 대단했지만 낭비벽이 심했다. 17세에 알렉상드르 드 보아르네와 결혼하여 아들과 딸을 낳고 4년 후에 이혼했다. 파리 사교계에서 정치인들의 애인으로 활약하다가 6살 아래인 나폴레옹과 결혼한다. 그러나 나폴레옹과 결혼 후에도 빈번히 불륜을 저질렀으며 사치가 더욱 심해졌다.

는다. 하지만 그가 조세핀을 아내로 삼은 이유를 자신의 정치 입지를 위하여 한 행동이라고 생각할 수도 있다. 후에 그는 조세핀과 이별하고 오스트리아의 황녀 '마리 루이스'와 재혼하여 황제에 등극했다. 그들의 생애를 그림으로 그리면 아마도 지아빌과 같은 모습을 그릴 수밖에 없을 것이다.

3. 현대적인 비유

지아빌을 현대적인 시각으로 분석하면 고약한 심술쟁이, 위험하고 무서운 인물, 다중인격자, 압박하는 사람, 강압적인 사람이고 성도착증, 약물 중독 등이다. 사회에 부정적인 지아빌은 정신과 육체와 물질을 강제적으로 예속하고 착취하는 행위에 해당한다. 지아빌을 고약하고 무서운 인물로 분석하면 사이비 종교 집단, 사기 무속인, 사기 퇴마사, 사기 기공사, 마약상, 조직폭력배 등이 이에 해당한다. 또한 악성 직업소개업소로 인신매매, 성매매, 장기매매, 미성년 노역, 임금 착취 노역, 노예 노역 등이 있으며, 고리대금업으로 악성 사채업자, 조폭 사채업자, 무한보증제도이다. 지아빌을 다중인격자로 비유하면 심령술사, 정신병자, 귀신병 등이며, 성도착증에는 근친상간이고 성 정체성 문제로 남장 여자, 여장 남자, 호모, 게이, 레즈비언, 스와핑이며 집단 강간, 능욕 등이며 마약중독에는 술 중독, 담배 중독, 각종 약물 중독이다.

결론: 지아빌의 상담 언어는 특별한 능력이 있는 고약한 사람이다. 한 몸에 암수 자웅이 있다는 것은 동식물 세계에서 특별한 능력이 있는 것이다. 즉 남들과는 다른 사고와 시각으로 살며 지독한 환경과 시기를 스스로 조장하고 이용한다.

지아빌의 가정 관계는 일방적인 압박 구조로서 가족 구성원과 소통이나 협력 관계가 아닌 지배, 지시, 복종 등을 요구한다. 이를 과거 가정생활의 고부 관계, 빙장과 데릴사위 관계에서 찾아볼 수 있다. 그러나 지아빌의 사회적 관계를 긍정적으로 해석하면 현대의 다양한 사회적 직업으로 분석하여 인허가권자, 지적재산권자, 특허권자, 상표권자이며 다단계 사업이고 최고급 메이커이다. 재산 형성은 주택·상가 임대 사업, 물품 렌털 사업, 지주 농업이며 부동산은 알 박기 토지로서 진입로 점유 토지, 자투리 요지 땅에 해당한다. 식품은 자극성이 있고 중독성이 있는 식품으로서 향신료, 맵고 달고 신 음식, 발효 음식, 종교 음식이다.

지아빌의 직업, 취직 형태는 부정적인 것은 2부 협력업체, 조립생산 납부업체이고, 긍정적인 것은 낙하산 인사, 인허가 관련 부서, 관리 감독 부서이다. 이사 방향은 시댁이나 처가가 있는 방향에 해당한다. 학과는 종교행정학과, 공매·경매 관련 학과, 플랫폼 상거래학과이며, 주식은 선물투자, 공매도, 파생상품이다.

지아빌이 꿈 점에 등장하면 고질병이나 사기, 납치, 능욕, 강간, 감금, 구속 등에 관한 문제가 발생한다는 경고이다. 미리 대비하고 대처할 방법을 고민하라. 지아빌이 신점에 등장하면 정체를 알 수 없는 귀신의 장난이고 간섭이다. 이 존재는 악랄한 귀신이 빙의한 현상이다. 반드시 큰 굿, 즉 逐鬼(축귀)굿, 狂人(광인)굿을 하거나 퇴마 의식을 하여야 한다. 이때는 콰르틸라(악랄한 귀신)가 어떤 존재인지 찾아야만 해결할 수 있다.

타로 16번
LA MAISON DIEV(라 메조 디지에스)

La Maison Diev(신전)

La Maison Dieu 라 메조 디지에스

메조 디지에스는 '16세기 베르뉴아노 타로 카드이다.' 메조 디지에스는 신, 우상, 신상이 있는 집이나 건물로 신전을 의미한다. 그리오 드 지브리는 메조 디지에스를 '하느님의 집-구빈원-결핍-가난' 그리고 '감금-벼락' 카드라고 설명한다. 이곳의 메조 디지에스를 하느님의 집으로 볼 때, 무너지는 신전이 은유하는 것은 유럽에서 교회의 권위가 무너져 내리는 현상을 의미하고, 그에 따라 인간이 종교 지도자들의 속박에서 탈출하여 자유스러운 사유를 본격적으로 하기 시작한 것을 의미한다. 그런 의미로 메조 디지에스를 환속-개종-무신론자라고 주장해도 하등 이상하지 않다.

메조 디지에스를 가난-결핍-감금-구빈원으로 해석할 때 "중세에 하느님의 집(Maison-Dieu)은 병들고 가난한 자들을 돌보는 시설을 의미한다. 어느 타로 주석가는 이 그림 속에서 이런 감금과 결핍, 빈곤, 처형과 같은 불행한 분위기를 보았다고 했다. 그런데 이 그림은 하느님의 집을 의미하는 성경의 벧엘이나 연금술사들의 화덕인 아타노르(athanor)와 일견 닮은 데가 있다."[117] 그러므로 이 상황에서 메조 디지에스를 고아원-양로원(노인 요양시설)-부랑자(노숙인, 행려병자, 무연고자) 거주시설-정신 병동-호스피스 병동-종교 집단 거주시설-기도원으로도 볼 수 있는 것이다.

메조 디지에스를 벼락과 번개라고 볼 때, 천재지변과 재난을 의미한다. 번개나 벼락을 맞은 집이 무너져 내리는 그림인 메조 디지에스는 구조물의 붕괴-건물의 붕괴가 국가의 파탄-모임·집단의 파탄-직장의 파탄-가정의 파탄-개인의 파탄을 은유한다.

---

117) 그리오 드 지브리 저, 앞의 책, 376-377쪽 참고.

1. 신과의 관계

과거 중세 시대까지 유럽의 종교는 국가의 이념이 되어 신민을 통제하고 군림한다. 국가의 모든 신민, 심지어 국왕조차도 신의 통제를 받는 유럽의 중세 시대는 신민의 이익과 행복은 무시되었고 오로지 신의 기쁨과 권리가 중요하였다. 이는 곧 중세 유럽은 신을 대신하는 사제들의 행복을 우선시하는 시대였음을 의미한다. 그것은 과거 인간에게 가장 두렵고 공포였던 기아와 질병과 죽음이 나약한 인간을 신에게 매달릴 수밖에 없게 만들었기 때문이다. 예컨대 중세 독일 철학자 '카를 마르크스'[118]는 대학교 교수가 되고 싶었는데 무신론자라는 이유로 되지 못했다.

폐허가 된 이스라엘 벧엘/출처 구글

---

118) 본명은 카를 하인리히 마르크스(1818년 5월 5일-1883년 3월 14일). 철학자, 경제학자, 역사학자, 사회학자, 정치이론가, 언론인, 공산주의 혁명가. 변증법적 유물론 창시자로 대표 저작은 『자본론』이다.

그러나 산업혁명 이후에 과학과 의학이 발달하고 자본주의가 팽배해지면서 인간은 더 이상 신을 믿거나 신에게 기대지 않는다. 즉 과학의 발달에 따라 수확이 풍부하여 기아의 발생이 적고 의학적인 소양이 넓고 깊어진 인간에게, 궁핍과 죽음이라는 현상은 더 이상 신이 인간에게 내리는 벌이나 응징이 아니었기 때문이다. 이러한 연유로 교회의 권위와 신의 절대성이 무너진 시대를 은유하는 문양이 메조 디지에스인 것이다. 곧 메조 디지에스는 인간이 신과 사제에게서 분리되어 개인의 자유스러운 사유가 보장되기 시작하는 시점이다.

2. 시대적인 상황

메조 디지에스는 무너지는 교회를 그린 문양이다. 이것은 유럽에 르네상스가 도래하면서 세속화되어 추락하는 교회와 주교들의 모습을 직접적으로 표현한 그림으로서 추락하는 믿음과 추락하는 종교 지도자, 허울뿐인 영예를 의미한다. 유럽에서 대혁명 이후에 문화가 발달하고 의식이 고양된 인간은 교회를 찾는 빈도가 적어진다. 고리대금업자와 신흥 상인의 후원이 끊기고 국가의 제도적인 개선으로 일률적인 납세적 헌금을 받지 못하게 된 교회는 몰락의 길을 갈 수밖에 없다.

이를 성제환은 "중세 시대 천 년을 지배했던 종교의 신성함은 훼손되고, 종교적 신성을 기반으로 주교가 한때 누렸던 세속 권력은 자연스레 상인에게 넘어갔다."[119]고 설명한다. 때문에 메조 디지에스를 그리오 드 지브리는 '감금, 결핍, 가난'이라고 설명한다. 감금은 사회에서 비난받고 따돌림을 받는 주교들이 자신들의 교회 안에서 홀로 사는 모습을 표현

---

119) 성제환, 『당신이 보지 못한 피렌체』, 8쪽.

한 것이다. 이에 성제환은 '꽃의 성모 마리아 성당 두오모'를 소개하면서 타이타닉호처럼 침몰하는 주교의 권력이라고 설명한다.

이로써 르네상스 말기에 궁핍한 교회들은 교회의 중요한 자산을 세속 인, 즉 상인이나 은행가(고리대금)에게 통째로 넘겨주게 된다. "실제 이탈리아의 산타 트리니타 수도원의 교회는 성인의 축일과 선조들의 기일에도 양초조차 후원하지 못할 정도로 가난했다. 하는 수 없이 수도원은 예배당 소유권을 사세티 가문에게 넘겨주었다. 평판이 좋지 않았던 천하의 아첨꾼 지배인에게 천국행 티켓으로 여기던 예배당 소유권을 넘겨 주고 만 것이다."[120] 메조 디지에스는 교회나 절 등 종교 기관들의 현재 상황을 적나라하게 볼 수 있고 잘 파악할 수 있는 그림이다. 한편으로 메조 디지에스를 아틀란티스의 신전(바닷속)과 바벨론의 탑으로 볼 수도 있다.

3. 현대적인 비유

메조 디지에스는 현대의 현실적인 측면에서는 무너져 내리는 건축물로서, 떨어지는 건물 가치이며 큰돈을 날리고 적은 돈을 줍는 행위이고 추락하는 권력이며 공든 탑이 무너지는 것이다. 그러므로 가정과 조직 해체이고 파산이며 바겐세일이다. 이러한 메조 디지에스를 현대 심리적으로 분석하면 과거의 영광을 추억하며 회상하고 더듬고 있는, 과거에 얽매여 있는 사람에 해당한다. 때문에 메조 디지에스는 영향력이 감소하고 에너지가 급감하여 직업과 재물 운은 축소되고 연봉이 삭감되거나 생소하고 어려운 부처로 이동하는 것이다.

---

120) 성제환, 앞의 책, 225-227쪽.

메조 디지에스를 부동산과 연결하면 재개발 아파트 또는 재건축과 그에 따른 인테리어(리모델링)이고 거품 낀 부동산이다. 직업의 연결성은 철거업종, 파산회생업종, 구조조정업종, 부실 채권업종, 덤핑처리업종 등이다. 인물은 외과 의사, 다이버, 잠수부, 해녀, 비보이 춤꾼, 요가인 등이고, 건강은 갱년기의 시작으로 갑상선 질환, 자궁 질환, 전립선 질환, 여성의 성 기관(자궁) 수술, 제왕절개 수술, 남자의 포경 수술, 항문 수술 등에 해당한다. 연애, 애정 관계는 신뢰가 추락하고 믿음이 깨지는 현상이다. 학과는 해부학과, 폐기물 처리에 관련된 학과(예컨대 방사성 폐기물 등)와 수처리와 관련된 학과이며, 시험 운은 전기대학이 아니고 후기대학이나 미등록 대학이다. 물질로는 폐건물, 폐허 공회당, 물속에 잠긴 문화재, 수중 인양기, 원자력 시설, 산소 호흡기 등에 해당한다.

결론: 메조 디지에스의 상담 언어는 왕년에 우리 집안이 또는 내가 잘 나갈 때를 의미하므로 심리적 측면에서 상당히 과거에 집착하는 경향이다. 즉 메조 디지에스는 추억을 반추하고 남아 있는 유물을 정리하고 찾는 과정으로서 아직은 기가 죽지 않은 상태이다.

메조 디지에스의 가정 관계는 파탄의 성격으로 종파 분리, 분가, 가정 파탄, 이혼, 각자도생이다. 사회적 관계는 무너진 신화, 파산 선고된 조직, 조직의 해체로서 휴직 상태나 직장 정리, 구조조정에 해당한다. 직장은 과거 직종이나 직급보다 등급이 낮으며, 재산은 대체로 낡은 건물과 자산이 하락한 건축물 또는 부실 채권이고, 주식투자는 폭락한 주식, 상장폐지 주식과 연관 있다. 연애, 애정 관계는 신뢰가 무너지고 믿음이 허물어지는 상황이며 전 애인과 전남편보다 못한 상대에 해당한다.

꿈 점에서 메조 디지에스가 등장하면 사람이나 물건을 분실하는 꿈이고 건강을 조심하여야 하며 직장에서 곤란한 문제, 즉 감봉, 감등, 퇴사 등이 발생한다. 또한 뜻하지 않은 불의의 사고가 걱정된다. 메조 디지에스는 벼락 맞은 건물로서 신점에서는 천벌을 의미한다. 그러므로 무속인의 신점에서 메조 디지에스와 연결되면 신벌이 두렵다. 딱히 잘못한 일이 없어도 머리 숙이고 몸을 낮추고 생활하라는 계시이며 그 시기에 들어선 것이다. 메조 디지에스가 타로에서 부정적으로 작용할 때, 부정적인 에너지를 개선하는 방법에는 종교 개종 또는 집 지붕의 모양과 색깔을 바꾸거나 당사자의 머리 모양과 색깔을 바꾸는 것이 있다. 그리고 기혼 여성은 이쁜이 수술을 하면 특별한 에너지가 발생할 수 있다.

신기하게 잘 맞는 마르세유 타로와 십이신살

타로 17번
LE TOULE(레 투알러)

Le Toule(별)

이탈리아 페라라
D'Este 타로/출처 구글

투알러는 별, 북극성, 북두칠성, 희망의 별, 행운의 별, 출산, 월경, 생명수, 샘, 냇물, 목욕이다. 레 투알러는 17세기 프랑스 타로 카드 일종으로 그리오 드 지브리는 '별 그리고 공평함'이라고 설명한다. 모든 인간은 깜깜한 밤에 별을 보고 방향을 찾고 별을 보고 시간을 짐작한다. 불을 들고 있는 사람에게도 불이 없는 사람에게도 별은 모두에게 공평하게 빛나는 것으로 이는 별을 보고 길을 찾을 수 있다는 희망의 긍정적인 기제이다. 별이 희망이라면 기회이다. 그러므로 투알러에는 새로운 시작이라는 의미도 있다. 투알러가 목욕이라면 묵은 때를 벗겨내므로 새로운 시작을 하는 것이다. 그러므로 도전과 재기의 타로이다. 이때는 다 벗고 도전하는 것이다. 사랑도 임신, 출산을 염두에 두면 이때의 사랑은 분명 성과가 있는 사랑이다. 그러므로 투알러가 긍정적인 의미로 등장하면 불임은 임신이며 질병은 완치되고 시험은 합격이며 학업은 SKY이고 레벨은 고시패스급에 준한다.

투알러는 어느 여인이 별이 뜬 새벽에 냇가나 샘에서 목욕하는 문양이다. 이것을 종교적으로 보면 마리아가 새벽에 예수를 출산하는 모습으로, 이때 투알러는 태몽, 탄생, 출산, 해산, 산후조리, 미혼모, 성녀의 의미를 지닌다. 이를 현대로 말하면 모계 가정, 양자나 양녀를 키우는 여인을 의미하기도 한다. 태어난 아이는 북극성이 하늘에 떠 있을 때 태어난 상황으로, 이는 분명 스타의 탄생으로 볼 수 있기에 대단한 인물의 탄생이다. 즉 투알러는 상서로운 별로서 인간사에 아주 좋은 현상이라고 할 수 있다.

1. 신과의 관계

그리스 신화 『신통기』에서 헤시오도스는 신성한 여신인 '테이아'가 오빠인 '히페리온'과 결혼하여 별의 여신 '에오스'를 낳았다고 말한다. 에오스는 황금색 마차를 모는 태양의 신 '헬리오스'와 어둠의 장막을 펼치는 달의 신 '셀레네'와 남매지간이다. 새벽의 여신 에오스는 두 마리 말이 끄는 보라색 마차를 타고 달의 신 셀레네가 쳐 놓은 밤의 장막을 보랏빛으로 물들이며 걷어낸다. 이때 그녀가 펼치는 보랏빛의 새벽은 모든 이에게 공평하게 다가오는 것으로서, 아무리 깜깜하고 어두운 밤이 있더라도 에오스는 새벽이라는 희망과 밝음을 인간에게 선물한다. 때문에 투알러는 공평, 희망, 새벽의 의미가 된다. 로마에서는 이러한 별과 새벽의 여신 에오스를 'Aurora(아우로라)'라고 부른다.

에오스/출처 구글

헤시오도스는 "테이아는 내키지 않았지만 히페리온의 사랑을 받아들여 위대한 헬리오스와 밝은 셀레네와 대지의 모든 인간들과 광활한 하늘에 거주하고 있는 불사의 신들에게 빛을 가져다주는 에오스를 낳았다."라고 노래한다. 즉 에오스는 빛을 의미하는 것이다. 이곳에서 하늘에 사는 불사신이란 신과 신에 준하는 위대한 존재를 말한다.

투알러의 뜻은 별이다. 하지만 타로의 문양은 별이 있는 새벽에 냇가에서 출산 또는 목욕하는 여인의 모습이다. 예수가 태어날 때 위대한 존재들인 'Magi(동방박사)'[121]는 별을 보고 찾아온다. Magi의 본래 뜻은 점성술사이다. 이들은 황금, 몰약, 유황을 예물로 바치고 예수에게 경배한다.

그리스 여신 중에 출산과 분만을 담당하는 여신은 'Eileithyia(Εἰλείθυια, 에일레이티이아)'이다. 즉 '에일레이티이아'는 산파인 셈이다. '에일레이티이아'라는 이름의 어원은 '고통을 없애 주다.'이다. 그녀는 제우스와 헤라의 딸로서 그리스 12신들의 자손 탄생에 직간접으로 관련이 되어 있다. 로마에서는 그녀를 'Lucina(루시나)'라고 부른다. 그러므로 투알러에는 빛, 불사신, 점성술사, 산파(산부인과), 보물, 분만, 출산이라는 의미가 내재하고 있다.

에일레이티이아

별은 어둠의 장막을 거두고 밝음을 인도하는 희망적인 메시지이다. 그러기에 동서양 모두 별의 색깔, 즉 밝음과 어둠을 보고 나라의 운명이

---

121) 멜키오르(Melchior): 노인 모습을 한 현자로 왕권을 상징한다. 예수에게 황금을 드렸다. 불교의 아미타불과 비견한다.
발타사르(Balthasar): 중년 남자의 모습을 한 현자로 수난, 죽음, 부활을 상징한다. 몰약을 드렸다. 불교의 석가모니불이다.
카스파르(Caspar): 청년 남자의 모습을 한 현자로 신성, 사제를 상징한다. 유황을 드렸다. 불교의 미륵불이다.

나 개인의 운수를 예측하는 점성술이 발달하였다. 동아시아에서는 별을 대체로 인간의 목숨과 관련하여 생각한다. 때문에 인간은 누구나 숙명성이 있다고 믿었으며, 이러한 기록은 고전에 종종 소개되기도 한다(제갈공명의 오장원 전투). 그러므로 동양에서 종교적(도교)으로 목숨과 관련되어 기원할 때는 북극성이나 북두칠성에 축원한다. 이러한 동아시아의 수명관은 불교에 영향을 주어, 불교에서도 칠성각에 좌정한 치성광여래(북극성)와 칠여래(북두칠성)가 있어서 인간의 수명을 관장한다. 불교인이 만약에 수명과 관련한 기도를 할 때는 칠성각과 소통을 하는 것이 효과적이다.

동양 천문학에서는 별이 발산하는 색깔로 별의 에너지를 파악한다. 별의 빛깔이 붉은 것을 火星(熒惑星: 형혹성)이라 하며 화성의 빛깔에 이상이 오면 국가에 亂이 발생하고 도적이 일어나며 병마와 기근에 의해 죽음이 발생한다. 대체로 적색의 긍정적 의미는 에너지, 활동, 열정, 왕성함이며 부정적 의미는 경고, 위험, 긴급, 금지이고 심리적으로는 외향으로 분류한다.

동양 천문학에서 백색의 별은 金星(太白星: 태백성)이라 부르며 금성이 빛을 잃으면 道의 말씀이 어지러워지고(말세) 의리에 손상이 오며, 태백성이 낮에 보이면 혁명이 일어날 조짐이고 황권이 약해지고 황후가 득세한다. 백색은 에너지 활동이 멈추려는 순간의 색이며 심리적으로는 고요한 상태에 이르렀음을 나타낸다. 그러므로 백색의 긍정적 의미는 순수, 침묵, 평화, 무심이며 부정적 의미는 에너지의 감소와 흩어짐, 활동이 멈추려는 것, 급속히 감소함이고 심리적으로는 내면으로 분류한다.

동양 천문학에서 검은색의 별은 水星(辰星: 진성)이라 하며 진성의 빛깔이 어그러지면 지혜를 잃어 어리석은 행동을 하여 싸움이 일어나고 지진이 일어나며 홍수가 발생한다. 검정은 에너지가 무한 농축되어 나오는 색으로 긍정적 의미는 권위, 신비함, 검소함, 부활의 의미이고 부정적 의미는 공포, 불안, 절망, 죽음을 나타낸다. 심리적으로는 두려움, 공포의 시공간이라고 할 수 있다. 대체로 검은색은 정지함, 움츠림, 닫힘의 색깔이다.

동양 천문학에서 황색 빛의 별은 土星(塡星: 진성)이라 한다. 진성은 일명 '천자의 별'이라 불린다. 때문에 진성의 빛에 이상이 오면 왕과 왕후에게 허물이 생겨 우환이 발생한다. 진성에 관하여 이순지(李純之)는 다음과 같이 말한다. "빛이 나고 밝으면 풍년이 들고, 별이 커지면서 밝으면 임금이 번창하고, 작으면서 어두워지면 임금에게 우환이 생긴다. 일설에는 진성이 떨어지면 바닷물이 범람한다고 한다."[122]

동양 천문학에서 푸른빛을 내는 별은 木星(歲星: 세성)으로 왕과 제후의 허물을 바로잡고 대사농을 다스리며 복을 관장하며 오곡의 농사를 주관한다. 만일 세성의 푸른빛이 어그러지면 세상에 혼란이 온다. 그러므로 청색은 식물의 생명과 성장, 인간 세상의 안녕과 관계되는 색깔이다. 세성에 관하여 이순지는 다음과 같이 말한다. "세성은 오곡의 농사를 맡는데, 검은색이 되면 많은 사람이 죽고, 누런색이 되면 풍년이 들며, 흰색이 되면 병란이 일어나고, 푸른색이 되면 옥사가 많으며, 임금이 포악하면 붉은색으로 된다."[123]

---

122) 이순지 저, 김수길·윤상철 共譯, 『천문류초』, 대유학당, 1993년, 338쪽. 光明歲熟 大明主昌 小暗主憂 又曰塡星墜海水溢.

123) 앞의 책, 333쪽. 歲五穀 色黑爲喪 黃歲豊 白爲兵 靑多獄 君暴色赤.

2. 시대적인 상황

투알러는 별이다. 18세기 언어학자 앙트완 쿠르드 제블랭[124]은 타로의 '별, 달, 해'를 천문학의 세 가지 요소라고 분석한다. 사실 교회의 신성함과 권위가 무너진(메조 디지에스) 배경에는 과학과 문화의 발전에 따른 인간 의식의 고취가 결정적인 요인으로 작용했다. 다시 말하면 르네상스 시기에 과학과 천문학의 비약적인 발달은 별과 달 그리고 해가 신의 뜻에 따라 움직이는 현상이 아님을 인간에게 각성시킨다. 그 시대에 이러한 요인들은 인간을 더욱 신에게서 멀어지게 하고, 그와 더불어 '별, 달, 해' 등 인간들이 신비하게 느끼고 의지하며 두려워했던 것이 인간과 동등한 자연 일부분이라고 인식하게 만들었다. 이제 드디어 인간은 하늘에서 일어나는 일반 현상과 특이 현상을 천문학이라는 학문의 범주에서 다룰 수 있게 된 것이다. 이는 즉 하늘에 관한 인간의 이해가 바뀐 것으로서 새로운 패러다임의 사상과 문화가 도래함을 시사한다.

이러한 시각에서 그 시대를 종교적으로 분석하면 다음과 같이 설명할 수 있다. 메조 디지에스가 구약(유태교)이라면 이것이 무너지고 투알러라는 신약(천주교)이 등장한 것이다. 또다시 이러한 관점에서 메조 디지에스가 천주교라면 투알러는 개신교이다. 즉 새로운 사상과 철학과 종교 그리고 새로운 사회양식이 등장하는 타로가 투알러인 것이다. 투알러 타로에는 별과 여인의 출산 장면이 함께 묘사되어 있다. 이것과 '꽃의 성모 마리아 성당'이라는 별칭을 갖고 있는 '피렌체 대성당' 내부의 왼편에 '막달라 마리아'와 오른편에 '성모 마리아'가 봉헌되어 있음을 연관하여 볼 수 있다. 여하튼 투알러는 여인이 출산하는 모습으로 남성보다 여

---

124)　각주 38번 참고.

성의 영향력이 큰 타로이다. 즉 사건과 변화가 여성 중심으로 벌어지는 것이다.

3. 현대적인 비유

투알러의 현실적인 장소는 샘, 온천, 산정 호수(야외 목욕탕), 찜질방, 야간 업소 등이고, 행위적인 측면은 목욕, 육체 정화, 생리, 섹스, 불륜, 육체적 사랑, 원나잇과 같은 육체적 유혹, 출산 등이다. 인물로는 나무꾼과 선녀(강제 결혼)에 비유할 수 있으며 혼전 임신한 미혼모, 출산한 여인, 목욕관리사, 세탁소 사장, 환전상 등이다. 직종은 세탁업, 야간 업소, 비데 사업, 청소업, 목욕 찜질방, 생수 사업, 정수기 사업, 비누 사업, 생리대 사업, 여성 병원 등이다. 학업은 야간 대학이며 학과는 이미용학과, 간호학과, 산부인과, 유아학과, 천문학과, 천문기상학과, 수처리학과(환경학부) 등이다.

투알러의 재물 성향은 현금성으로 달러와 미국 채권이고, 주식 투자는 신사업 주식이다. 구체적으로 미국 실리콘 밸리와 창업 주식의 성격으로서 나스닥의 10대 그룹과 코스닥의 10대 그룹으로 유가증권을 선도하는 기업에 해당한다. 투알러의 건강은 자궁 질환, 월경 불순, 혼전 임신, 낙태, 성병, 기억력 감퇴, 인지 능력 부조화 등이다.

결론: 투알러의 상담 언어는 '기회가 왔으니 새로운 일에 도전해라.'이다. 드디어 기회를 잡은 것이다. 두려워 말고 올인을 하라고 충고하는 것이다. 목욕은 묵은 때를 벗기므로 새로운 일을 시작할 수 있다. 그러므로 '과감히 도전하라. 모든 것을 내려놓고 다시 도전하라.'는 것이다.

투알러의 가정 관계의 긍정적 측면은 새로운 인물의 탄생이 모두를 행복하게 하고 가정에 새로운 기운이 들어오는 것이다. 그러나 부정적 측면은 혼전 섹스, 혼전 임신, 불륜, 미혼모, 대리모, 사생아 출산이다. 사회적 관계는 매사에 육체적인 인과가 형성되며 그것에 의하여 사업과 직장이 막대한 영향을 받는다. 그러므로 애정 관계도 정신적인 사랑보다 육체적인 사랑을 지향하고 終乃(종내) 여자 혼자 모든 문제를 감당하여야 한다(임신과 출산). 건강은 자궁 질환, 성병, 인지 능력 감퇴와 부조화, 단기 기억력 상실 등이다.

꿈 점에서 투알러가 등장하면 임신, 태몽, 출산, 미혼모이다. 투알러는 소위 '별이 빛나는 밤'으로서 특별한 꿈이다. 이는 대체로 행운을 상징하지만 투알러는 별의 색깔에 따라 의미가 다르다. 곧 색깔에 따라 길과 흉이 달라지는 타로이므로 별의 색깔에 주목해야 한다. 예컨대 별의 색깔이 너무 짙은 검붉은색이거나 하얀색으로 보이면 흉한 꿈이다. 별 꿈은 생명의 탄생과 죽음에 연관된 것이 나타나는 현상이다. 이 꿈은 탄생이 아니라 주위 사람의 죽음을 알려 주는 것이다. 신점에서 투알러가 등장하면 칠성신이 강림한 것이다. 신점에서 등장하는 칠성신은 주로 죽음과 연관되고 그 시기를 결정하는 것이다. 무속인이 투알러와 연관되면 인간의 수명을 관장하는 칠성신을 믿는 것이다. 투알러가 타로점에서 부정적으로 작용할 때, 그 부정적인 에너지를 개선하는 방법에는 음용수를 교체하거나 정수기를 교체하고 짝퉁 물건을 적절히 사용하는 것도 좋은 방편이 될 수 있다.

타로 18번
LA LUNE(라 뉴인느)

La Lune(달)

La Lune 라 뉴인느

뉴인느는 달, 밤, 안개, 어두움, 꿈, 악몽, 공허, 갈등, 어려움, 빈곤이다. 뉴인느는 샤를 6세의 타로 카드로 그리오 드 지브리는 "15세기 이후에 달 카드는 중대한 변형을 보였다."고 말한다. "원래 샤를 6세 달 카드에는 하늘을 바라보는 두 점성학자가 있었는데, 15세기 이후에 점성학자를 두 마리 개로 바꿔 놓았다. 그런 행위에는 설명하기 어려운 어떤 조롱기가 보인다."[125] "샤를 6세 달 타로에는 점성학자 두 명이 흔히 쓰는 캠퍼스로 달의 고도를 재고 그 측정치를 노트에 기입하고 있다."[126]고 설명한다.

또한 그리오 드 지브리는 이렇게 타로의 문양이 변한 이유를 "그 시대의 '오컬티스트(Occultist)'[127]들은 늘 이 그림들 속에 들어 있는 어떤 원리보다는 개별 카드에 대한 해설에 더 관심을 쏟았기 때문이다."[128]라고 설명한다. 즉 타로가 지닌 시대와 문화적인 측면을 점이라는 개인의 관심사로 끌어들인 것이다. 현재도 오컬티스트들은 달 타로를 한 시기에 유럽에 확산하였던 보름달과 늑대 인간의 관계 등 신비적인 이야기로 포장하여 세인들의 이목을 끌고 궁금증을 증폭시키고 있다.

그리오 드 지브리는 뉴인느를 '말솜씨와 농담'이라고 설명한다. 두 마리의 개가 빈 곳을 향하여 서로 마주 보며 짖는 모습을 상대방을 향한 말솜씨에 비유하고, 달의 한편이 사람의 형상으로 채워진 것에서 허무함, 헛말 등을 연상하여 농담이라고 한 것이다. 또한 카드 안의 연못에서 가재가 슬금슬금 기어 나오고 있다. 가재를 유럽의 일부 문화권에서는 사랑의 묘약으로 여겨 남성을 강하게 하고 여성의 성적 매력을 높이는 역

---

125) 그리오 드 지브리 저, 앞의 책, 376쪽 참고.
126) 그리오 드 지브리 저, 앞의 책, 302쪽 참고.
127) 신비학이나 은비학을 추종하고 주술이나 영적 현상을 탐구하는 사람이다.
128) 그리오 드 지브리 저, 앞의 책, 375쪽 참고.

할을 한다고 생각했다. 하지만 미국이 영국의 식민지였을 때, 가재는 가난한 이주민과 노예들의 식사 대용이었으며 가난과 배고픔의 상징이었다. 즉 이곳의 가재는 인간 육체의 변화인 월경, 몽정, 임신이며 배고픔과 빈곤의 의미를 은유하고 있다.

뉴인느 타로를 'Σελήνη(셀레네)'[129]의 보름달로 설명하기는 부담이 된다. 뉴인느의 모습은 보름달보다 초승달이나 그믐달에 가깝다. 그 이유는 아래에서 검은 개와 흰 개가 짖고 있는 모습에서 유추한다. 한편 어두운 연못에서 가재가 슬금슬금 기어오르는 모습에서 초승달보다 그믐달에 더 무게가 실린다. 초승달과 그믐달의 시차는 초승달은 음력 3-4일경에 뜨는 달이고, 그믐달은 음력 27-28일경에 뜨는 달로서 6일 정도의 시차가 있다. 날짜에 따라서 초승달과 그믐달로 구분하는 것이 좋은 방법이 될 수 있다. 물론 보름달은 음력 15일경을 말하는 것이다. 그러므로 음력 15일 전후를 기준하여 초승달과 그믐달을 판단하면 더 정확한 기준이 될 수 있다. 이때 초승달은 젊고 희망적이며 활달한 메시지로 해석하고, 그믐달은 노쇠하며 쇠퇴하고 침침한 메시지로 해석하면 된다. 하지만 둘 모두 밝음은 아니다. 서양에서 달은 어둠의 장막이라는 의미가 강한 것을 뉴인느 타로에서 반드시 인식하여야 한다.

때문에 이곳의 뉴인느는 'Εκάτη(헤카테)'[130]의 그믐달로 보는 것이 더욱 적합하다. 인간은 보름달이 하현달을 지나 그믐달로 변해 갈 때 허무하고 씁쓸함을 느끼게 된다. 즉 보름달을 보고 맹세했던 말들과 약속했던 말들이 헤카테라는 그믐달을 만나면 모두가 거짓이라는 것과 속절없

---

129)   보름달로 성숙한 여인을 의미한다.
130)   하현달, 그믐달로 늙은 여인, 즉 노파를 의미한다.

다는 것을 알게 되는 것이다. 그러므로 헤카테의 그믐달에는 농담, 거짓말, 약속 파기와 사기 등의 의미가 있다. 여하튼 현재의 뉴인느 타로는 어둠과 불안함, 빈곤, 야반도주, 도난, 악몽, 월경 불순, 임신 등 어려움에 관하여 주목하고 그러한 의미를 부여하여야 하는 타로이다.

1. 신과의 관계

이미 투알러에서 설명했듯이 달의 여신 'Σελήνη(셀레네)'는 히페리온[131]과 테이아[132] 사이에서 나온 세 명의 자식들 중 하나로 밝게 비추는 보름달의 여신이다. 두 마리 검은 말이 끄는 흙빛 마차의 주인 셀레네는 매일 밤 밤하늘을 마차를 몰고 달리며 검은 장막을 친다. 그러나 그리스 신화에서는 이런 달의 여신을 세 명으로 설명한다. 그중 셀레네는 밝은 보름달의 여신으로 성숙한 여인을 의미하고, 또 다른 달의 여신은 'Λητώ(레토)'[133]와 제우스 사이에서 태어난 "Αρτεμις(아르테미스)'와 '헤카테'가 있다.

셀레네. 루브르 박물관/출처 구글

---

131) 우라노스와 가이아가 낳은 12명의 티탄 신들 중 하나로 태양의 신.
132) 우라노스와 가이아가 낳은 12명의 티탄 신들 중 하나.
133) 코이오스와 포이베의 딸로 아폴론과 아르테미스의 어머니.

아르테미스는 순결을 상징하여 어리고 청순한 여인, 소녀로서 상현달인 초승달에 비유하고, 헤카테는 노화를 상징하여 늙은 여인, 노파로서 하현달, 그믐달에 비유한다. 그러므로 뉴인느를 단순히 한 가지 현상으로 해석하면 안 된다.

즉 뉴인느 타로는 경우에 따라서 셀레네의 밝은 보름달에 비유되는 성숙하고 젊은 여인과 아르테미스의 상현달인 초승달에 비유되는 순결과 순수의 여인, 처녀와 헤카테의 하현달인 그믐달에 비유되는 노쇠한 여인, 노파가 될 수 있는 것이다.

목욕하는 다이애나(아르테미스), 프랑수아 부셰, 1761년/출처 구글

동아시아에서 달은 희망을 의미한다. 하지만 이는 보름달에 국한된 것으로 투알러의 별에서 희망의 메시지와는 상이한 의미가 있는 것이다. 굳이 달과 관련한 종교적 의미를 거론하면 불교의 월광보살은 약사

부처의 협시보살로 우측에 자리한다. 약사 부처와 함께한다는 것은 질병에 관한 문제이다. 이때 월광보살은 내면의 질병을 의미하므로 정신적 질병을 관장하는 보살이다. 내면의 질병은 심신의 안정과 환경의 변화로 치료하여야 하는 질병이다. 즉 그믐달을 초승달로 바꾸고, 초승달을 보름달로 바꾸는 것이다. 때문에 정신적인 질병에 시달리면 약사 부처의 우측에 있는 월광보살과 소통하여야 한다.

검은 달의 여신 헤카테/출처 구글

2. 시대적인 상황

이미 앞에서 설명했듯이 '별, 달, 해'가 타로에 등장하는 순서는 천문학과 과학의 발달에 따라 인간 사회문화의 패러다임이 바뀐 것을 의미하는 것이다. 특히 샤를 6세의 달 타로에 새겨진 문양은 두 명의 천문학자가 자를 이용하여 달의 기울기를 재고 있는 그림이다. 즉 그 시대의 인간은 달의 변화를 관찰하여 이것이 지상에 미치는 영향을 추적하였으며, 또한 이것을 바탕으로 인간의 생활에 연관시키고 설명하려고 하였다.

드디어 과학이 인간 생활을 전반적으로 좌지우지하는 시대가 본격적으로 도래한 것이다.

고대부터 인간은 하늘의 해와 달과 별을 경외하고 숭배하였으며 이들의 존재에 의존하였다. 그 이유는 이들이 변할 때마다 지상의 인간도 함께 변하여야만 했기 때문이다. 대체로 이러한 변화는 항상성을 갖고 규칙적으로 반복되었으며 그에 따라 인간은 이들의 변화에 맞추어 사회생활을 영위하게 된다. 즉 이들은 인간 생활에 밀접한 관계를 형성하고 있으며 가장 막대한 영향력을 행사하는 존재인 것이다. 그중에 달의 변화는 가장 큰 폭으로 변화를 보여 인간이 확실하게 관찰할 수 있는 존재로서 인간 사회생활의 전반에 걸쳐 가장 큰 영향력을 갖고 있다. 결국 인간은 이러한 달에 대하여 가장 먼저 많이 연구하게 되었고 이것이 천문학의 발전과 더불어 과학의 발달을 견인하는 중요한 요소로 작용하게 된다.

3. 현대적인 비유

뉴인느를 현실적으로 분석하면 달밤, 어두움, 은밀함, 불안함, 어수선한 꿈, 전생의 문제들, 걱정, 어려움, 빈곤, 공허, 폐허, 우울함, 갈등, 도난 등이다. 이를 직업적 관점으로 분류하면 보안업(컴퓨터, 통신), 방범업, 경호업, 경찰, 열쇠공(금고), 심리학자, 밤손님(귀신), 무속인, 불법적인 형태의 업종 등이다. 재물은 대출(빚) 투자, 비트코인, 도지코인, 사채이며, 뉴인느를 장소로 분류하면 재개발 지역, 공허한 도시, 소외된 도시, 폐허 도시, 시골 등에 해당한다. 학업 전공은 심리학과, 종교학과, 경호학과, 산업보안학과이고, 대학은 지방대로서 캠퍼스 대학, 야간대나 방통대, 사이버대학이고 콕 찍으면 원광대학교이다. 뉴인느의 사업 운은 잠재된 불안한 요소가 현실화하는 과정으로서 경고의 메시지이다. 그러므로 표면화되기 전에 반드시 해결해야 한다. 뉴인느의 이사 운은 남쪽과 동쪽이다.

결론: 뉴인느의 상담 언어는 전체적으로 밤길 조심, 도난 조심, 불안, 공포, 그리고 밤의 고통에 해당한다. 때문에 정신적으로 공허하여 우울하고 힘들고 어려우며, 재정적으로 빈곤하여 가난하고 춥다.

뉴인느의 가정 관계는 환경이 너무 자주 바뀐다. 이는 곧 안정적인 가정생활이 보장되지 못하는 것을 말한다. 예를 들면 가장의 변덕스러운 컨디션에 따라서 그때그때 생활에 변화가 심하게 오는 현상 등이다. 뉴인느의 사회적 관계는 부침이 심하여 만족감과 불만족이 항상 공존하는 사회생활의 구조로서 스트레스가 심한 생활 형태이다.

뉴인느의 시험 운은 떨어지면 재심 청구이며[당락에 문제(그림 속 가재)가 있다], 승진에 관련하면 뇌물성이고, 특히 재물은 지하경제, 비자금, 은닉 재산, 자금 세탁, 밀거래, 공매도, 공매수 등 정상적인 형태가 아닌 구조이다. 애정은 정신적인 사랑이 강하지만 육체적 관계에서는 변심에 따른 갈등 구조를 지닌다. 건강은 폐경, 갱년기, 자궁 질환, 임파선, 갑상선, 림프 질환, 삼차신경 감소증, 우울증, 자폐증, 망상증 등으로 전반적으로 힘들다.

대체로 뉴인느는 과거와 연관된 어수선한 꿈을 자주 꾸고 이는 주로 생명과 연관된 꿈이며 인생에 항상 걱정거리가 따라다니는 타로이다. 내담자의 꿈 점에서 뉴인느가 나오면 손재수, 도난, 시끄러운 일들이 발생하고, 만약에 무속인이 꿈에서 자주 보름달을 현몽하면 만신이 들어

오는 징조이지만, 그믐달을 현몽하면 힘없는 잡신이 들어오는 징조라고
할 수 있다.

　뉴인느가 타로점에서 부정적인 그믐달(헤카테)이면 그 부정적인 작
용에 대한 처방은 달력을 앞으로 한 장 넘겨 사용하고, 시계의 바늘을 현
시각을 기준으로 하여 반대 방향으로 돌려놓아라. 그 기간은 5-10일을
지속하면 된다. 또 다른 처방은 해바라기 장식을 이용하면 부작용을 완
화할 수 있다.

타로 19번
LE SOLEIL(레 솔레이에)

Le Soleil(태양)   Le Soleil 레 솔레이에

솔레이에는 해, 태양, 햇빛, 과학이다. 솔레이에는 햇빛을 더 받으려고

시기 질투하는 것이며, 또는 너무 과다한 햇빛으로 인하여 곤란한 지경, 즉 더위나 가뭄을 표현한 문양이다. 때문에 솔레이에는 타협과 협상이 난망한 타로이다. 또한 솔레이에는 모든 것이 다 보이는 공간과 시간으로서 숨길 수 없음을 의미하고, 태양은 만물을 고루 비추려는 성향이 있으므로 이성과 애정 문제는 매사에 관심이 과다하고 바람기가 많은 것이다.

그리오 드 지브리는 솔레이에를 '태양-빛과 과학'이라고 설명한다. 솔레이에를 빛으로 사유하면 밝음으로 세상사가 모두가 알 수 있도록 드러나는 것이고 숨길 수 없는 일이며 모두 다 공개하는 것이다. 이는 구체적으로 드러내 놓고 하는 일들과 떳떳한 시공간을 의미한다. 즉 양지바른 시간과 공간(한낮)이며 눈이 부신 현상, 정체가 드러난 현상 등이다. 과학으로 적용하면 현대 산업으로서 과학의 발전이 비약적인 성장을 한 금속과 에너지와 열이다. 솔레이에는 유럽의 사회상이 새벽(투알러)에서 어둠(뉴인느)을 거쳐 밝은 날(솔레이에)이 도래함을 시사하는 것으로, 이로써 인간은 누구나 알 수 있는 권리와 정당한 권리를 누리며 밝고 환한 세상을 살아갈 수 있음을 의미한다.

1. 신과의 관계

로마에서는 태양을 SOL이라고 부른다. 앞에서 설명했듯이 히페리온과 테이아의 아들인 '헬리오스[134]'는 네 마리의 말이 끄는 황금색(태양) 마차를 타고 인간에게 아침, 즉 빛을 선사한다. 그는 새벽에 동쪽에 있는 두 개의 궁전에서 출발하여 저녁에는 서쪽에 있는 두 개의 궁전으로 가

---

134) 태양의 신.

는 여행을 반복한다. 이때 헬리오스는 정오에 이르면 하늘의 가장 꼭대기에서 사방을 둘러보곤 하는데, 그 순간 그의 눈을 아무도 피할 수 없고 숨을 수 없다. 때문에 헬리오스는 맹세, 준수, 서약을 관장하는 신이기도 하다. 그렇지만 그는 바람기가 심해서 여인이 많았고 자식들도 많다. 호색한 신인 제우스보다 여인을 훔친 횟수가 많다는 설도 있다. 그러므로 솔레이에를 바람기라고 말할 수 있다. 대체로 '아폴론'을 태양신이라고 부르지만, 이곳의 헬리오스와는 다른 신격이다.

태양신 헬리오스/출처 구글

동아시아에서는 태양신을 숭배하는 행위를 많이 볼 수 없다. 그것은 동아시아는 온대지방에 속하고 사계절이 뚜렷한 지역으로서 대체로 사막이 많은 지역보다 가뭄과 폭염 등 햇빛에 의한 재해가 덜한 까닭이다. 굳이 해와 관련한 종교적 의미를 거론하면, 불교의 일광보살은 약사 부처의 협시보살로 좌측에 자리한다. 약사 부처와 연관된 것은 질병에 해당하므로, 이때 일광보살이 주관하는 질병은 외면적인 질병(외과), 육체적인 질병이다. 그러므로 육체적으로 고통스러운 질병에서 일광보살과 소통한다면 적절한 대안이 될 수 있는 것이다.

2. 시대적인 상황

솔레이에는 '빛과 과학'이다. 18세기에 들어 유럽 사회에서 과학의 비약적인 발전은 인간의 생명에 대한 인식과 자연관을 신의 제약에서 탈피하게 한다. 즉 과학의 발전이 생명 탄생의 신비함과 죽음의 공포에서 자유스럽게 만든 것이다. 부연하면 이제까지 신을 중심으로 사유하고 행동했던 인간에게 개인주의가 나타나는 결정적인 계기가 과학의 발전이다. 과학의 발전은 생산의 증대로 이어지고 이에 따라 개인과 국가는 부유하게 된다. 이렇게 부유해진 개인은 당면한 사소한 어려움을 스스로 해결할 수 있게 되었으며, 개인의 능력으로 해결하지 못하는 문제들, 즉 수해, 한발, 가뭄 등과 같은 재앙 수준의 문제는 세금으로 넉넉해진 국가가 해결할 수 있게 되었다. 또한 과학의 발전은 생명이 어떻게 만들어지고 인간이 왜 죽는지 그 이유를 알 수 있게 함으로써, 더 이상 인간은 생사 문제에서 신에게 의탁하지 않게 되었다.

과학의 발전은 생산의 증대를 불러오고 자본주의를 성행시키며, 그 결과 국가와 개인이 부유하고 강해질수록 신에 대한 믿음은 약해진다. 그것은 사소한 문제는 개인이 해결하고 재난은 국가가 책임져 주기 때문이다. 이렇듯 솔레이에는 사람과 사람의 관계, 즉 개인의 행복과 권리가 중요하게 대두되는 시기이며, 이런 현상은 과학의 발전이 인간 사회를 전적으로 변화하게 만든 결과이다. 하지만 이러한 과학의 발전은 인간 관계에서, 특히 노동자 계층과 사용자 계층의 대립을 불러오게 된다. 즉 사용자 계층이 생산을 과학에 의존하면 할수록 노동자 계층의 중요성과 존재감은 감소하게 되는 것이다. 정리하면 솔레이에는 과학이 발전한 시기에 변화된 인간의 개인주의 또는 인간의 관계주의를 의미하는 문양이다.

3. 현대적인 비유

솔레이에를 현대적인 산업으로 분석하면 태양광, 열, 조명, 원자력, 에너지, 제철, 유리, 사진, 시력 등과 관련된 사업이다. 세분하여 보면 열 관련 사업은 발전소, 숯, 석탄, 가스, 찜질방, 온실 하우스, 난방기구이고, 에너지 사업은 전기·전자, 내연기관이며, 발전으로는 태양 발전소이며, 현대 산업의 꽃인 금속 제련, 제철소 등이다. 시력 관계 산업은 안경과 콘택트렌즈이며 망원경, 적외선탐지기이다. 조명 사업은 서치라이트, 네온사인, 간판업이다. 사진 사업은 전문 사진사, 영화, 방송 콘텐츠이며 유화 그림, 누드 사진과 그림이다.

결론: 솔레이에의 상담 언어는 자신이 먼저 상대방에게 손을 내밀고 화해를 시도하는 것이다. 솔레이에는 서로가 불편하고 곤란한 상황을 시사하는 문양이다. 때문에 먼저 화해를 시도하는 사람이 주도권을 쥘 수 있다.

솔레이에의 가정 관계는 가정에 닥친 현실을 서로가 위로밖에 할 수 없는 처지이다. 가정에 발생하는 곤란한 문제점들을 해결할 수 있는 특별한 묘수가 없는 것으로서, 세월이 가고 시간이 흘러야 하므로 우선은 각자도생해야 하는 것이다. 사회적 관계는 숨거나 회피할 수 없는 상황으로 주변 인물들도 도움을 줄 수 없는 환경이다.

솔레이에의 학과는 현대 산업과 관련된 학과는 모두 가능하며 합격 여부는 성적이 미달하여 추가 선발이나 등록 미달 충원이고, 승진, 취직 운은 할 수도 못 할 수도 있는 상황으로서 자꾸 보채고 졸라야 유리하다. 사업 운은 동업은 금물이고, 재물 운은 빚이 많은 상황으로 굳이 말하자면 친척, 애인, 친구, 동료에게 돈을 더 빌려야 하는 상황이다. 주식은 비상장 주식이 상장되었을 때와 분할상장 주식을 조심해야 한다.

솔레이에의 연애와 애정운은 애타고 썸 타는 상황으로 직접 만나는 것보다 편지나 메일 등으로 연락하거나 사랑을 고백하는 것이 편하다. 그러나 운이 나쁠 때 애정 행각은 제대로 연애를 못하고 소문나는 것이며 미투 등으로 고생할 수 있다. 건강 운은 소갈병(당뇨), 다한증, 열사병, 상기병, 시력 저하 등이며 치료 방법 중에 방사선 치료는 신중하여야 한다.

솔레이에는 개인과 개인의 관계에서 시기와 질투가 발생하고 있다고 리딩한다. 내담자의 꿈 점에서 솔레이에가 등장하면 비밀이 탄로 나고 어색한 관계가 형성되며 곤란하고 창피스러운 일 등이 발생한다. 신점에서 솔레이에가 등장하면 더 이상 이 일과 이 장소는 견딜 수 없으므로 결단을 내려야 한다. 만약에 솔레이에가 무속인과 연관되면 점사를 직접 눈으로 보는 현상을 자주 겪는다. 솔레이에가 타로점에서 부정적으로 작용할 때, 그 부정적인 에너지를 개선하는 방법에는 모자나 시계를 반대로 착용하거나 달맞이꽃을 이용하는 것이 있다.

타로 20번
LE JUGEMENT(레 지유스머)

Le Jugement(심판)

Le Jugement 레 지유스머

제블랭은 지유스머를 우주적인 운명을 나타내는 카드로 분별했으며,

그리오 드 지브리는 '심판-의지'라고 말하며 "심판 카드는 아마도 최후의 심판을 어설프게 모사한 듯 보인다."[135]고 설명한다. 이렇듯 지유스머는 인간의 인생사를 바꿀 수 있는 매우 중요한 사건 사고를 나타내는 타로로서 심판, 재판, 판단, 분별, 판결문, 결정문, 최후통첩 등으로 개인과 단체의 운명을 좌우하는 의미를 지닌다. 즉 모든 시시비비를 법의 판결에 맡기는 것으로서 최후의 심판에 해당하는 대법원의 판결이다.

그러나 지유스머의 문양을 있는 그대로 해석하면 선언, 팡파르, 트럼펫, 광고, 선전, 큰 소문, 큰 소음 등으로, 이는 재판장, 공연장(음악 공연, 연극, 영화), 유세장, 부흥 집회, 데모 집회, 중계 현장과 관계가 있다. 이들의 특징은 대중을 계몽하고 대중에게 호소하며 대중을 선동하고 있는 현상으로 집단 최면을 유도할 수 있는 요인이 있다. 이러한 시각으로 지유스머를 해석하면 정치단체, 종교 집단, 언론매체, 대중음악과 연관성을 갖는다.

1. 신과의 관계

지유스머는 'Paris(파리스)'[136]의 심판을 묘사한 문양으로 그리스 신화에서 여신 'Thetis(테티스)'[137]가 'Peleus(펠리우스)'라는 인간의 결혼 잔치를 올림포스산에서 주관하면서 교태와 간계로 유명한 불화의 여신 'Eris(에리스)'[138]를 초청하지 않으며 일어난 사건을 그린 것이다. 이에 초청을 받지 못한 에리스는 금 사과에 가장 아름다운 여신에게 드린다고 표기하여 올림포스에 모인 신들 사이에 던져서 신들의 美에 관한 논쟁과 질

---

135) 그리오 드 지브리 저, 앞의 책, 375쪽.
136) 트로이의 영웅으로 알렉산드로스로 불린다.
137) 네레우스와 도리스의 50명의 딸 중 하나로 어원은 세대를 창조하는 여인이다.
138) 닉스의 딸로 불화와 이간질의 여신이다. 어원은 불화를 의미한다.

투를 유발한다. 이때 이 혼란을 잠재우기 위해 신들의 왕 제우스는 순진한 목동 파리스에게 美에 대한 심사를 일임하였으므로 '파리스의 심판'이라고 부른다. 이때 미녀 신의 대표에는 신들의 여왕 "Hρα(헤라), 지혜의 여신 Aθηνά(아테나), 미의 여신 'Aφροδίτη(Aphrodite, 아프로디테. 로마 비너스)'가 거론되었다.

아래 그림에 있는 세 명의 여신은 헤라(공작을 데리고 모피를 걸친 여신)와 아테나(옆에 방패 '아이기스'와 검, 그를 상징하는 올빼미가 있다)와 아프로디테이며, 모자를 쓴 남자는 전령의 신 헤르메스이고, 양몰이개 '보더콜리' 곁에서 지팡이와 사과를 들고 있는 이는 파리스이다. 이때 파리스는 아프로디테를 황금 사과의 주인으로 선택하였다. 부연하면 헤라는 파리스에게 최고의 부와 권력을 약속했고, 아테나는 위대한 지혜와 전쟁의 승리를 보장했으며, 아프로디테는 이성을 매혹할 수 있는 능력을 약속했다.

파리스의 심판, 1636년, Peter Paul Rubens(루벤스), 런던 내셔널 갤러리/출처 구글

2. 시대적인 상황

과학이 발달하여 인간의 일상에서 일어나는 현상들을 과학적으로 설명할 수 있게 되면서, 인간은 판단력과 분별력이 상승하여 더 이상 신에게 일방적인 복종을 하지 않고 위정자들의 혹세무민을 스스로 판별할 수 있게 된다. 이것은 인간의 의지가 그대로 실생활에 반영되는 것으로 진정한 민주국가의 출발이라고 할 수 있다. 인간의 판단력이 상승하고 정확한 분별을 이루려면 분별의 기준을 설정하여야 한다. 이때 이 기준을 규칙과 법이라고 한다. 이제 인간은 일상에서 일어나는 사건들을 규칙과 법이라는 기준으로 판단하고 분별하는 시스템을 구축하게 된 것이다. 즉 이 시스템에 의하여 인간은 '민주주의-법'이라는 공평하고 정확한 판별을 할 수 있게 되었다. 그리오 드 지브리가 지유스머를 심판이라고 한 것은 인간이 법의 테두리 안에서 살게 되었음을 암시하는 것이다. 또한 의지라는 설명은 인간이 스스로 판단력에 따라 세상사를 경영하는 것을 말한다. 이것을 총체적으로 설명하면 인간은 법의 테두리 안에서 스스로 판단하고 분별하며 살게 되었다는 것이다.

3. 현대적인 비유

지유스머의 뜻을 현대적인 관점에서 분석하면 법의 판결이고 심판이다. 그러므로 고발인, 고소인, 소송인과 연관한 일이고 때문에 주로 법과 관련이 있다.

결론: 지유스머의 상담 언어는 재판관과 염라대왕을 만난 정황으로 인정과 온정에 호소하라고 조언한다. 즉 탄원서나 반성문을 쓰면 상황이 호전되고 정상참작이 가능한 것이다. 법의 관점에서 학과는 법과이며,

재물 운은 경매, 공매, 법정투쟁, 빚잔치, 파산선고, 추징금, 벌금 등이고, 동산과 부동산을 매매할 때 신중하고 특히 문서 작성에 각별한 신경을 써야 한다.

지유스머를 현상적인 관점으로 분석하면 판결, 호소, 소리, 음향, 전파, Media(미디어), 방송, 통신, 광고, 선전, 정보, 녹음, 공연(콘서트), 중계, 소문, 통지서, 보청기 등이다. 그러므로 직업적인 연결성은 판사, 변호사, 언론인, 방송인, 아나운서, 가수, 정치인(선동가), 노동운동가, 판촉 업종, 통신회사, 광고회사, 떴다방 등에 속한다.

공간과 연결성은 법정, 중계석, 공연장, 음악다방(커피숍), 유세 현장, 국회 국감장(폭로), 데모 현장, 부흥회 등이다. 학과는 미디어학과, 방송학과, 통신학과, 정보학과, 음악학과(실용), 정치학과이며 방송통신대학, 디지털대학에 해당한다.

지유스머의 현상적인 관점에서 연애 운은 즉흥적 관계이거나 소문만 무성한 연애이다. 시험 운은 합격통지서이며, 승진 운은 승진은 할 수 있지만 가십거리가 따른다. 문서 매매 운은 계약은 성사되지만 의외의 문제가 발생할 수 있으므로 단서 조항과 계약 조항을 세심히 챙겨야 한다. 부동산은 상업지가 어울리며, 이사 운은 시끄러운 일이 발생할 수 있고, 대인관계는 즉흥적인 관계가 형성되며 비밀 유지가 힘들다. 여행지는 유명하고 이름난 관광지이고 또한 시끄러운 곳으로서 라스베이거스, 경마장 등 도박시설에 해당한다. 건강 운은 청각 장애, 환청, 호흡기 장애, 성대 장애, 깜짝깜짝 놀라는 병(심장)이다. 음식은 잔치 음식 계통으로 소리 내며 먹는 음식이다. 즉 국수 계통의 잔치국수, 수타면, 잡탕, 짬뽕, 샤브샤브 등의 음식이다. 차량은 외제 차로 꽤 유명세가 있는 것이다.

지유스머는 시끄러운 일이 발생한다고 리딩한다. 내담자의 꿈 점에서 지유스머가 등장하면 소문이 나고 유명해지며 통지서가 도착하는 일 등이며, 만약에 지유스머가 무속인과 연관되면 강신 무속인으로서 주로 소리로 전달받는 방식이고 벼락대신이며 부흥회에 나가면 은사와 축복을 받아 방언하는 것이다. 한편으로 지유스머는 근거 없는 정보이고 찌라시이며 떴다방으로 소문난 잔치에 먹을 것 없는 것이다. 지유스머가 부정적으로 작동할 때 개운법은 탄원서, 반성문과 관련이 있으므로 능력 있는 변호사 선임이다.

타로 21번
LE MONDE(레 모오데)

Le Monde(온 세상)

Le Monde 레 모오데

모오데는 우주, 천지, 삼라만상, 세상을 의미하며 통합된 세계, 글로벌한 세상을 말한다. 모오데의 그림이 보여 주는 모습은 흡사 미켈란젤로의 「천지창조」를 연상시킨다. 모오데는 인간 사회에 민주주의가 실현되면서 종교와 사상 그리고 문화와 인종 또는 지역이 다른 세계의 사람들과 교류하고 공감하며 살아가고 있는 현시대 인간의 모습이다. 이제 인간은 세계 어느 곳이든 자유스럽게 여행하고, 교역하며 이주할 수 있게되었다. 이는 소위 새로운 세상이 열린 것으로서 실로 천지창조와 천지개벽이라 하여도 틀린 말이 아니다.

모오데를 제블랭은 우주적인 운명을 나타내는 타로라고 분류하였다. 즉 세상이 변하였음을 나타내는 타로인 것이다. 그 변한 세상은 풍요롭고 즐거우며 행복하고 아름답다. 그러기에 모오데를 타로의 가장 끝에 배치한 것이다. 타로를 만든 그 시대의 선지자들은 고맙게도 타로의 마지막 장식에 모오데라는 행복과 풍요를 그려 놓았다. 이는 결국 인간이 타로를 보는 목적은 행복하고 풍요로운 세상을 만들기 위함이라는 뜻 아니겠는가? 또한 타로는 행복하기 위해서 보는 것이라는 방증이다. 그러므로 모오데에는 인간의 풍요, 행복, 즐거움, 평화, 아름다움, 통합, 새로움을 상징하는 의미가 내재한다. 모오데는 신 중심의 세계 질서와 사회생활에서 인간 중심의 세계가 열렸음을 확실하고 강력하게 보여 주는 문양이다.

1. 신과의 관계

그리스에서 관능과 유혹의 여신은 'Aphrodite(아프로디테)'[139]이다. 이 아프로디테에 대응되는 로마 여신은 'Venus(비너스)'[140]로 사랑과 미의

---

139) 바다 거품에서 태어난 미의 여신으로 올림포스의 12신 중 하나.
140) 로마 신화에서는 베누스(Venus)라고 부른다. 샛별 금성의 이름이 비너스이다.

신기하게 잘 맞는 마르세유 타로와 십이신살

여신이다. 고대 유럽은 이상적인 여성상을 풍요
와 다산을 상징하는 다소 투박스러운 모습으로
표현하였다. 즉 여성을 고대 유럽에서는 일과 생
산의 수단으로 인식하였던 것이다. 그러나 중세
유럽에서 여성은 미모와 육체가 세련된 여인이
이상적인 여성상이 되고 여인의 모습을 누드나
반누드 모습으로 표현한다(성적인 요소). 즉 중
세 유럽에서 여성은 미모가 아름답고 육체적인
사랑과 관능의 성적인 요소가 중요하였던 것이

고대 유럽 여성상/
출처 구글

다. 카드에서 모오데는 전라의 여성이 아름다운 곱슬머리(자유분방, 정
숙하지 못함)를 길게 늘이고 유혹하는 모습으로서 전형적인 중세 유럽
의 비너스 양식으로 표현되었다. 그러므로 모오데는 풍요로움이면서 미
와 관능이고 유혹이며 자유분방한 사랑이다.

아프로디테는 올림포스산의 12신으로 미와 사랑
그리고 다산과 욕망, 사물 간의 생성을 상징하고 생
명의 순환을 주관하여 만물을 부활시키는(생산) 신
이다. 그녀의 피부는 곱고 목은 부드러우며 아름다
운 속눈썹은 매력적으로 위로 말려 있고, 특히 그녀의
몸에 두른 '케스토스 히마스'[141]라는 신비로운 허리끈
은 그녀를 더욱 매혹적으로 만들어 모든 남성이 그녀
의 유혹을 뿌리칠 수 없게 만들었다. 제우스가 남자
신 중에 최고의 바람둥이라면 아프로디테는 여신 중

크니도스의 아프로
디테/ 출처 구글

---

141)   마법의 띠로서 현대의 원더브라나 거들에 해당한다.

에 가장 바람둥이로서 배우자의 눈치 따위는 신경 쓰지도 않는다. 기분파 성격으로 사랑과 욕망에 변덕스러움이라는 부정적인 의미도 함께 지닌 매혹적이고 지극히 사랑스러운 여신인 그녀의 유혹을 남자 신과 남성들은 결코 거부할 수 없다. 이러한 그녀를 부르는 이름은 많아서 관능과 섹스 심벌인 Philomeides(필로메이데스: 웃음의 여인), Philomedes(필로메데스: 생식기의 여인), Peyto(페이토: 설득의 여신), Ambulozera(암블로제라: 젊음을 유지시키는 신), Androponos(안드로포노스: 남자들의 파괴자), Caliphigos(칼리피고스: 아름다운 엉덩이), Porne(포르네: 음란한 아프로디테) 등등 다양하다. 그러므로 모오데는 매혹, 유혹, 욕망이며 애정의 변심 타로로서 도덕성의 부재이고 정의로움은 관심이 없다.

1. 아프로디테와 에로스. 안토니 반 블로칸트
2. 비너스의 탄생. 윌리엄 아돌프 부그로/출처 제주환경일보, 구글

2. 시대적인 상황

그리오 드 지브리는 모오데를 '세계-여행과 대지의 소유'라고 하며 "세

계 카드는 4복음서 전도사를 상징하는 형상들에 둘러싸인 여성을 묘사한다."[142]라고 설명한다. 여행과 대지의 소유는 현대의 개척 이민, 유학, 국제결혼을 의미하고, 전도사는 타로의 마지막에 해당하는 모오데를 종교적인 영역으로 끌고 들어온 해석으로서 그 시대의 유럽 문화는 기독교의 영향력이 대세인 것을 확인할 수 있는 대목이다. 이곳에서 복음서를 전도하는 사람은 여행객으로, 이는 다른 세계와 문화와 종교와 사상을 교류하고 물자를 교역하며 사는 자유스러운 인간을 말한다. 대지의 소유란 콜럼버스의 신대륙(아메리카)의 발견을 말하고, 그에 따라 신대륙으로 이주하는 사람들을 말한다. 물론 대지의 소유에는 다른 나라로 이민 가는 사람이라는 뜻도 있다. 즉 모오데는 인종과 국적과 종교에 관계없이 세계 어느 곳에서든지 자유롭게 인간이 살 수 있는 시대가 도래하였음을 示唆(시사)하는 것이다.

3. 현대적인 비유

모오데의 의미를 현대적인 관점에서 분석하면 세계화로서 글로벌한 시대, 글로벌한 세상이다. 그러므로 모오데는 자유무역, 자유주의, 통합사상, 통합종교, 통합문화예술로서 올림픽과 종합예술에 해당하는 영화산업이다. 이것을 국제적인 분야로 분석하면 유엔, 유네스코, 세계무역기구, 세계보건기구, 세계금융기구, 자유무역지역, 영세중립지역, 국제난민기구, 국제금융업, 국제 통용화폐(달러, 유로, 비트코인), 다국적 기업, 국제증권시장, 국제채권시장, 국제물류센터, 국제공항, 국제항만청, 엑스포이다. 직업적인 분야는 해외 관련업으로 로비스트, 국제결혼업,

---

142) 그리오 드 지브리 저, 앞의 책, 375쪽.

해외입양업, 해외유학업, 국제패션업, 세관업, 통역사, 인터넷 관련 산업, 스튜어디스, 해외원정대 등이다. 결혼 상대는 외국인으로 혼혈의 탄생이고, 결혼 생활은 단순 동거나 계약의 형태이다. 음식 분야는 퓨전 음식으로 기내식, 햄버거, 피자, 코카콜라, 맥도날드 등이며, 동물은 철새 계통이다. 그리고 학과는 외교학과, 무역학과, 항공학과, 항만학과, 영어학과, 인터넷학과 등이다.

모오데의 그림을 현대적 현상으로 분석하면 화려하고 아름답고 매혹적인 여성의 나체 문양이다. 즉 누드 플레이걸이 원초적으로 유혹하는 문양으로서 육체적인 섹스와 관련이 있는 것이다. 대체로 정신세계보다 물질세계를 동경하는 성향으로 망신살인 신상품과 메이커에 집착하고 자칫하면 소비 향락으로 빠질 위험성이 다분하며 자유연애를 지향하는 타로이다.

그러므로 현대적으로 분석한 직업적인 성향은 퇴폐업종, 매춘업, 유흥업, 패션업종, 뷰티클럽(종합적), 에로영화(주로 외국인), 화장품산업, 여성병원, 산부인과, 비뇨기과, 피부과, 성형외과 등이다. 현대 현상으로 심도 있게 분석하면 란제리, 생리대, 이쁜이 수술, 성형수술, 미용수술 등 원초적인 분야에 해당한다. 학과는 연극학과, 영화학과, 실용음악학과, 패션디자이너학과, 항공학과, 승무원학과, 관광학과, 미용화장학과, 양식조리학과, 제빵조리학과, 동물관리조련학과, 외교·통역학과, 종자자원학과, 융복합학과 등이다. 장소는 할리우드, 마카오와 라스베이거스 등 소비 유흥도시에 해당한다.

건강은 유행성 세균 질환이며 세균 감염에 의한 성적 질병이고 생식기(자궁) 질병이며 임신과 출산에 따른 질병(우울증 포함) 등이다. 이를 심도 있게 분석하면 성형 중독증, 타투 중독증이고 피부병, 아토피, 알레르기 질환, 갑상선 질환, 유방 질환 등이다. 음식은 데코레이션 위주인 레스토랑 음식, 케이크 종류, 누드김밥, 통닭 등이며, 동물은 공작새, 앵무새 등이다.

결론: 모오데의 상담 언어는 자유주의자와 합리주의자로서 다양한 에너지와 유행성 에너지를 지니고 능동적인 사람이다. 때문에 연애 운은 자유분방하고 육체적인 감각에 민감하여 삼각관계 등 연령층이 혼재한 다중적인 연애 형태이며, 결혼 운은 국제결혼이나 재혼 또는 계약 결혼, 동거생활이다. 재물 운은 수입보다 지출이 항상 많으나 빚에 쪼들리지 않는 특이한 구조이다. 투자처는 주식 등 글로벌한 투자로서 해외주식으로 예를 들면 아마존, 알리바바, 쿠팡 등이고, 매매 운은 인터넷에 매물을 내놓으면 잘 팔린다. 시험 운은 에너지가 상승하므로 유리하며, 승진 운은 무조건 로비하면 되고, 이사 운은 새로운 집으로 이사하는 것은 문제가 없지만 오래된 헌 집으로 이사하는 것은 문제가 발생할 수 있으므로 푸닥거리를 해야 한다.

모오데는 다양한 장르에서 새로운 일이 발생한다고 리딩한다. 내담자의 꿈 점에서 모오데가 등장하면 새로운 물건이 들어오고 연애 면에서는 바람이 나며 연애 상대가 바뀌는 것이다. 만약에 모오데가 무속인과 연관되면 다방면에 능력이 있는 신이 들어온 현상으로 동서남북 4대 천왕이 들어왔다고 할 수 있다. 모오데 타로의 부정적인 작용을 개선하는 방안은 외국어 공부와 문화를 배우고, 타투와 성형을 하는 것으로 특히 눈, 코, 입술 화장을 개성 있고 독특하게 꾸미는 것이 좋다. 해외 진출이나 국제결혼을 하고 다국적인 패션을 즐기는 것은 적극적인 개선 방안이다.

AS Tarot에
대하여

AS Tarot의 shekel(셰켈, 화폐, 돈), cup(컵, 성배, 술잔, 물잔), sword (소드, 검, 칼), wand(완드, 곤봉, 막대기)는 중세 유럽의 사회 구성원, 즉 신분을 의미한다. 셰켈-덴니이의 은화 타로는 상인 신분을 의미하고, 컵-쿠우트의 타로는 성직자와 권력자를 의미하며, 소드-에페의 검 타로는 군인과 십자군 원정대를 의미하고, 완드-베에툰의 막대기 타로는 농부를 의미한다. 중세 유럽은 이들 사회 구성원이 세상을 이끌고 만들어나가는 것이다.

타로의 인생 여정은 이 AS Tarot가 22장의 메이저 타로와 만나서 일어나는 일이다. AS Tarot는 유럽 사회를 구성하는 신분을 나타내므로 이곳에 4원소를 무리하게 접목할 필요는 없는 것이다. 하지만 굳이 이곳에 4원소를 접목하려고 한다면 AS Tarot가 지니는 의미를 완전히 알고 적용하여야 한다. 4원소는 흙, 물, 불, 공기이다.

흙은 셰켈과 접목할 수 있다. 화폐는 재물을 의미한다. 중세에 부자의 척도는 땅이 얼마나 많은가에 따라 결정된다. 때문에 각 나라 왕들의 전쟁도 땅을 더 많이 차지하려는 행위고 이것의 결과에 따라 재물의 수준을 가늠한다. 그러므로 셰켈 타로는 흙, 즉 땅과 연관된다. 한편 화폐의 중요성을 가장 절감하는 신분은 상인이다. 상인은 약속된 물질을 화폐라는 이름으로 정하여 그것으로써 물건 가격을 표시하고 물물교환에 들어가는 막대한 수고와 시간을 절감한다. 때문에 셰켈 타로는 재물, 탐욕 그리고 상인이며 더불어 교환 기능, 교류 기능, 이동 기능이 강하게 내재한다. 예를 들면 애정의 변심과 이혼 또는 이직을 의미한다.

물은 컵과 접목할 수 있다. 인간에게 물은 가장 필요하고 중요한 물질로서 특히 황량한 지역에 사는 인간에게 물은 생명과 같은 존재로 성스러운 물질이다. 현대에서 세계 문명을 거론할 때 강을 중심으로 문명권을 말한다. 즉 나일강을 따라 형성한 이집트 문명, 유프라테스강과 티그리스강을 따라 형성한 메소포타미아 문명, 인더스강을 따라 형성한 인더스 문명, 황하강을 따라 형성한 황하 문명이다.

결국 인간은 물에 기대어 살며 물에 따라 문화권을 형성한 것이다. 농경과 육축에 기대어 살던 고대인들은 강물에 의지하여 그들의 작물과 동물을 길렀고, 다른 종족이나 타 문명과 교류 방법은 물을 통한 교역이었다. 때문에 동양의 풍수에서 물은 재물을 의미하며 좋은 땅은 물의 윤기가 있는 장소로 즉 물의 기운이 온전히 작동하는 땅이라고 주장한다. 인간의 물에 대한 이러한 의존도는 절대적이어서 세계 모든 종교에서 삶과 죽음에 대한 표현을 물과 연결하여 설명한다. 부연하면 불교에서는 般若船(반야선)을 거론하며 망자가 극락정토를 가는 수단이라고 한다. 기독교에서는 죽음을 말할 때 요르단강을 건너간다는 표현을 한다. 즉 삶과 죽음의 경계를 요르단강으로 설정한 것이다. 한편 이곳에서 물은 성직자가 신도에게 세례 할 때 쓰는 성수를 의미한다. 그러므로 컵 타로는 성직자와 연관이 있는 것이다.

불은 소드와 접목할 수 있다. 불은 인류에게 문명이라는 선물을 준 결정적인 원소이다. 인류는 불의 발견을 통해서 문명 생활이 시작되었고, 비로소 다른 동물들과의 경쟁에서 우위를 점할 수 있었다. 즉 인류에게 불의 발견은 거대한 자연이 주는 위협 요소에 대항할 수 있는 유능한 수단이 되고, 그로 인하여 인간의 활동 시간대와 활동 영역을 넓혀 주었다. 부연하면 불은 동물과 해충들의 위험에서 안전할 수 있는 수단이 되었으며, 나아가 그들을 인류의 먹거리와 노동 도구로서 부릴 수 있는 계기가 된 것이다. 때문에 인류에게 불은 위험한 대상을 제거하고 굴복시키는 가장 강력한 원소인 셈이다. 그러므로 소드, 검 타로를 불과 연관하는 것은, 인간이 위협을 느낄 때 대항할 수 있는 가장 효과적인 수단이라는 점에서 동등한 의미를 찾을 수 있다.

공기는 완드와 접목할 수 있다. 공기는 언제나 있으며 항상 어디에서든지 있는 것이다. 그 시대의 왕의 입장에서 그들의 땅 어느 곳에나 존재하는 것은 농민들이다. 즉 그들은 공기와 같아서 내 마음대로 할 수 있는 존재였다. 그러므로 공기는 현대의 시민, 국민을 의미하며 완드-베에툰, 즉 나무 타로에 해당한다. 나무는 인간에게 생명의 연장을 담보하고 작용하는 물질로서, 인간은 나무와 공존하여 살아가는 존재라고 할 수 있다. 물이 생명의 탄생과 죽음을 관장한다면, 나무는 생명의 연장과 성장을 관장한다고 할 수 있다.

고대 동양의 '有巢氏(유소씨)'[143]는 새처럼 나무 위에 집을 짓고 살기도 하였다. 위험하고 만족스럽지 못한 수렵생활에 종족의 생명과 안위를 의지하던 인간은 나무를 이용한 집을 짓고 열매가 열리는 나무를 관리하며 안정적인 식량 보급을 확보한다. 나무를 매개로 한 안정적인 식량 자원은 수렵하며 떠돌던 인간을 협동하며 사는 공동체로 만들고, 이는 곧 부족 또는 국가라는 거대한 카르텔을 형성하게 한다. 물을 중심으로 모인 인간이 문화라는 공동 가치관을 형성하고 발전하게 한 물질이 나무인 것이다. 이 나무를 키우고 관리하는 사람을 고대와 현대에서 농민이라고 한다. 즉 인류의 모든 문화의 발전은 농민을 중심으로 이루어

---

143) 중국 전설상의 삼황오제 중 하나로 인간에게 나무 위에 집을 지어 맹수와 습기를 피하는 방법을 전하였다고 한다.

졌다고 해도 과언이 아니다.

　다음의 AS TAROT의 그림은 1709년 프랑스 Pierre Madenie(피에르 마데니)가 그린 마르세유 타로 그림 옆에 '1890년 이탈리아 타로'[144]를 같이 소개한다.

---

144)　"[Jeu de tarot à enseignes italiennes] : [jeu de cartes, estampe], estampe". 갈리카. 1890.

AS DE DENIERS
(에이스 데 덴니이)

De Deniers(은화)   1890년 이탈리아 타로

덴니이는 'Denarius(데나리우스)'라는 고대 로마의 화폐로서 '콘스탄티누스'의 화폐개혁까지 400년간 주요 화폐로 통용되었던 은화를 말하며 자금, 이자라고 불리기도 한다. 4세기 콘스탄티누스 황제(306-337년)는 데나리우스의 은 함량이 형편없이 떨어지자 화폐개혁을 주도하여 'Solidus(솔리두스)'라는 금화로 대체한다. 성경에는 노동자의 하루 일당이 일 데나리우스라고 쓰여 있다. 로마의 영향을 받은 고대 유럽 국가는 데나리우스를 모티브로 동전 화폐의 이름을 만들기도 하였다. 그러므로 데나리우스는 유럽에서 현금 화폐의 대명사라고 해도 손색이 없다.

로마의 화폐 데나리우스/출처 구글
(전면: 날개 달린 투구를 쓴 신) (후면: 말 네 마리가 끄는 전차를 탄 제우스 신)

이 덴니이라는 화폐 타로는 땅과 연관성이 있다. 화폐는 재물의 보유 수준을 가늠할 수 있는 수단이다. 즉 고대에는 땅의 大小가 부를 상징하였기에 재물을 가장 쉽게 비교할 수 있는 척도였던 화폐와 땅은 밀접한 관계를 형성하는 것이다. 그러므로 덴니이를 설명할 때 땅과 연결하는 것은 4원소의 의미를 적합하게 적용하고 있는 것이다.

1. 신과의 관계

덴니이를 땅, 즉 대지로 인식할 때, 그리스 신화에 등장하는 대지의 여신 'Gaia(Γαῖα, Γῆ, 가이아)'와 연관할 수 있다. 태초에 존재하는 대지와 창조 그리고 만물의 여신 가이아는 'Khaos(χάος, 카오스: 무질서, 혼돈, 절대공간)'의 부인이다. 그리스 신화에 등장하는 신 중에 가이아의 혈통을 이어받은 신들이 많은 이유는 가이아가 최초의 여신이기 때문이다. 즉 가이아는 세상 모든 것의 어머니이다. 예컨대 'Erebus(에레보스: 암흑)'[145]와 여신 'Nyx(닉스: 밤)'[146]와 'Uranos(우라노스: 하늘)'와 'Urea(우레아: 산)'와 'Pontos(폰토스: 바다)'는 모두 가이아의 자식이다. 결론으로 가이아는 자신을 매개로 새로운 존재를 만들어 내는 능력을 지닌 유일한 여신이다. 이런 연유로 고대 그리스에서는 가이아를 만물의 근원으로 숭배했다. 때문에 덴니이 타로가 부정적으로 작용하면 물질 생산과 성장에 장애가 있으며, 결혼 생활에서 특히 자녀 출산에 지장이 있다고 볼 수 있다. 로마 신화에서는 가이아와 'Terra(테라)'를 동일 신으로 여긴다.

가이아/출처 구글

---

145) 지하의 어둠.
146) 지상의 밤.

2. 시대적인 상황

덴니이를 신분으로 분석하면 상인 계층이다. 덴니이는 세켈과 같은 종류의 은화를 지칭하는 이름으로, 이는 은화를 유통하는 사회계층인 상인 신분을 말한다. 고대로부터 현대에 이르기까지 문명의 교류를 주도하여 인류의 변화를 이끈 집단은 상인 계층이다. 상인은 일정한 곳에 머물지 않고 언제나 자신의 이익을 위하여 항상 움직이며 이주하고 귀환한다. 이들의 이러한 행동양식은 衣食住의 변화를 이끌고 음악, 미술, 심지어 종교와 철학, 전쟁에 이르기까지 인간 사회의 중요한 요소에서 능동적인 통합과 발전을 이룩하였다.

화폐의 가장 중요한 기능은 통용이다. 화폐는 통용되지 않으면 그 효능을 발휘할 수 없기에 가장 많이 유통되는 화폐가 가장 가치 있는 화폐이다. 때문에 이 화폐의 통용 기능과 상인의 교류와 교환 기능은 같은 맥락의 가치관을 보유한다. 즉 상인에게 화폐란 그 교류 기능과 교환 기능이 가장 중추적인 역할이다. 그러므로 덴니이 타로에는 '유통-통용-교류-교환'이라는 의미가 있음을 반드시 기억하고 적절히 적용하여야 한다.

3. 현대적인 비유

덴니이를 현대적인 관점에서 화폐로 분석하면 달러, 유로화, 비트코인 등이라고 할 수 있다. 하지만 이들의 화폐로서의 가치는 옛날 고대 로마와 같이 일정하지 않고 유동적인 구조를 갖는다. 그러므로 덴니이 타로를 설명할 때는 메이저 타로와 연결성을 면밀하게 살펴야 한다.

예를 들면 덴니이-퍼언츠유, 덴니이-메조 디지에스의 조합은 화폐가치의 하락이고, 덴니이-타페라스의 조합은 화폐가 원활히 유통(환전)되는 것이다. 덴니이-모오데의 조합은 수출신용장 개설이고, 덴니이-지아빌의 조합은 지하경제나 사채라고 할 수 있다. 또한 덴니이-테르미트의 조합은 노후 자금에 해당하고, 덴니이-로버 데 헤어비에인드의 조합은 유동자금, 유가증권이다. 덴니이-저스티스의 조합은 화폐가치의 보합세이고, 덴니이-퍼어스의 조합은 화폐가치의 강세이다.

덴니이를 현상으로 분석하면 땅의 곡식이 성장하는 것이다. 이것은 곧 땅, 대지, 경작지, 부동산과 연관되어 땅을 소유하고 경작하는 것을 나타낸다. 그러나 땅은 경작하는 시점에 따라 소출의 대소가 다르다. 즉 땅이 처한 환경에 따라 재물의 굴곡이 결정되는 것이다. 그러므로 이곳에서도 메이저 타로의 영향에 따라 땅의 등급과 소출의 대소, 즉 재물이 정해진다. 이는 곧 4원소에 해당하는 타로는 메이저 타로와 연결하여 인생의 유불리를 결정하는 중요한 요인으로 작동한다는 뜻이다.

덴니이가 점과 연관되면 동전점, 주사위 점에 능통한 점술사이고, 무속인과 연관되면 토지신, 산신과 연결되며 박수무당이다.

AS DE COUPE
(에이스 데 쿠우트)

De Coupe(컵)

1890년 이탈리아 타로

쿠우트는 컵, 술잔, 트로피라는 뜻으로 로마 시대 예수가 최후의 만찬에서 포도주를 마실 때 사용하였던 성배를 의미한다. 현재 가톨릭의 미사에 사용되는 성배는 그들이 사용하기 이전에 이미 고대 서양에서 쓰이던 물잔이나 술잔의 형태이다. 타로에서 쿠우트는 물이다. 물은 생명을 의미한다. 우주상에 존재하는 모든 생명체는 물이 있으면 살고 물이 없으면 죽는 것이다. 이렇듯 물은 생명에 있어서 가장 첫 번째 기초 물질로 삶과 성장과 죽음을 관장한다. 때문에 쿠우트에는 생명, 삶, 성장의 뜻이 내포되어 있다.

1. 신과의 관계

가톨릭은 6월 6일 그리스도 성체와 성혈의 大祝日 미사에서 '성체와 성혈'[147]을 나눠 주는 성찬례를 재연하며 다음과 같이 성체성사를 한다. "너희는 이것을 받아 마셔라. 이는 새롭고 영원한 계약을 맺는 내 피의 잔이니, 죄를 사하여 주려고 너희와 많은 이를 위하여 흘릴 피다. 너희는 나를 기억하여 이를 행하여라."[148] 때문에 쿠우트에는 새로운 계약, 용서, 신, 신부 등의 의미가 내재한다. 또한 쿠우트 타로를 설명할 때 물(포도주)과 연관하는 것은 4원소의 의미를 적합하게 적용하고 있는 것이다. 한편 쿠우트를 예수의 성배로 볼 때는 '배신'[149]이라는 의미도 들어 있다. 그러므로 쿠우트라는 성배 타로는 정신, 심리와 연관성이 있다.

그리스 신화에서 태초의 물의 신은 가이아가 스스로 낳은 자식 'Pontos (폰토스: 바다)'이다. 폰토스는 미남이었으며 어질고 착하여 배우자만을 사랑하는 신으로 권력을 탐하지 않는다. 그의 관심은 오로지 바다에서

---

147) 성체: 빵. 성혈: 포도주.
148) 성찬전례 감사기도 제3 양식 중.
149) 너희 중 하나가 나를 팔리라(요한복음 13장 21절). 유다의 배신을 말한다.

수영하며 노는 것이다. 때문에 쿠우트 타로가 부정적으로 작동하면 무능력하고 결단이 없으며 오로지 부인만을 바라보고 세상을 유유자적하는 인물이다.

성배/출처 구글   폰토스/출처 구글

2. 시대적인 상황

쿠우트를 신분으로 분석하면 성직자와 권력자이다. 중세 시대 유럽의 성직자와 승려는 권력자였다. 조선시대의 유교 서원의 대표자들도 권력자였다. 쿠우트는 cup(컵과 성배)을 성배의 상징으로 삼는 계급자와 포도주를 주석의 잔에 가득 채울 수 있던 계급자를 의미하기에 '성직자와 권력자' 계층이다. 고대부터 중세에 이르기까지 이들 성직과 권력 계통의 집단은 막대한 영향력으로 인간 사회를 통치하고 인간의 생명조차 좌지우지하였다. 이들의 이러한 욕구와 탐욕은 실로 대단하여 전쟁과 정복으로 인간 사회를 끊임없이 혼란하게 한다. 그러므로 쿠우트 타로에는 권력욕과 권위, 통제라는 의미가 있음을 알아야 한다. 즉 쿠우트의 용서와 배신의 뒤에는 반드시 '권력욕과 통치욕'이라는 의미가 내재하고 있는 것이다.

3. 현대적인 비유

쿠우트를 현대적인 관점에서 신전으로 분석하면 건물이나 공공장소라고 할 수 있다. 건물과 공공장소는 용도에 따라 다양한 역할과 기능을 한다. 그러므로 쿠우트 타로를 설명할 때는 메이저 타로와 연관성을 자세히 살펴야 한다. 예를 들면 쿠우트-마아트의 조합은 모텔, 쉼터(천사의 집)의 의미가 있고, 쿠우트-베에슬레러의 조합은 공연 장소, 즉 문화적인 공간이나 건물을 의미한다. 쿠우트-피에이스페이스나 쿠우트-임베하시스의 조합은 여성 전용 건물과 공간으로 YWCA, 여자대학교, 여성 가족부, 수녀원 등이다. 또한 쿠우트-모브걸비이스의 조합은 사교클럽, 축제장의 성격이 짙으며, 쿠우트-테르미트의 조합은 노인 요양원, 양로원, 고향 집, 귀촌 등이다.

쿠우트를 현상으로 분석하면 컵에 물이 넘치고 물이 범람하고 건물이 무너지는 것이다. 물은 적당할 때는 인간과 그 외 모든 동식물에 이롭다. 하지만 물이 지나치면 필경 홍수가 발생하고 지구상에 살아가는 모든 생명체를 위험에 빠뜨린다. 이것은 過猶不及(과유불급)을 나타내며 지나침과 과욕을 경계하는 것이다. 즉 건물의 용도를 誤用(오용)하거나 지나친 인원 수용과 과도한 리모델링 등을 경계하는 것이다. 그러므로 쿠우트 타로의 또 다른 의미는 욕심내지 말라는 경고이다. 또한 이곳에서도 메이저 타로와 연관성에 따라 건물의 용도와 활용이 정해진다. 4원소에 해당하는 타로의 특징은 메이저 타로의 유불리를 결정하는 결정적이고 중요한 요인이라는 것이다.

쿠우트가 점과 연관되면 육효점에 능통한 점술사이고, 무속인과 연관되면 용왕신, 수신과 연결되며 기우제, 풍어제, 배연신굿 등을 하는 무당이다.

AS D'EPEE
(에이스 데 에페)

De Epee(검)

Valet d'Epees 빌렛 데피

에페는 sword(소드, 검, 칼)로 중세 유럽의 기사와 군인을 의미한다.

신기하게 잘 맞는 마르세유 타로와 십이신살

인간은 원시시대부터 현재에 이르기까지 수많은 위험과 도발에 시달리며 살고 있다. 이러한 위험은 고대와 중세 시대에서 더욱 심하여 그 당시 인간 사회는 한시도 전쟁과 다툼과 침략에서 벗어난 적이 없다. 그러기에 칼이라는 방어 수단은 인간에 있어서 필수 불가결한 존재이다. 때문에 에페 타로에는 공격과 방어 그리고 안전, 보호라는 의미가 내재한다. 에페 타로는 4원소 중에 불로 구분한다. 이러한 구분의 연유는 철을 다루어 검을 만드는 대장장이는 반드시 불을 잘 다루는 사람이기 때문이다.

1. 신과의 관계

유럽에서 검에 대한 신화는 영국의 '아서왕(6세기)의 엑스칼리버'를 들 수 있다. 엑스칼리버는 마법사 '멀린'의 인도로 신비한 호수에서 아서왕이 요정에게 얻은 명검으로서 수많은 전투에서 승리를 안겨 준다. 이 신화에서 마법사 멀린은 아서왕에게 "엑스칼리버라는 검이 더욱 소중한가? 아니면 엑스칼리버의 검집이 소중한가?"라고 묻는다. 아서왕이 검이 소중하다고 대답하자 멀린은 어리석은 생각이라고 반문하며 검은 자신을 지키는 것이므로 검집이 더욱 소중한 것이라고 말한다. 즉 여기에서 멀린은 검과 칼은 타인 또는 적을 죽이는 살상의 수단으로서 중요한 것이 아니고, 자신을 방어하고 지키는 보호의 수단으로서 중요한 것이라고 강변한 것이다.

동양에서 검에 대한 전설적인 이야기는 중국의 춘추시대(BC 460년경)의 오나라 대장장이 '간장'이 만든 '간장과 막야'라는 검을 들 수 있다. 오왕 '합려'의 명으로 검을 제작하던 간장은 검을 제작하는 철이 불길에 녹지 않자, 자신의 스승인 '구야자'에게 배우기를 검을 만드는 철이 녹지 않는 것은 인간이 '부정한 행위를 했기 때문'이라고 말한다. 이 말을 들은 그의 부인 '막야'는 자신이 燒身(소신)하여 그 부정을 씻겠다고 말하며 화로 속으로 몸을 던져 철을 녹게 하였다. 이후에 한 쌍의 검이 만들어졌는데, 간장은 陽에 해당하는 검을 자신의 이름인 '간장'이라고 호칭하고, 또 다른 검 즉 陰의 검은 부인의 이름인 '막야'라고 호칭한다. 이후에 이 한 쌍의 검은 춘추시대에 가장 명검으로 이름을 날렸다.

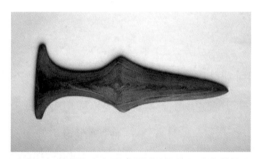

마제석검, 유병식 석검. 국립 중앙박물관 소장/출처 구글

그리스 신화에서 불의 신은 "Ηφαιστος(헤파이스토스)'이다. 신들의 왕 제우스와 헤라 사이에서 태어난 헤파이스토스는 뛰어난 손재주를 가진 신으로 절름발이에 추악한 용모에도 불구하고 미의 여신 아프로디테와 결혼한 행운아이다. 이런 헤파이스토스는 인류에게 문명을 준 불을 다루는 신으로서 불의 신, 화산의 신, 대장장이의 시조라고 한다. 그의 불은 활화산에서 분출하는 불로서 물보다 더욱 강하다. 일설에 그의 불을 프로메테우스가 훔쳐 인간에게 전해 주었다고 한다. 로마에서는 헤파이스토스와 'Vulcanus(불카누스)'를 동일하게 신봉한다.

1. 헤파이스토스와 아프로디테. 프랑수아 부셰(1732년), 루브르 박물관/출처 구글
2. 대장간의 헤파이스토스/출처 구글

2. 시대적인 상황

중세 초기(6-10세기)에 형성된 유럽의 기사는 그 시대의 사회적인 직업의 일종으로 귀족이나 지배계층과는 다른 성격을 갖고 있었다. 유럽에서 기사의 전성기는 중세(12-14세기)로 처음에는 고용인에 불과했던 기사라는 직책을 가문과 혈통으로 계승하게 되고, 이때부터 기사라는 직위도 준귀족화된다. 한편 이 시기에 농민에게는 무기의 휴대가 금지되며(1152년) 농민의 자녀는 기사가 될 수 없었다(1187년). 즉 칼이나 검을 휴대하는 것이 합법적이었던 기사만이 검을 생계와 신분의 수단으로 활용할 수 있었던 것이다.

검과 칼이라는 도구는 인간을 다른 인간 집단(적)이나 생명을 위협하는 사나운 동물로부터 보호하려고 만들어진 도구로서, 생명의 안전이라는 보호의 의미와 위협이라는 의미를 함께 지닌다. 하지만 시간이 흐르면서 검과 칼은 다른 종족을 위협하고 침범하는 수단과 기능으로 변모하여 살상의 의미가 더욱 강해진다. 때문에 검과 칼에는 전쟁과 살상이라는 두려운 이미지가 항상 함께한다. 그러므로 에페 타로는 군인, 전사 등 호전적 의미가 강하고 기사(안전요원, 경호)의 의미는 약하다. 이러한 연유로 에페 타로를 상징하는 문양에는 안전, 보호의 뜻이 있지만, 무력, 투쟁, 전투, 살상, 호전성, 죽음의 의미가 더 강하다.

중세 유럽의 기사 모습/출처 구글

에페 타로를 4원소로 분류하면 불에 해당한다. 검과 불은 겉으로는 인과관계가 없는 듯 보이나, 사실 검과 칼이라는 물질은 불을 통하여 만들어지는 도구로 불이 강할수록 검과 칼은 강하고 날카롭게 되는 것이다. 이미 간장이라는 대장장이 일화에서 보았듯이 검과 불은 밀접한 상관관계를 형성한다. 즉 불의 화력이 강하지 않으면 검은 만들어지지 않으니, 검에 불은 생명력과 진배없으며 검에는 불의 에너지가 잠재하고 있는 것이다. 때문에 에페 타로를 4원소 중에 불로 분류한 것은 전혀 무리한 분류가 아닌 것이다.

3. 현대적인 비유
에페를 현대적인 관점에서 검과 칼로 분석하면 무력을 상징하는 것이다. 현대의 무력은 크게 두 부분으로 분류할 수 있다. 첫째는 무력을 직접적으로 행사하는 군인 계통이고, 둘째는 무력을 간접적으로 행사하는 법이다. 그중에 법은 다시 사법적인 것과 행정적인 것으로 나눌 수 있다. 사법적인 법의 행사는 경찰, 검사, 판사가 되고, 행정적인 법의 행사는 공무원이며, 특히 세무직 공무원은 현대에서 가장 특별한 법의 행사권을 갖고 있다.

에페가 무력을 직접적으로 행사하는 군인으로 설명되려면 메이저 타로와 관계를 보아야 한다. 예를 들면 에페-엠페럴트의 조합은 군대 통수권 행사와 계엄령이고, 에페-사르조의 조합은 전쟁이다. 또한 에페-임베하시스 또는 에페-퍼어스의 조합은 내부 반란이다.

에페가 점과 연관되면 거북점, 새점, 별점에 능통한 점술사이고, 무속인과 연관되면 조왕신 또는 장군신과 연결된다. 이 무속인은 창칼을 휘두르고 동물의 피를 이용하며 때로는 작두를 타는 무당이다.

AS DE BATON
(에이스 데 베에툰)

De Baton(막대기)

1890년 이탈리아 타로

베에툰은 막대기나 곤봉을 나타내는 말로서 중세 유럽의 농민 또는 노동자 계층의 신분을 의미한다. 중세 유럽의 종교 지도자와 귀족 계층은 돌로 된 집을 지었지만, 농민 계층은 주로 나무로 된 집을 짓고 농기구와 생활 기구 대부분을 '나무로 제작하여 사용하였으며'[150] 나무와 연관된 물질을 경작하고 수확하였다.

나무는 지구상에 존재하는 중요한 생명체로 '중세 시대에는 지구 대지 면적 약 45.5%'[151]를 나무가 차지하고 있었다. 즉 지구 면적의 약 절반 정도가 나무의 영역이었던 셈이다. 이렇게 땅을 많이 점령하고 있는 나무와 인간은 반드시 공존할 수밖에 없으며 유기적인 생활을 할 수밖에 없는 필연적인 관계이다. 때문에 인간의 직업 중에 가장 많은 것은 나무를 경작하거나 나무에서 식량을 수확하는 농민이고, 이 농민 계층이 종교 지도자 계층과 귀족 계층, 군인 계층을 부양하는 역할을 한다. 이러한 연유로 베에툰은 농업, 농경과 곡물, 열매 또는 노동자, 농민 계층 즉 현대의 일반인을 의미한다.

1. 신과의 관계

그리스 신화에서 목축의 신은 'Pan(판)'이다. 판은 전령의 신 헤르메스와 산양의 모습을 한 님프 사이에서 태어난 신으로서, 상반신은 인간의 모습에 뿔이 있고 하반신은 다리가 염소를 닮았으며 특히 염소 꼬리가 달려 있다. 판은 가축과 산과 들의 자연신으로, 고대 시대에 가장 중요한 생산 수단이었던 목축을 관장하는 목동도 그 이름의 의미에 포함된다.

---

150) 그 시대에 노동자와 농민은 검과 같은 무기를 소유할 수 없었기에 철로 만든 농기구는 매우 드물었다.

151) 중세에 산림 면적은 약 59억 헥타르였으나 현재는 약 40억 헥타르로 줄었으며, 지구 대지 면적의 31%를 차지하고 있다.

때문에 판은 가축을 번식하고 보호하는 능력이 탁월한 신으로서 '목축의 신', 즉 목동을 의미한다.

목축의 신 판/출처 구글

그의 이름 판은 '모든'이라는 뜻으로 현대에서는 특정 지역과 공유를 의미하는 언어 앞에 'Pan'이라는 접두사를 붙인다. 즉 그의 모습이 인간과 염소라는 특정한 동물을 공유하고 있기에 '모든'이라는 뜻으로 통하게 된 것이다. 고대 그리스에서는 자연의 신에게 그 능력에 어울리는 형상을 부가하였는데, 판은 목축과 관련이 있으므로 그의 모습에 염소의 뿔과 다리를 접목한 것이다. 목축이 고대 시대에 가장 유능한 생산 수단이었다면 중세에는 농경이 가장 유능한 생산 수단이었다. 그러므로 판은 현재의 농업과 축산에 관련이 있는 신이다.

현대 영어에서 '패닉(Panic)'은 고대 그리스어 '파에인(Paein)'에서 유래하는데, 파에인의 뜻은 '방목하다(to pasture)'라는 뜻이다. 방목은 숲과 들을 배회하는 일로서 목동은 때때로 어두운 숲과 들에서 밤을 지새우게 된다. 이때 목동은 심한 공포심과 두려움에 직면하게 되므로, 패닉은 파에인의 유래가 되는 것이다. 그러므로 목축의 신 판에는 공포와 두려움의 의미가 내재한다.

한편 판은 음악을 즐기는 신으로 알려져 있다. 그는 '시링크스'라는 팬 파이프를 가지고 다니는 것으로 묘사되기도 한다. 이런 모습을 볼 때 그는 자유스러움과 유흥을 즐기는, 즉 놀기 좋아하는 신이라고 할 수 있다. 때문에 판은 주위에 있는 수많은 님프와 염문이 종종 발생한다. 일설에 의하면 판은 시링크스라는 님프를 좋아하여 그를 쫓아다녔는데, 시링크스가 판의 반인반수 모습에 놀라 갈대로 변하자 판은 그 갈대를 피리로 만들었다고 한다. 그 피리가 곧 팬파이프(팬플루트)인 것이다.

Gerald Fenwick Metcalfe(제럴드 펜윅 메트칼프) 「판」/출처 구글

부연하면 판의 모습은 반인반수이다. 이는 곧 그가 순수한 인성과 길들여지지 않는 야생성을 모두 갖고 있다는 의미이다. 그러므로 판이 분노하거나 흥분하면 그의 야생성이 드러난다. 그것이 역사적으로 농민의 난으로 나타나기도 하였다. 때문에 판을 조심스럽게 다루지 않으면 언

젠가는 반드시 막대한 대가를 치르게 된다. 판의 이러한 야생성이 감정에 치우치면 종종 애정 문제로 비화한다. 이는 판의 자유스러운 야생성인 놀기 좋아하는 성향, 즉 음악을 즐기는 성향이 자칫 주색과 연관될 수 있기 때문이다. 다른 한편으로 그 시대 민초가 당면하고 느끼는 사회생활은 유행하는 음악의 장르와 가사에 그대로 반영되었다고 할 수 있다. 결론적으로 노동자, 농민 계층에 해당하는 현대의 일반 가정에서 파란과 파탄이 생기는 이유를 생각해 볼 때 판의 이러한 야생성을 주목할 필요가 있다.

2. 시대적인 상황

동서양에서 노동자, 농민 계층이 차지하는 실질적인 위상은 성직자와 군인, 상인을 능가한다. 사실 고대와 중세 그리고 근세에 이르기까지 동서양 왕조의 흥망성쇠는 농민들의 거취에 달려 있었다. 예컨대 중국의 한나라 멸망은 농민 폭동인 '황건적의 난'이 결정적이었고, 원나라 멸망도 농민 폭동 세력이 주도했다. 중세 유럽 프랑스의 문화혁명도 과도한 세금과 자연재해로 인하여 생산이 감소하자 빈곤해진 노동자와 농민이 일으킨 폭동이 원인이 되어 일어났으며, 근세 러시아에서 생긴 공산주의 출현도 노동자와 농민 세력을 등에 업은 사회주의자들의 선동이었다. 이때 이들이 주목하여 앞에 내세운 기치는 농토의 개혁과 분배이다. 농토개혁과 분배는 식량의 소출권과 소유권이 달려 있기에 농민혁명은 사실 사회의 부를 재분배하여 사회를 지배하는 세력을 교체하는 것을 의미한다. 이렇듯 노동자와 농민 계층이 차지하는 사회적인 위상은 인간의 삶에 지대한 영향력을 갖고 있다. 그래서 역대 동양의 왕조들은 '농자는 천하의 근본'이라고 말했다.

위에서 언급했듯이 베에툰은 노동자와 농민 계층 즉 현대의 일반 시민을 의미한다. 중세 시대에 타로를 만든 사람들이 이 베에툰 타로를 가장 끝에 배치한 것은 실로 교묘하고 절묘하다. 이는 곧 베에툰이 이 모든 타로의 중심이며 귀결점이라는 의미인 것이다. 때문에 베에툰이 부정적으로 작동하면 사회, 직장, 단체, 가정에 심각한 이변이 일어난다. 즉 정변과 폭동과 가정 파탄이 우려된다.

3. 현대적인 비유

베에툰 타로가 지닌 현실적인 의미는 체벌, 폭력, 투쟁, 노동운동, 개혁, 혁명, 분배, 교체 등이다. 특히 베에툰이 개혁과 혁명으로 작동할 때는 반드시 시민에 의한 개혁과 혁명이다. 그러므로 베에툰은 노동자와 생산자 계층이며 육체의 고통이다. 현대 경제에서 이것은 소액주주, 개미군단, 환경운동, 노동운동을 의미한다. 베에툰이 체벌로 작동할 때는 가정교육과 가르침이다. 즉 법이 아니고 인성교육이며 규범과 불문법이다. 즉 스승과 선생이며 사범이고 교관이며 사육사이다.

베에툰이 생산과 성장으로 작동할 때는 육영사업, 육성산업, 조림산업, 종자산업 등과 연관된다. 그러므로 고아원, 보육원, 유치원, 학교, 농어촌진흥청, 산림청과 연관하고, 이는 농업, 원예업, 축산업, 양식업이고 배양업이다. 베에툰이 건강으로 작동하면 주로 외면이 아픈 것으로서 물리치료, 남성 비뇨기 치료, 뼈 관절 치료, 어혈 치료이고, 학과는 교육학과, 축산·원예학과, 영농학과, 스포츠학과, 경호학과, 경찰학과, 물리치료학과, 비뇨기학과 등이다. 특히 스포츠학과는 방망이, 라켓, 골프

채, 스틱 등을 사용하는 종목이다. 베에툰의 재물은 요술 방망이로서 실패와 성공의 의미를 함께 갖고 있다. 때문에 현대 경제활동에서 공격적인 투기성이 강하고 부채차입, 사채와 연관이 있으며, 주식에서는 헤지펀드나 공매도에 해당한다.

예컨대 베에툰을 현대 직업으로 분류하면, 베에툰-퍼어스의 조합은 강성노조이며, 베에툰-쿠우트의 조합은 귀족노조이다. 베에툰-투알러의 조합은 조산원이며, 베에툰-저스티스의 조합은 노동부이고, 베에툰-헤어비에인드의 조합은 엔지니어이다. 베에툰-테르미트의 조합은 노인복지사, 노인 요양원이며, 베에툰-모오데의 조합은 의상실, 미용실, 패션 산업이고, 베에툰-써어우노의 조합은 3D 업종이고 원자와 화공, 화학이다. 베에툰-피에이스페이스의 조합은 지식 폭력, 지식권 압박이며, 베에툰-임베하시스의 조합은 경제적 폭력이고, 베에툰-엄페럴트의 조합은 철권통치, 계엄령이다. 베에툰과 파아퍼의 조합은 정신적인 복종 강요로서 사이비 종교이고 베에툰-지아빌의 조합은 노에 생활과 폭력이다.

베에툰이 점과 연관되면 글로 풀고 말하는 점술사이고, 무속인과 연관되면 성황신과 연결되며 북채 잡고 굿 전반을 관장하는 남자 박수무당이다.

十二 神殺論
(12 신살론)

12신살은 인생의 희로애락과 인간사의 이(利)와 불리(不利), 또 길과 흉을 동양적 사유체계에서 수리(數理)를 나타내는 지지(地支)의 자(子), 축(丑), 인(寅), 묘(卯), 진(辰), 사(巳), 오(午), 미(未), 신(申), 유(酉), 술(戌), 해(亥) 등 열두 가지의 구체적인 표본으로 구분하여 설명한 지침 논리이다. 12신살은 일견 점술과 흡사하여 길과 흉을 단순히 정단하는 문제에 쓰이기도 하지만, 그 논리 속에는 길 속에 흉이 내재하고 흉 속에 길이 내재하여 쓰임이 다양하고 복합적인 논리 구조를 갖고 있다.

12신살의 특징은 인간사를 三合, 즉 寅午戌(火), 申子辰(水), 巳酉丑(金), 亥卯未(木)를 음양오행설의 12운성 포태법을 이용하여 적용한다. 즉 木火金水의 에너지가 地支에서 행동하는 모습을 세 가지 카테고리에 의하여 사회적인 현상으로 구분한 것이다. 이때 세 가지 카테고리는 움직임과 변화(시작, 출발)의 카테고리 寅申巳亥, 발산과 감정(진행)의 카테고리 子午卯酉, 숙성과 再考(재고), 결과의 카테고리 辰戌丑未로 구성된다.

寅申巳亥는 12운성 포태법 원리의 생궁(生宮)으로, 만사만물(木火金水)은 이곳에서 소생하고 생성되므로 생산적이며 지극히 사회성이 강한 적극적 에너지이다. 그러므로 이것은 인간사에 소통하고 교류하며 먹고 사는 문제를 惹起(야기)하는 삼차원적인 구조를 지녔다.

子午卯酉는 12운성 포태법 원리의 왕궁(旺宮)으로, 만사만물은 이곳에서 에너지가 가장 충만하고 성장의 정점에 오르므로 기질적으로 감정의 변화와 굴곡이 극명하여 일방적이다. 즉 객관성과 균형적 논리성이 결여한 에너지로서 대체로 주관적이고 감정적인 문제가 주로 惹起(야기)되는 이차원적인 구조를 지녔다.

辰戌丑未는 12운성 포태법 원리의 묘궁(墓宮)으로, 만사만물은 이곳에서 움직임이 일시 멈추는 현상이 발생한다. 또한 묘궁의 내면에는 숙성이라는 변수가 작동하여 다른 에너지로 전화하는 복잡성(융복합)이 내재한다. 그러나 이 복잡성의 에너지는 변화와 변형이 극심하여 비록 순수성이 결여하여도, 만사를 복합적이고 논리적인 잣대로 평가하고 실행하는 사차원적인 구조를 지녔다.

12신살을 자세히 소개하면 다음과 같다. 寅申巳亥는 지살(地殺), 망신살(亡身殺), 역마살(驛馬殺), 겁살(劫煞)로 작동한다. 이들은 사건의 시작, 출발이며 창업을 담당하는 행동 에너지이다. 주로 적극적이며 인간사에서 교류와 소통 그리고 먹고사는 문제에 집중하는 삼차원적 구조를 지녔다.

子午卯酉는 년살(年殺), 장성살(將星殺), 육해살(六害殺), 재살(災殺)로 작동한다. 이들은 사건의 팽창과 정점이며 성공과 실패를 담당하는 행동 에너지이다. 논리적이지 못하여 주로 충동적이고 일방적이며 단순하고 감정적인 情愛(정애)의 문제에 집중하는 이차원적 구조를 지녔다.

辰戌丑未는 월살(月殺), 반안살(攀鞍殺), 화개살(華蓋殺), 천살(天殺)로 작동한다. 이들은 사건의 병합과 혼재, 정체를 담당하는 행동 에너지이다. 복합적이며 융합적인 숙고로서 주로 논리적으로 분석하고 안전을 추구하는 복합적인 사차원적 구조를 지녔다.

12신살의 사유체계로 바라보는 타로

똑같은 모양과 현상을 가지고 변화무쌍한 운명을 보아야만 하는 타로의 한계성은 나날이 상황적 조건이 급변하는 일진의 운세를 감당할 수 없다. 그러므로 필자는 하루의 운세를 가장 쉽고 리얼하며 세밀하게 볼 수 있는 사주의 12신살에 타로를 투영하여 보는 방법을 제시한다. 결과적으로 이 방법을 통해 타로가 갖는 한계성을 극복하고 인간사를 더욱 현실적으로 심도 있게 재단할 수 있을 것이다. 이 방법은 내담자의 생일을 중심으로 12신살을 도출하고 타로점을 통해 제시된 아르카나를 도출된 12신살과 연결하여 풀이하는 것이다. 12신살과 타로를 연결하여 점사를 예단하는 방법은 다음과 같다.

가령 내담자의 생일 간지가 甲寅인 경우에 방문한 날이 卯일이면 년살에 해당한다. 이때 타로점으로 제시된 아르카나가 레 마아트면 집을 나간 이유는 바로 연애 바람이 나서 나간 것이라고 정단한다. 내담자의 생일 간지가 乙卯인 경우에 방문한 날이 卯일이면 장성살에 해당한다. 이때 타로점으로 제시된 아르카나가 레 마아트면 집을 나간 이유는 화가 나서 순간적인 충동에 의해 가출한 것이다. 이렇듯 12신살과 타로를 연결하면 더 상세하고 리얼한 점사를 예단할 수 있다.

12지지의 이러한 특성과 12신살의 특화된 사회성을 이렇듯 타로와 접목하여 풀이하면 다음과 같이 12신살과 타로의 유사성, 연관성, 또는 개연성을 모두 설명할 수 있다.

12신살의 적용법

12신살을 태어난 년이나 일, 한 해의 地支와 오늘의 일진과 시간에 적용하여 표출할 때, 반드시 삼합의 카테고리를 이용한다. 삼합은 지지를 寅午戌(火), 申子辰(水), 巳酉丑(金), 亥卯未(木)의 카테고리로 구성한 것이다. 이 삼합의 첫 글자를 (1)지살부터 출발시켜 (2)년살, (3)월살, (4)망신살, (5)장성살, (6)반안살, (7)역마살, (8)육해살, (9)화개살, (10)겁살, (11)재살, (12)천살의 순서로 진행한다. 예컨대 寅午戌년이나 일에 태어난 사람은 寅이 지살이 되어 12신살을 진행한다. 申子辰년이나 일에 태어난 사람은 申이 지살이 되어 12신살을 진행한다. 巳酉丑년이나 일에 태어난 사람은 巳가 지살이 되어 12신살을 진행한다. 亥卯未년이나 일에 태어난 사람은 亥가 지살이 되어 12신살을 진행한다.

사례

① 태어난 해나 일이 寅인 경우는 寅(지살), 卯(년살), 辰(월살), 巳(망신살), 午(장성살), 未(반안살), 申(역마살), 酉(육해살), 戌(화개살), 亥(겁살), 子(재살), 丑(천살)이다.

② 태어난 해나 일이 卯인 경우는 亥(지살), 子(년살), 丑(월살), 寅(망신살), 卯(장성살), 辰(반안살), 巳(역마살), 午(육해살), 未(화개살), 申(겁살), 酉(재살), 戌(천살)이다.

③ 태어난 해나 일이 辰인 경우는 申(지살), 酉(년살), 戌(월살), 亥(망신살), 子(장성살), 丑(반안살), 寅(역마살), 卯(육해살), 辰(화개살), 巳(겁살), 午(재살), 未(천살)이다.

④ 태어난 해나 일이 巳인 경우는 巳(지살), 午(년살), 未(월살), 申(망신살), 酉(장성살), 戌(반안살), 亥(역마살), 子(육해살), 丑(화개살), 寅(겁살), 卯(재살), 辰(천살)이다.

⑤ 태어난 해나 일이 午인 경우는 寅(지살), 卯(년살), 辰(월살), 巳(망신살), 午(장성살), 未(반안살), 申(역마살), 酉(육해살), 戌(화개살), 亥(겁살), 子(재살), 丑(천살)이다.

⑥ 태어난 해나 일이 未인 경우는 亥(지살), 子(년살), 丑(월살), 寅(망신살), 卯(장성살), 辰(반안살), 巳(역마살), 午(육해살), 未(화개살), 申(겁살), 酉(재살), 戌(천살)이다.

⑦ 태어난 해나 일이 申인 경우는 申(지살), 酉(년살), 戌(월살), 亥(망신살), 子(장성살), 丑(반안살), 寅(역마살), 卯(육해살), 辰(화개살), 巳(겁살), 午(재살), 未(천살)이다.

⑧ 태어난 해나 일이 酉인 경우는 巳(지살), 午(년살), 未(월살), 申(망신살), 酉(장성살), 戌(반안살), 亥(역마살), 子(육해살), 丑(화개살), 寅(겁살), 卯(재살), 辰(천살)이다.

⑨ 태어난 해나 일이 戌인 경우는 寅(지살), 卯(년살), 辰(월살), 巳(망신살), 午(장성살), 未(반안살), 申(역마살), 酉(육해살), 戌(화개살), 亥(겁살), 子(재살), 丑(천살)이다.

⑩ 태어난 해나 일이 亥인 경우는 亥(지살), 子(년살), 丑(월살), 寅(망신살), 卯(장성살), 辰(반안살), 巳(역마살), 午(육해살), 未(화개살), 申(겁살), 酉(재살), 戌(천살)이다.

⑪ 태어난 해나 일이 子인 경우는 申(지살), 酉(년살), 戌(월살), 亥(망신살), 子(장성살), 丑(반안살), 寅(역마살), 卯(육해살), 辰(화개살), 巳(겁살), 午(재살), 未(천살)이다.

⑫ 태어난 해나 일이 丑인 경우는 巳(지살), 午(년살), 未(월살), 申(망신살), 酉(장성살), 戌(반안살), 亥(역마살), 子(육해살), 丑(화개살), 寅(겁살), 卯(재살), 辰(천살)이다.

언제나 이와 같은 방법으로 12지지를 12신살로 표출한다.

I.
지살

지살은 "命에 있으면 매사가 이루어지지 못한다. 어머니가 둘이거나 많은 부인을 둘 수 있다. 직업은 1차 산업이나 생산직에 종사하게 된다. 中年의 운은 관재구설이 올 수 있다. 타인의 도움으로 일을 성사하므로 자신보다 상급에 있는 사람을 의지하는 것이 좋다."[152]

"명에 지살이 들어 있으니 어머니를 먼저 잃게 된다. 가정에 풍파가 있으니 몸과 마음이 편치 못하다. 옛터는 이롭지 못하니 반드시 타향으로 떠나라. 돌발적인 사고가 발생하여 목숨이 위태로울 수 있다."[153]

지살은 좁고 작은 범위에서 움직이는 것으로서 변화가 작고 적으며 가깝고 바쁜 것으로 매우 활동적이다. 지살은 스케일이 작아서 소인으로 신분이 낮고(현대에서 5급까지) 성취가 작다. 그러므로 재물도 작게 들어오고 작게 나가며, 작은 병이고 병이 들어오는 시기거나 나가는(호전

---

152)   김혁재, 한중수 공저, 『당사주요람』, 명문당, 1970년, 93쪽 참고.

153)   권유춘, 『역학전서』, 동아도서, 1986년, 20쪽 참고.

되는) 시기이며 장애가 발생해도 작다. 그러나 만약에 命에 寅申巳亥 지살이 있는데 '同着(동착)'[154]이면 그 작용력이 子午卯酉나 辰戌丑未보다 인생에서 장애가 심하다. 그 이유는 지살은 움직임이 시작되는 에너지인데 동착은 시작부터 같은 일을 반복하여야 하는 문제가 생기기 때문에 시작부터 꼬이고 복잡하여 장애가 심한 것으로 2-3등 인생을 산다.

지살은 두 발로 걷는 작용을 말한다. 때문에 토착적이다. 그러므로 지역 산물, 신토불이, 고향 지킴이, 걷는 행위, 승용차, 출입문, 운전사, 요양 보호사, 심부름꾼, 일꾼, 쓸데없이 바쁜 사람, 항상 움직이는 사람, 타향살이, 자수성가, 어린이 놀이터, 유치원 등에 해당한다. 구체적으로 풀이하면 지살이 '元嗔殺(원진살)'[155]을 당하면 밖으로 나갈 수 없는 상황으로서 우물 안 개구리, 방 안 퉁소이다. 대체로 지살에 생긴 문제가 6년이나 6개월 후인 역마살 연월에 해결되는 것은 역마살이 지살과 서로 상충

---

154) 사주에서 천간이나 지지에 똑같은 글자가 옆에 붙어 있는 현상으로, 타로의 동착살은 똑같은 타로가 연달아 있는 것을 말한다.

155) 원진살: 이유 없이 밉고 장애가 발생하는 살로 현대적인 표현으로 含有量(함유량)미달이다.

하는 에너지이기 때문이다.

옛사람은 지살은 육해살 운에 큰돈을 만질 수 없고 잔돈만 생긴다고 말한다. 그것은 지살이 마부라면 역마는 말인데 마부가 말을 끌고 가는 상황이 육해이다. 그러므로 이는 비록 그 과정이 고생스럽고 고단하여도 수고비 정도밖에 들어오지 않는다. 이것을 神殺(신살)로 풀이하면, 寅이 지살일 때 酉(육해살)가 元嗔殺(원진살)이고 申이 지살일 때 卯(육해살)가 원진살이 되기 때문이다.

양택 풍수에서 방향으로 운이나 길흉을 따질 때 지살은 출입문이고 문패나 상호 간판을 걸어둘 수 있는 방위에 해당한다.

지살과 타로의 연관성

(1) 0번 LE MAT(레 마아트) 나그네와 연관성

지살을 타로의 0번 LE MAT(레 마아트) 바보, 나그네와 연관할 수 있다. 마아트는 출발을 의미하여 길을 떠나는 사람, 방랑하는 사람, 길손(여행객), 쓸데없이 바쁘고 항상 움직여야 하는 사람, 궁금증이 많은 사람, 무책임한 사람이다. 현대에서는 자전거, 오토바이, 승용차, 경비원, 지역구 의원이고 각기병, 다리 질환, 몽유병이며 스케일이 작은 인물에 해당한다.

마아트의 지살은 멀리 가는 것이 아니라 가까운 곳을 방문하는 것이다. 그러므로 마아트가 사고와 연관되면 가까운 곳에서 일어나는 사소한 사고이며 그 사고 현장은 가까운 곳에 있다. 마아트의 지살은 골목길, 시골길, 4차선 이하 2차 도로, 도시 정비가 미흡한 도로이다. 사업이나 장사가 무계획적으로 진행되어 사소한 실수가 자주 발생하고, 인물은 스케일이 작은 새내기, 뜨내기로서 마무리와 끝이 말끔하고 깔끔하지 못한 것이 커다란 흠이다.

마아트가 지살로 작동할 때 연애(결혼) 운은 별거 등 불안하고, 직업(승진) 운은 자리(부서) 이동이다. 재물 운은 소소한 채권과 채무의 발생이고, 인물은 보좌관, 비서, 운전사, 택배, 배달, 시군구의원, 민원 처리인, 부동산 중개사, 풍수지리사 등이고, 직업이나 사업 분야는 심부름센터, 콜센터, 신문분배소, 우유 영업소, 파견직에 해당한다. 지살은 신토불이를 의미한다. 때문에 지역 농수산 유통 관련업, 고향 지킴이, 지역홍보사업 등과 관련이 있다.

마아트가 지살로 작동할 때 물질은 신발, 오토바이, 자전거, 킥보드, 리어카, 경운기, 전동차, 승용차, 마을버스, 시내버스이며, 장소는 지방도로, 시골길, 골목길, 보도, 자전거 전용 도로, 시내버스 정류장, 출입문 등이고, 무전여행이며 이사는 근교로 이주하는 것이다. 시험 운과 승진 운은 발품을 열심히 팔면 대가가 오지만 높은 위치(6급까지)는 아니며, 건강은 피곤해서 오는 과로병으로 손발이 쑤시는 것이다. 음식은 도시락, 김밥, 주먹밥, 국수(라면), 해장국, 떡볶이, 햄버거, 샌드위치 등이고, 현대의 분식집과 배달 위주 음식점에 해당한다.

타로에서 마아트의 다리 모습과 상반신의 전체적인 형상을 地支의 亥에 비유할 수 있다. 마아트의 땅 위를 걸어가는 모습, 어디론지 떠나가는 모습, 정처 없이 돌아다니는 문양이 地支의 亥와 어울리고 12신살의 지살과 상통한다. 지살은 사소한 일로 바쁘기에 피곤한 것이다. 하지만 마아트의 지살을 긍정적인 시각으로 바라보면 항상 움직이는 에너지가 있기에 부지런한 사람, 창의성이 있는 사람, 번뜩이는 아이디어가 좋은 사람, 새로운 바람을 일으키는 진취적인 사람이다.

亥는 木局의 삼합의 첫 글자로 木은 출발을 의미한다. 동아시아에서 한 해의 시작은 왕조마다 다르다. 즉 "왕조가 바뀌면 正朔(정삭)을 바꾸었다. 春秋左前(춘추좌전) 은공 원년 초에는 하나라는 寅月(인월)을 정월로 삼았고, 은나라는 丑月(축월)을 정월로 삼았으며, 주나라는 建月(건월)을 정월로 삼았다는 기록이 있다. 건월은 음력 子月(자월)이다."[156] 하지만 통일왕국인 진나라는 한 해의 시작을 亥月(해월)로 하고 정월은 입춘이 있는 달로 규정하여 이십사절기의 기점으로 삼았다. 각 왕조의 정삭이 다른 이유는 왕조마다 수도가 달라 기후가 달랐기 때문이다.

마아트가 지살로 작동하면 길한 일도 작고 흉한 일도 작다. 이러한 연유로 마아트가 지살인데 동착되면 귀찮고 짜증 나며 신경이 쓰이는 일

---

156) 한국일보, 2015년 1월 1일.

이 연이어 발생한다. 마아트가 지살로 작동하고 이러한 일들이 연이어 일어나면 반드시 토지신, 지신과 연관이 있다. 그래서 작은 사고가 연이어 발생할 때는 토지신과 지신에게 정성을 보여야 한다. 대체로 마아트의 지살은 급수가 낮은 지살이다. 그러므로 마아트가 지살에 해당하는 무당은 시골 무당이고 나 홀로 무당이며 개척교회 목사이다. 어떤 경우에는 무속인의 생년과 일에 있는 지살이 마아트와 연결되면 떠돌이 귀신(객신)이 좀도둑처럼 들어온 것이다.

그러므로 亥는 12신살의 지살(통일 왕조인 진나라 기준)에 해당한다. 亥는 처음과 출발이므로 설렘, 막연함, 여정의 시작, 정처 없음 등이 마아트가 지닌 의미와 유사하다. 지살은 스케일이 작고 신분이 낮은 소인이며 심부름꾼으로 인생이 대체로 바쁘고 힘든 것으로서 무슨 일이든 속 시원하게 해결되지 못하고 힘들게 풀린다. 즉 오라는 곳은 없어도 갈 곳이 많은 사람, 기다리는 사람이 없어도 보고 싶은 사람이 많은 사람, 환영하는 곳이 없어도 궁금한 것이 많은 사람이 마아트의 지살이다.

마아트의 지살이 亥일 경우에 지살이 부정적으로 작동하여 인생이 사소한 일로 피곤하고 불안정할 때, 육 년 후나 여섯 달 후에는 이러한 괴로움이 저절로 완화되겠지만, 巳의 억제 작용을 잘 활용하면 문제를 조기에 진정시킬 수 있다. 즉 巳는 亥의 부산스러운 에너지를 완화하여 진정시키고 멈추게 하는 역할이다.

(2) 14번 TEMPERANCE(타페라스) 절제, 절충과 연관성

지살을 타로의 14번 TEMPERANCE(타페라스)와 연관할 수 있다. 타페라스는 다른 성분과 교류, 교환, 교감을 하는 형상으로서 이때부터 인간은 또 다른 세상이나 또 다른 인생을 경험한다. 이것이 현대에서 타협과 절충으로 작동되기도 해서 통합, 합병, 연방, 그룹 등에 해당하고, 매매는 이해타산의 절충으로 교환, 공매, 경매 등에 해당한다.

타페라스의 지살은 연결을 통한 왕복을 의미하기에 사고와 연관되면 연결성을 가진 사고로서 사고 현장이 한두 곳이 아니다. 타페라스의 지살은 두 도로를 연결하는 도로를 의미하므로 Junction(JC)이다. 즉 현대에서 고속도로의 JC는 타페라스의 지살에 비유할 수 있는 것이다. 그러므로 타페라스의 지살이 부정적으로 작동할 때, 잘 가다가 삼천포로 빠지는 현상이라고 할 수 있다.

타페라스가 지살로 작동할 때 연애(결혼) 운은 새로운 국면을 맞는 갈림길에 들어선 것으로 소강상태이다. 이는 give and take(기브 앤드 테이크) 상황이다, 시험 운은 발품과 시기 선택이 당락을 좌우하고, 승진 운은 위아래 사람과 친분이 중요하며 부서나 자리에 변화가 있지만 높은 승진(5급까지)은 어렵다. 건강 운은 오십견이고 갱년기이며 특히 신장, 방광 질환이 다른 장기로 전이되는 相合轉病(상합전병) 현상으로서 투석 치료에 해당한다. 하지만 타페라스의 지살을 긍정적인 시각으로 바라보면 융합적인 현상과 일로서, 폭넓은 지식의 소유자에 적절한 절충과 타협이고 절묘한 타이밍이다.

타페라스의 지살의 구체적인 직종은 변호사, 결혼상담사, 중개상, 환전상, 교류와 교환 업종, 승강기 요원, 칵테일 바텐더, 고충 처리 업무 등이다. 물질은 승강기, 에스컬레이터, 연, 열기구, 왕복 차표 등이며, 장소는 우주정거장, 고속도로 JC, 물류창고, 경매장, 할인매장, 환지, 분할택지, 자투리땅, 주상복합건물 등에 해당한다. 재정은 타페라스의 지살은 부정적인 작용이 발생하므로 긴축 경제이고 구조조정이며 이는 사업과 장사의 축소이다. 이는 사업 처분과 새로운 사업 발굴이며 지분 투자이고 틈새시장 진출이다.

타페라스의 지살의 식품은 교환 식품, 나눔 식품, 배분 식품과 연관되어 구체적으로 컵밥, 도시락, 바자회, 각종 길거리 음식이며, 옷 복장은 현대 스타일에 세미 정장이다. 직장과 학교는 수도권 거점 지역으로서 구체적으로 경기 남부와 세종시이며, 학과는 융복합학과이고 교환학생에 해당한다.

타페라스의 지살은 어려운 국면이나 상황을 전환하기 위해 애쓰는 시기이다. 그러므로 작은 것부터 교체하고 절약하며 타협해야 한다. 여자는 신발, 가방, 가발 등을 교체하고 남자는 키폰, 타이어, 넥타이 등을 교체해야 하며, 핸드폰 교체는 남녀 모두에게 해당된다.

무속인의 지살이 타페라스와 연관되면 순간 접신하는 현상을 경험하는 강신 무당으로 이들은 중소도시 무당이고 안수기도 하는 목사이다.

이들의 접신 방법은 주로 냄새로 교감(감지)하며 이때 교감하는 신은 조상이 동자로 들어온다. 지살은 주로 어린 귀신이 준동한다.

타로의 타페라스는 地支의 亥와 어울린다. "亥字는 남자와 여자가 합하여 자신의 개성을 잃어버린 모양을 형상하여 女字와 남성을 의미하는 人字를 합하여 女人으로 썼다가 변하여 亥字가 된다."[157] 그러므로 亥의 지살의 의미는 위와 아래(천지, 음양, 남녀)가 융합하여 이어지고 소통되고 교류하며 서로 교차하는 형상으로서 이는 위와 아래가 섞이며 교차하는 타페라스의 문양과 흡사하다.

타페라스의 지살이 亥일 경우에 지살이 부정적으로 작용하여 인생의 왜곡과 질곡이 심화할 때, 寅의 작용이 문제를 해결할 수 있는 실마리가 되고(3일 후), 卯(4일 후)와 未(8일 후)의 역할이 부정적인 에너지를 선도하여 개선할 수 있다. 寅은 타페라스의 소통 작용을 더욱 강화하고, 卯와 未는 타페라스의 융합이라는 작용력을 완전하게 하는 원동력이 된다.

---

157)　許愼(허신: AD 58-148년, 후한 허난성 출생), 『설문해자』 2편 목차 540.

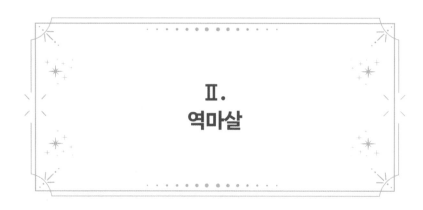

Ⅱ.
역마살

역마살은 "어린 시절에 어려운 풍파가 올 수 있다. 강산을 遍踏(편답)하며 상업으로 得財(득재)한다. 사방으로 출입하며 가는 곳 모두 운이 좋다. 하지만 높은 지위에 오르지 못하면 허송세월을 할 수 있다. 말년운은 운수가 대통한다."[158]

---

158)   김혁재, 한중수 공저, 앞의 책, 96쪽 참고.

"命에 역마가 들었으니 자주 이사하게 된다. 군자는 이름을 이루어 벼슬의 官爵(관작)과 財祿(재록)이 충분하다. 인생이 흐르는 물과 같은데 성공도 많고 실패도 많다. 이사 방위는 서북쪽이 이롭다."[159]

역마살은 넓고 큰 범위에서 움직이는 것으로 변화가 크고 멀며 스케일이 큰 것이다. 해외 사신(대사, 외교관)과 대인으로서 신분이 높으며 장년층이다. 사건, 사고, 장애가 발생하면 규모와 파급력이 막강하고 크다. 이런 연유로 역마살은 대체로 큰 사고에 해당한다. 때문에 역마살이 동착이면 큰 사건이 연이어 벌어진다.

역마살은 글로벌 레벨로서 해외 출입, 통신수단, 신문 미디어, 유튜브, 방송, 언론보도, 선전, 소문, 정보 교환, 분쟁 발생, 분쟁 해결, PR 등에 해당한다. 역마살이 官과 연관이 있으면 고관대작이고, 財와 연관이 있으면 거부이며, 食神 傷官과 연관이 있으면 작품(개발품)이 히트한다. 그러므로 역마살에 해당하는 자손은 한 번은 가문을 빛내고 번창하게 한다. 역마살은 대체로 활동 범위가 큰 것, 큰 사건, 큰 변화, 큰 폭의 이동을 의미한다.

인물로는 외교관, 해외 현지 사장, 비례 국회의원, 광역시 의원이고, 사업 분야는 무역, 해외 수주, 보세창고이다. 장소는 고속도로, 자동차 전용 도로, 철도, 공항, 항만, 시외터미널이다. 역마살의 이동 반경은 국내에서는 도의 경계를 넘어가는 이주이고 또한 해외 이주와 외국 여행이다. 건강은 유행성 질병, 세균 감염 질병, 풍토병이고, 음식은 해외 정통 스타일 요리, 기내식 요리이다.

방향으로 운을 보거나 물질로 길흉을 말할 때, 역마살은 외제 차,

---

159) 권유춘 발행, 앞의 책, 22쪽 참고.

KTX, 비행기, 선박, 시외버스, 라디오, TV, 컴퓨터, 전화, 비디오, 유튜브, 편지함이다. 역마살의 이동 수단은 외제 차량, 버스, 대형트럭, 비행기, 선박이고, 인물은 大人에 해당하여 큰 단체 대변인이고 장손, 종손(대표자)이다. 역마살이 財官과 연관성이 있으면 해외무역, 외국 물건을 다루거나 외교적인 직업 등이 적합하다. 관재구설에 시달리는 사람이 대운이 길한 역마살(세운) 운에 관재구설이 해결되는 것은 역마살은 변화가 막대하고 크기 때문이다. 하지만 대운이 흉하면 오히려 역마살은 사건이 더 크게 확장한다.

역마살과 타로의 연관성

(1) 타로의 7번 LE CHARIOT(레 샤르조) 수레, 전차와 연관성

역마살을 타로의 7번 LE CHARIOT(레 샤르조) 수레, 전차와 연관할 수 있다. 샤르조의 역마살은 해외 이주와 여행, 속력과 힘이 센 차량, 외국 사신 등에 해당한다. 그러므로 외제 차, 트럭 종류, 무역, 외교관, 해외 지사장, 총판, 광역시 의원, 국회의원, 풍토병, 유행성 질병이다. 샤르조의 역마살은 큰 성취나 큰 사건의 발생이므로 따라서 길과 흉이 극단적이다. 즉 잘될 때는 아주 좋으나 안될 때는 아주 힘들다. 하지만 역마살은 12신살 중에 으뜸으로서 대체로 길하게 작동한다.

역마살은 멀리 가는 것으로 장거리 여행, 이주, 이직이다. 그러므로 샤르조가 길하게 작용할 때 그 성과는 아주 커서 전국구나 글로벌적으로 작동하지만, 사건이나 사고에 연결되면 큰 사고로서 파급력이 크고 사건 현장은 먼 곳에 있다. 샤르조의 역마살은 고속도로, 국도, 6차선 이상의 도로, 계획 정비가 된 도로, 빠르고 시원한 도로이고, 만사가 일사천리로 진행되지만 언제나 사고가 나면 크다는 것을 유의하여야 한다.

사르조의 역마살의 작동은 다음과 같다. 연애 운과 결혼 운은 진행이 순조롭고 신속하며 상대는 대체로 잘나가는 사람이다. 먼 곳의 사람과 만나는 형태로서 주말 연인과 부부이며 기러기 부부에 해당한다. 직장 운은 승진 또는 더 큰 회사로 이동이며 해외 승진, 발령, 취업이다. 재물 운은 크게 들어오고 크게 나가는 것이지만 셈해 보면 남는 장사이고, 이때 재물의 성격은 해외 주식, 달러, 유로, 금 등이 유리하다. 학과는 문리 계열은 정치외교학, 국제통상학, 물류학, 무역학과이고, 이공계열은 항공, 해운 등이다. 사르조의 역마살은 높은 레벨로서 승용차는 벤츠 등 세계적으로 명성이 있는 고급 차량이고 대형화물차와 장거리 버스 등이다.

건강에서 역마살은 해외에서 유입된 유행성 바이러스로서 비록 큰 병에 속하지만, 사르조의 역마살은 상쾌하고 시원하며 힐링(wheeling)이므로 완치될 수 있는 것이다. 이렇듯 사르조가 역마살로 작동할 때는 대형 사건이 발생하거나 대형 계약이 체결되므로 인생에서 아주 중요한 고비나 기회가 된다.

무속인의 역마살이 사르조와 연관되면 말 탄 장군신이 들어온 것이다. 장군신은 들어올 때 반드시 동자신(육해)을 대동하고 온다. 평소에는 이 동자신이 심부름꾼이 되어서 손님을 끌어오고 소소한 문제를 알려 주기도 한다. 즉 장군신에게 소소한 문제를 의탁하거나 소원하는 일은 어리석은 무속인이다.

타로의 사르조는 地支의 申과 어울린다. 이는 申에서 역마살의 의미는 차바퀴와 차량 구동축이고 사르조에서 수레 전차의 바퀴가 申의 문양과 흡사한 것에 기인한다. 그러므로 타로의 사르조를 地支의 申에 비유하는 것은, 마차 바퀴가 회전하는 모습과 말이 달리는 모습이 가장 역동적으로 표현되는 것이 申의 역마살이기 때문이다. 申은 수레바퀴와 도로의 사거리를 연상시키는 글자이다. 또한 申의 글자를 파자하면 日字(한낮)에 번개가 치는 모습이라고 할 수 있으므로 매우 빠른 것을 연상할 수 있다. 이런 연유로 申은 가장 역동성이 있는 글자로서 12신살에서 대표적인 역마살에 해당한다. 申의 이러한 연상적인 의미는, 타로의 사르조에 보이는 모습으로 수레, 운반차, 전차 등과 유사한 점이 많다.

사르조의 申의 역마살이 부정적으로 작동하여 인생의 부침과 혼란함이 심화할 때, 寅의 억제 작용을 통해 역마살의 부정적인 에너지를 선도하여 완화할 수 있다. 寅은 申의 동력을 완화하고 진정시키며 멈추게 하는 역할이다.

(2) 타로의 AS DE DENIERS(에이스 데 덴니이) 은화와 연관성

역마살을 타로의 AS DE DENIERS(에이스 데 덴니이)와 연관할 수 있다. 덴니이는 화폐를 의미하여 현대 사회에서는 '달러'라고 말할 수 있다. 또한 덴니이의 모양은 지구를 상징하기도 한다. 과거 화폐는 지역적인 한계성이 있었지만 현대 사회에서 화폐(달러)는 지구 전체에서 통용되는 수단이다.

사실 덴니이는 중세 유럽의 상인 신분을 의미한다. 프랑스 혁명(1789년 5월 5일-1799년 11월 9일)은 "유럽과 세계사에서 정치권력이 왕족과 귀족에서 자본가 계층으로 옮겨지는, 역사적으로 완전히 새로운 시기를 열어 놓을 만큼 뚜렷이 구분되는 전환점이 되는 사건이다. 자본주의의 발전기에 있어서 시민 계급이 절대 왕정에 저항하여 봉건적 특권 계급과 투쟁해서 승리를 쟁취했으며 새로운 정부와 새로운 사회를 건설해 낸 최초의 사회 혁명이라 할 수 있다."[160]

---

160) 박미경, 『천년의 역사를 뒤흔든 대사건 100』, 고려문화사, 1998년, 184쪽.

'타로를 점술로서 본격적으로 사용하기 시작한 시기(18세기 후반)'[161] 에 유럽 사회의 주도권은 재물을 장악한 상인이 갖고 있었다고 해도 결코 과장이 아니다. 이때의 상인은 아시아와 중남미 그리고 미 대륙으로 사업을 확장하여 막대한 부를 축적했다. 즉 이들은 무역을 주요 사업 수단으로 삼은 것이다. 때문에 덴니이는 역마살과 가장 적합한 연관성을 갖는다. 그러므로 역마살이 사르조와 연관되면 직업, 승진, 이동, 애정 등에 문제가 생기고 변화가 발생하지만, 역마살이 덴니이와 연관될 때는 주로 재물과 관련하여 문제가 생기고 변화가 발생한다.

타로의 덴니이가 역마살과 연관되면 이동과 역동성이 있는 국제적인 유통 화폐로서 확실하게 달러 자산을 의미한다. 이때는 수출(사르조)보다 수입(덴니이)의 의미가 훨씬 강하여 국산이 아니라 세계적으로 통용되는 글로벌 제품이다. 덴니이의 역마살은 외국계 자금이며 해외 자산에 속하여 주식은 코스피가 아니고 나스닥이다. 학과는 국제금융학과, 경제금융학과이고, 직종은 외국계 금융회사, IMF, 해외 사모펀드 등 국제 투자회사이다.

덴니이의 역마살은 큰돈에 해당한다. 그러므로 승진과 이직은 해외로 진출해야 유리하고 큰돈을 쓰면 높은 곳이 보장된다. 연애와 결혼 운은 돈이 많은 사람이나 빚이 많은 사람으로서 대박 아니면 쪽박이지만, 여하튼 돈을 많이 만지고 쓰는 사람이다. 이사와 이주 운은 땅값이 비싼 장소나 좋은 집으로 이동하지만 자칫 빛 좋은 개살구가 될 수 있음을 명심해야 한다.

---

161) 타로(tarot)는 플레잉 카드로 15세기부터 현재까지 유럽과 세계 각지에서 게임 도구로 사용되어 왔다. 현재 점술 도구로 사용하는 타로는 18세기에 오컬트(과학으로 설명할 수 없는 신비하고 비밀스런 지식) 목적으로 개발되었다.

덴니이의 역마살의 건강 운은 과로에 의한 대장 질환, 심장 질환, 방광 질환, 신장 질환 등으로 고생하고, 재물 운은 원활한 신용장 개설과 국제 금융권을 통한 재화의 융통이지만 달러 시세가 관건이다.

무속인의 역마살이 덴니이와 연관이 되면 국가적으로 큰 산신이 들어온 것이다. 예컨대 백두 산신, 태백 산신, 금강 산신, 지리 산신, 계룡 산신이 들어온 것이다. 또한 이 무속인은 큰 사업이나 대형 투자를 잘 조언할 수 있는 특출한 능력자이다.

덴니이의 모습은 엽전을 줄에 꿰어 다니던 과거 조선 사회 화폐와 닮았다. 즉 역마살인 申과 엽전이 꿰여 있는 모습이 닮은 것이다. 덴니이의 역마살이 부정적으로 작용하여 인생의 왜곡과 질곡이 심화할 때, 子와 辰의 삼합 역할이 부정적인 에너지를 선도하여 개선할 수 있다. 子와 辰은 덴니이의 유통 작용을 더욱 활성화하는 기제이다. 이때 대충 작용의 寅과 이합 작용의 巳로써 문제를 해결하려 하면 오히려 더욱 복잡한 일이 동시다발로 발생할 수 있다는 것을 명심해야 한다.

III.
망신살

망신살은 "괴이한 일이 많이 일어난다. 시비를 가까이하면 관액(관재구설)이 있다. 선대의 유업을 허무하게 망친다. 여러 번 이사하게 되고 허송세월을 보낸다. 부모처자와 이별하고 타향을 떠돌게 된다."[162]

"망신살이 명에 들어오면 남녀 간에 정욕이 일어난다. 관재구설이 간간이 일어날 수 있다. 비록 열심히 노력해도 힘을 못 쓰고 성사가 어렵다. 그러나 망신살이 장생궁이면 귀인이 될 수 있다."[163]

망신살은 행동과 의도가 어긋나서 실패하거나 창피당하는 것, 목적을 위해 수단과 방법을 가리지 않는 것, 세인의 조롱, 비웃음이다. 구체적으로 성형수술, 공돈, 퇴직금, 보상금, 합의금, 위로금, 하사금, 기부금, 상속재산, 한탕주의 등에 해당한다. 세인의 재물이 망신살과 연결성이 있거나 망신 세운, 망신 월운은 우연히 공돈이 들어오지만 오래가지 못하

---

162) 김혁재, 한중수 공저, 앞의 책, 95쪽 참고.
163) 권유춘 발행, 앞의 책, 21쪽 참고.

는 단점이 있다. 물질로는 짝퉁, 반품 물건, 하자 있는 물건, 중고 물건, 구제품, 재생품, 복고풍 물건 등이다.

망신살은 창피함을 모르기에 적반하장이고 비윤리적이며 억지 행동과 과잉 행동 등 눈앞의 이익만 추구하는 경향이다. 즉 망신살이란 창피함과 수치심을 망각한 것이다. 그러나 망신살이 현대적으로 불리한 측면만 있는 것이 아님은 현대 문화의 다양함과 복잡함에 적응하는 능력과 창피함과 수치를 가리지 않고 오히려 그것을 이용하는 행동 때문이다. 때문에 망신살자가 잘 살려면 뻔뻔하고 푼수 떨며 세인에게 손가락질당하는 행동을 의연하게 해야 한다.

그런 면에서 망신살은 어떤 면에서 연예인과 방송인에게 유명세가 되기도 하지만, 세인에게 망신살은 실패하고 망하고 창피하고 불편한 것이다. 망신살의 이러한 이중적인 작용 때문에 命이 신강(身强)한 자는 망신살을 오히려 반전의 기회로 삼아 유명해지거나 재기할 수 있지만, 신약(身弱)한 命은 망신살을 버티지 못하고 실패한다. 건강 운에서 신약한 命에 망신살이 있는 사람이 몸이 아플 때 대체로 수술할 가능성이 큰 것은 몸에 칼을 대는 일은 망신에 해당하기 때문이다.

망신살을 잘 이용하면 단기적 이익을 추구하는 데 가장 특별한 수단이 될 수 있다. 그것은 망신살은 단기적 투기이고 복권 당첨이며 도박적인 이익이기 때문이다. 이런 연유로 망신살 운에 눈먼 재물을 취할 수 있는 것이나 이는 필경 끝이 아름답지 못하다는 것도 명심하여야 한다. 부연하면 투기는 단기적 이익의 추구이지만 투자는 장기적 비전을 추구한다. 결론은 망신살 운에 취득한 재물과 명예는 겁살 운이 들어오면 급격히 감소하고 패퇴하므로 이 시기에 곤경에 처하고 실패한다.

命에 있는 망신살이 원진살과 연관되면 동성 간에 근친 연애나 애정 문제가 발생할 수 있다는 것은, 망신살의 앞뒤 분간 못 하는 성향과 비윤리성에 근거한 말들이다. 때문에 자유분방한 여성에게 첫 순결의 훼손은 망신살에 해당하는 남자이고, 남성도 초정(初貞)을 준 여성은 망신살에 해당하는 여성이다. 망신살은 훼손당하고 훼손한 것을 사용하는 것으로서, 망신살 운에 연애하고 절교해도 불미한 소문과 추문이 생기지 않는 것은 임시방편(땜빵) 연애이기 때문이다. 그래서 망신살 운에 망신살에 해당하는 사람을 사귀는 것은 임시방편이고 지나가는 연애이다.

망신살은 겁살 운에 정체가 드러난다. 그러므로 망신살에 행한 일들은 겁살 운에 그 배우자에게 발견될 수 있음을 유의해야 한다. 노인들이 망신살 운에 죽음과 연관되는 것은, 누구나 죽으면 과거의 잘잘못이 구설에 오르고 육체는 발가벗겨지므로 창피를 당하는 것에 기인한다. 세인의 망신살에 해당하는 자식이 출산 즉시 죽거나 불구자, 불치병, 패륜아가 되는 경우는 망신살은 훼손의 의미가 크게 작동하기 때문이다.

방향으로 운을 보거나 물질로 길흉을 말할 때, 망신살 방위는 현재 거주하는 집에서 시댁과 본가이고 짝사랑의 대상이 있는 곳이다. 그러므로 내방인이 망신살 일에 운을 물어보는 것은 분명히 후회하고 탄식할 문제로 찾아온 것으로, 이때는 망신살이 이합되고 삼합되는 시기에 문제가 해결된다고 말해 주는 것이다.

＊한 가지 팁: 몸에 그림이나 글씨를 새기는 타투라는 문신은 망신살을 이용한 것이다. 즉 타투는 신강한 사람이 하는 행위이다. 때문에 신약한 사람이 타투하는 행위는 망신살을 자초하는 것으로서 심사숙고해야 한다.

망신살과 타로의 연관성

(1) 타로의 10번 LA ROVE DE FORTVNE(라 로버 데 헤어비에인드) 운명의 수레와 연관성

망신살을 타로의 10번 LA ROVE DE FORTVNE(라 로버 데 헤어비에인드) 운명의 수레와 연관할 수 있다. 운명의 수레는 순환되는 환절기와 같아서 하기 싫어도 어쩔 수 없이 하는 것이고 하고 싶어도 할 수 없는 것이다. 더욱이 로버 데 헤어비에인드의 망신살은 자신의 의지보다 우연적인 운이 더 강하게 작동되는 시공간이다. 그러므로 운에서 로버 데 헤어비에인드가 망신살을 만났을 때, 오히려 이를 잘 이용하면 의외로 대박이 터질 수 있다. 인생의 대박도 망신살에 해당하는 사건이다.

로버 데 헤어비에인드의 망신살의 직업은 가업승계의 형태와 임시직의 형태에 해당한다. 즉 로버 데 헤어비에인드의 망신살은 가문의 업과 관계가 있는 것이다. 그래서 때로는 세습 무당이 로버 데 헤어비에인드의 망신살과 연관되는 것도 가업승계와 무관하지 않다.

로버 데 헤어비에인드의 망신살의 인생은 어쩔 수 없는 일과 사건이 반복적으로 발생하고 열심히 일하고 노력하여도 결과는 여전히 제자리이다. 때문에 크게 이룬 것도 없고 크게 손해 본 것도 없는 것이 로버 데 헤어비에인드의 망신살 인생이다. 특별한 경우에 로버 데 헤어비에인드의 망신살은 곤란한 결과를 중복하여 경험한다(타로나 사주가 동착살이면서 망신살에 해당할 때는 어김없다).

로버 데 헤어비에인드의 망신살은 어쩔 수 없는 일, 항거할 수 없는 상태, 헤어나지 못하는 현상, 항상 제자리와 그 상태, 심각한 에너지의 소모와 감소이다. 그러므로 로버 데 헤어비에인드의 망신살이 사건이나 사고와 연결되면 선대의 업이나 자신의 과거가 연유한 것으로서 피할 수 없는 사고와 사건에 말려든 경우이다.

로버 데 헤어비에인드의 망신살의 연애 운은 어쩔 수 없이 하는 연애나, 헤어지고 싶어도 헤어질 수 없는 상태이다. 직업 운은 에너지가 정체되어 승진이나 합격은 요원하나, 출세 즉 승진과 합격의 의지가 강하다면 망신스러운 행동을 해야 한다.

로버 데 헤어비에인드의 망신살은 재물이 감소한다. 즉 윗돈 빼서 아래 돈 막는 현상으로서 돌려막기이다. 건강은 순환기 계통 질병으로 잦은 기침과 해소 천식, 딸꾹질이고 동맥경화에 따른 마비 증상과 갱년기 증상이 심하여 히스테리가 격심하게 나타날 수 있으며, 잘 먹고도 체하는 것이고 대책 없는 설사로서, 이런 증상이 악화하였다가 호전되는 것을 반복하는 만성 고질병이다.

타로의 로버 데 헤어비에인드는 地支의 寅과 어울린다. 로버 데 헤어비에인드를 地支의 寅에 비유할 수 있는 것은, 만사 만물은 寅月이 되면 어쩔 수 없이 변화할 수밖에 없기 때문이다. 寅月에 얼음이 녹고 씨앗의 껍질이 터지며 원초적인 모습이 드러나는 현상은 항상 반복적으로 발생하는 필연적인 현상으로서 로버 데 헤어비에인드의 의미, 운명의 수레와 맥락을 같이한다.

로버 데 헤어비에인드가 망신살로 작동하여 과거의 실패나 사건을 현재도 경험하고 있다면, 조상의 업과 자신의 업의 발로이다. 반드시 업의 원인을 찾아서 해원하는 행위가 중요하다. 즉 절실한 참회와 진실한 보상으로써 이러한 굴레를 벗는 것이다. 그러므로 무속인의 망신살이 로버 데 헤어비에인드와 연관되면 세습 형태의 무당으로, 선대의 巫具(무구)와 신당을 온전하게 보존하는 일이 무엇보다 중요하다.

로버 데 헤어비에인드의 寅의 망신살이 부정적으로 작동하여 인생의 왜곡과 질곡이 심화할 때, 申의 억제 작용을 통해 망신살의 치기 어리고 유치하며 뻔뻔한 에너지를 선도할 수 있다. 申은 寅의 동력을 완화하고 무력화할 수 있는 역할이다. 亥의 합의 작용과 午와 戌의 삼합 작용은 망신살을 오히려 부추기고 기고만장하게 하는 역할이다.

(2) 타로의 19번 LE SOLEIL(레 솔레이에) 태양과 연관성

망신살을 타로의 19번 LE SOLEIL(레 솔레이에) 태양과 연관할 수 있다. 레 솔레이에의 의미는 햇빛, 햇볕, 한낮, 해가 강렬한 날이며, 환한 장소에서 대놓고 하는 행위들, 모두 노출된 상태, 노출된 장소에서 은밀하게 진행하는 일들(눈 가리고 아웅), 숨길 수 없는 일들, 비밀이 보장되지 못한 일들, 타로가 나서 어쩔 줄 모르는 상황, 어정쩡한 상태, 체면 없는 상황 등이다.

타로의 솔레이에가 망신살에 비유되는 것은 솔레이에에서 곤욕스러운 사람들의 모습이, 망신살에 해당하는 비윤리적이고 억지스러우며 과잉 행동이 드러났을 때 상황과 흡사하기 때문이다. 부도덕하여 후안무치하고 적반하장이며 철면피인 사람이라도 자신의 치부가 드러나면 순간적으로 곤욕스럽다. 그러므로 솔레이에는 망신살의 의미가 강한 것이다.

솔레이에의 망신살은 강렬한 빛에 노출되어 피할 곳 없는 모습, 어쩔 수 없이 자신의 면목을 다 보여 줄 수밖에 없는 상황으로서 곤욕스럽고 어찌할 수 없는 시공간이다. 그러므로 솔레이에가 망신살로 작동하여 사건이나 사고에 연결되면, 본인의 부도덕한 치부와 과잉 행위가 알려지는 것이고, 이러한 상황은 시간이 지날수록 더욱 증폭된다. 즉 망신살의 솔레이에는 변명하면 할수록 숨기려고 하면 할수록 문제는 점점 증폭되고 확장되는 시공간으로 고개를 숙이고 재빠른 사과와 회개만이 해결책이다. 그래서 망신살은 헤어비에인드보다 솔레이에가 더 강하고 피해도 막심하다.

솔레이에가 망신살로 작용할 때, 연애 운은 의도하지 않은 순간적인 연애로서 이때 애정 행위와 육체적 관계는 체면과 수치심도 없다. 솔레이에의 망신살은 외도하고 반드시 들통 나는 경우이다. 직장 운도 좋지 못하여 마땅한 자리가 없고 명예퇴직이나 퇴출을 앞둔 것으로서, 솔레이에의 망신살의 직장 운은 수치와 치욕을 감내하고 견디어 내고 있는 상황을 말한다.

솔레이에의 망신살은 순수하지 못한 것이다. 이런 연유로 학과는 순수학과가 아닌, 융복합계통의 에너지 관련 학과로서 에너지 재생 학과 (쓰레기 소각 에너지 등), 태양광 관련 학과, 핵 발전학과, 열병합학과 등이다. 합격 여부는 성적이 약간 미달하여 추가 모집이나 등록 결원 발생 시 요행히 합격하는 것이다.

솔레이에의 망신살이 본격적으로 작동할 때, 이동과 이사 운은 이동과 이사하고 나면 대체로 적응이 힘들다. 특히 命이 신약한 사람은 주로 몸이 아프다. 갱년기가 심하게 작동하는 병으로서, 몸이 더워지고 추워지고를 반복하며 몸도 힘들고 치료도 힘들어 최악의 경우 방사선 치료를 받는다. 命이 신강한 사람은 재물 운이 잠깐이나마 반짝 좋은 운으로서, 투기적인 행위는 유리할 수 있겠지만 이는 소위 뒷배와 협잡을 이용한 경우로 훗날을 장담할 수 없으므로 일회성으로 그쳐야 한다. 즉 결국 솔레이에의 망신살이 작용하는 재물 운은 단기간에 순간적인 작동으로 길게 가면 위험한 것이다.

무속인의 망신살이 솔레이에와 연관되면 神拔(신발) 없는 神이 준동하고 接神(접신)한 것이다. 때문에 점사를 그때그때 둘러대고, 끝내는 자신도 망신을 당한다. 꿈 점에서 내방인의 망신살 날에 솔레이에가 등장하면 필시 곤란한 일들이 발생하는데, 꿈의 주관성과 객관성에 따라서 자신과 타인의 정체가 드러나고 비밀이 탄로 난다.

타로의 솔레이에는 地支의 巳와 어울린다. 솔레이에를 地支의 巳에 비유하는 것은 巳는 뱀으로서 "뱀은 양기 덩어리로 양기의 상징이 되는데 세상의 만물 중에서 자신의 몸을 꼬리에 의지해서 곧게 세울 수 있는 것은 뱀밖에 없기 때문이다."[164] 巳의 망신살의 의미는 뜨거운 햇볕에 노출된 두 마리의 뱀이 서로 어쩔 줄 모르며 얽혀 있는 상황으로서 솔레이에의 문양과 상통한다.

솔레이에의 망신살이 부정적으로 작용하여 인생이 의지할 곳이 없고 막막할 때, 酉와 丑의 삼합의 작용이 망신살의 적반하장이고 비윤리적

---

164)   허신, 앞의 책, 2편 목차 533.

신기하게 잘 맞는 마르세유 타로와 십이신살

인 부정적 에너지를 선도하여 개선할 수 있다. 즉 육해살이라는 고통과
천살이라는 무서움을 경험하게 하는 것이다. 申의 이합 작용으로 문제
를 해결하려 하면 오히려 더욱 복잡한 일이 동시다발로 발생할 수 있다
는 것을 명심해야 한다.

IV.
겁살

겁살은 "조실부모하고 형제가 흩어진다. 그러나 조실부모하지 않으면 타향에서 살아가게 된다. 성품이 불같이 급하여 조업을 지킬 수 없으며, 여러 번 이주, 이사해도 만사가 부실하고 매사가 용두사미 격이다."[165]

"겁살이 命에 있으면 어려서 부모를 잃게 된다. 성정이 불같이 급하여 조상의 가업은 잇기 어렵고 인연이 없다. 그러나 빈손으로 성취하고 의식을 넉넉하게 한다. 복부에 병이 생기거나 정신착란을 일으킬 수 있다."[166]

겁살은 지살에서 출발한 인간의 일생이 저승의 늪에 한 발자국 들여놓는 순간이다. 이때부터 인간의 에너지는 서서히 무너지며 몰락이 시작되는 것이다. 때문에 겁살을 일명 실패살이라고 부른다. 이런 겁살은 자신의 의지대로 작동하지 않는 시공간의 시작으로서 강탈, 차압, 철거 등 강요와 강제성이 동반되는 현상으로 현실에서는 강제 철거나 강제집행에 해당한다. 대모살(大耗殺)의 뜻은 크게 줄어들거나 없어지는 살로 일

---

165)　김혁재, 한중수 공저, 앞의 책, 92쪽 참고.
166)　권유춘 발행, 앞의 책, 19쪽 참고.

명 천지대살(天地大殺)이라고 하는데, 바로 겁살을 말하는 것이다.

　겁살에서 겁탈당하는 일은 재산과 지위만 겁탈당하는 것이 아니고 몸과 마음도 겁탈당하는 것이다. 그러므로 어떤 경우의 겁살은 심신의 겁탈을 의미하므로 육체적 정조 겁탈(身弱之命이 식신과 상관의 연관성이 있을 때)이 발생하거나, 겁살의 충격에 의한 정신적인 질병(귀문살)이 발생하는 시기이다. 즉 命의 겁살이 재물과 연관성이 있을 때 신강한 사람은 타인의 돈을 떼어먹지만, 신약한 사람은 반대로 돈을 떼이는 것이다. 때문에 겁살 운에 신강한 사람은 집이나 물건을 매수할 때 하자를 잡아야 유리한 것이며, 겁살 년에 소송을 걸어야 유리하다.

　겁살자의 직업은 기소 검사, 1심 재판장, 법원압류업무, 세무사, 정원사, 투기꾼, 재단사, 이용사, 미용사, 때밀이, 마취 의사 등이다. 겁살은 빼앗거나 빼앗기는 것으로서 반역자, 배반자, 조폭, 사기꾼, 착취당하는 사람, 이용당하는 사람, 실패의 길로 들어선 사람에 해당한다.

　방향으로 운을 보거나 물질로 길흉을 말할 때, 겁살은 부실 공사가 이루어진 곳으로 재개발, 재건축, 수리할 곳이며 위험한 축대나 난간이 있는 곳이고, 신체나 얼굴은 정형과 성형을 한 곳이다. 그러므로 얼굴에서 겁살 방위를 성형하는 일은 부실 성형이 예고된 행위이다.

이를 상세히 설명하면 대체로 내방인의 겁살 일에 길흉 감정을 청하는 사람은 본인의 가정의 중대사를 문의하러 오는 경우가 많다. 겁살은 겁탈이라는 부정적 에너지가 작동하기 때문이다. 그러므로 운명의 감정에서 寅午戌生이 亥日, 申子辰生이 巳日에 내방하면 그 가정의 사활이 걸린 문제로 온 것이다.

겁살은 巳와 亥에서 강력하게 작동한다. 즉 巳와 亥는 겁살의 대표성이 강하다. 그러므로 최근에 집을 수리한 곳이 있으면 亥方位(겁살)와 巳方位를 건드려서 탈이 난 것이다. 이를 세인들은 動土(동토, 동티)라고 한다. 또한 얼굴에서 입술과 턱, 눈썹과 이마 부분을 손대서 탈 난 것이다. 그러므로 겁살 방위를 고치거나 만지려면 합이나 충으로 겁살의 작동을 방해하는 시기를 선택하여야 한다. 그 외의 출생자도 삼합으로 위 사례를 참고해서 정단하면 신통하게 적중한다.

＊한 가지 팁: 신약한 사람이 亥가 겁살일 때, 신체 아래 부분(발목, 종아리)에 타투를 하면 겁살 맞을 짓을 한 것으로서, 신속한 피해가 분명히 발생한다.

겁살과 타로의 연관성

(1) 타로의 9번 L'HERMITE(레 테르미트) 은둔자, 현자, 예언가와 연관성

겁살을 타로의 9번 L'HERMITE(레 테르미트) 은둔자, 현자, 예언가, 연구가와 연관할 수 있다. 12신살의 지살부터 화개살까지는 자신의 의지가 어느 정도 반영된 시공간이고, 겁살부터는 자신의 의지가 원활히 작동되지 않고 제한적으로 반영되는 시공간이다. 그러므로 테르미트의 겁살은 은퇴하는 사람으로서 구조조정이나 권유에 의한 조기 퇴직자, 격리된 사람, 회피와 탈출을 도모하는 사람, 단기적인 이익과 편리함을 추구하는 사람, 욕심 많고 아집 센 노인이다. 테르미트의 겁살은 체면과 창피함을 무릅써야 하는 사람이다. 그러므로 테르미트의 겁살은 가장 무책임하고 자신만 위하는 이기적인 사람이다. 여하튼 겁살부터 자신의 의지대로 할 수 없는 시공간의 시작이다.

테르미트가 겁살로 작용할 때, 연애 운은 이것저것 상황을 파악하고 진행하는 것으로 사랑보다 조건 위주이고 까다로운 이유가 많다. 하지만 어떤 경우는 어쩔 수 없이 끌려가는 상황도 발생한다. 직장 운은 한직으로 이동이거나 명예퇴직 또는 퇴사이고, 학과는 문리계통은 사회복지학, 노인건강학, 윤리교육학, 세무관리학, 철학이고 이공계통은 기초학으로 물리학, 화학, 임상학이며, 직종은 연구직, 평론가, 각종 연기금융업, 사회사업, 의료보험 등이다.

테르미트가 겁살로 작용할 때, 재물 운은 임대 수입과 이자 수입, 보상금, 위로금이고 주로 건물 등 부동산으로 재산을 형성하며, 주식은 전통 가치주가 잘 어울린다. 대체로 재물은 적게 벌고 적게 쓰는 형태로서 급격한 변화가 없지만, 테르미트의 겁살이라는 삭감하는 에너지의 작용이 심하게 작동될 때, 주변의 인물에 의해 재물의 손실이 심각한 것은 본인의 아집과 욕심에 의한 판단 오류에 휩쓸렸기 때문이다. 건강 운은 오랜 지병과 노인성 질환으로 보약도 신통하지 않다.

타로의 테르미트는 地支의 巳와 어울린다. 테르미트를 地支의 巳에 비유하는 것은, 뱀이 구석진 곳에 숨는 모습(은거), 갈지(之)자로 걷는 모습(걸음 형태), 뱀이 발이 없어 기어 다니는 모습이 테르미트라는 노인과 매치하기 때문이다. 또한 노인이 지팡이에 의지한 모습은 巳字의 구부러진 형상에 빗댈 수 있다. 그러므로 테르미트의 겁살은 어쩔 수 없이 타의 반 자의 반으로 끌려가는 현실로서 명퇴, 은퇴, 귀향, 낙향, 은거, 노인 질환 형태의 시공간이다.

때문에 테르미트의 겁살이 사건과 사고에 연결되면 가문 사람, 집안 사람, 동창 등 지인과 연관이 있고, 이때 사건 사고 현장은 대체로 시골이고 고향이다. 구체적으로 테르미트의 겁살은 로터리, 시골길, 옛날 길(둘레길), 1차선 도로이다. 그러므로 사건과 일의 진행은 더디고 느려서 결론이 오래가고 工期에 맞출 수 없다.

무속인의 겁살이 테르미트와 연관되면 높은 벼슬을 했던 조상신이 들어온 것이다. 이 무속인의 문제는 神拔도 강하지 않은 조상신이 자꾸 치성을 올려 달라고 힘들게 한다는 것이다. 대체로 점사가 신통하지 못하다.

테르미트의 巳의 겁살이 부정적으로 작용하여 인생이 피폐하고 말년이 불안할 때, 酉와 丑의 년살과 반안살의 역할이 부정적인 에너지를 선도하여 개선할 수 있다. 申의 합의 작용은 지살을 적극적으로 이용하는 것으로서, 오히려 겁살을 자극하고 작동을 격려하여 지살의 부정적인 에너지를 격발한다.

(2) 타로의 16번 LA MAISON DIEV(라 메조 디지에스) 신전과 연관성

겁살을 타로의 16번 LA MAISON DIEV(라 메조 디지에스)와 연관할 수 있다. 메조 디지에스의 어원은 신전, 성전 즉 교회이다. 그러나 이곳의 신전, 성전은 무너져 내리는 모양으로서 중세 종교 권력의 침몰과 교회의 몰락을 나타낸다. 몰락은 돌이킬 수 없는 상황에 다다른 것으로, 만사 만물은 한번 침몰하기 시작하면 걷잡을 수 없다.

겁살부터 인간은 자신의 의지대로 할 수 없는 시공간이 열린다. 그러므로 메조 디지에스의 몰락의 시작은 12신살의 겁살과 유사점이 많은 타로이다. 테르미트의 겁살의 작용이 에너지가 감소하는 현상으로서 단풍이 든 상태라면, 메조 디지에스의 겁살은 에너지의 감소 임계점이 극에 달하여 붕괴하는 현상이다. 이는 낙엽이 지는 것으로서, 겁살이 구체적으로 현실화하여 발현한 상태이고 현상이다.

그러므로 메조 디지에스의 겁살은 급격히 몰락하는 회사, 단체, 사업, 가정과 개인이다. 때문에 직업 운은 강제 퇴직, 정리해고, 강제 이직이며, 학교 진학은 현 상태보다 한 단계 낮추어서 하는 것이 이롭다. 직업은 구체적으로 낙태 전문 의사, 철거 전문가, 탈곡기 전문가, 하수관 사업, 정화 사업, 변기 청소, 보일러 청소, 스킨스쿠버, 머구리, 해녀, 뻥튀기 장사, 막장 광부 등이다.

음식은 동물과 어류 내장을 이용한 음식으로 순대, 내장탕, 해산물, 젓갈 등이며, 재물 운은 투자나 투기는 금물이고 이익이 작더라도 장기적이며 원금이 보장되는 안전한 곳에 유치하는 것이 이롭다. 연애 운은 갑자기 식어 가는 애정이다. 건강 운은 급작스럽게 다운되는 현상으로서, 여성은 폐경기, 자궁 질환이며 남성은 전립선, 방광 질환으로 남녀 모두 대장과 항문 질환에 시달린다. 이때 命이 신약한 사람은 동물의 태반이 중요한 약재가 될 수 있다.

메조 디지에스가 겁살로 작동하면 터주신이 노한 것으로 반드시 달래 주어야 한다. 특히 무속인의 겁살과 메조 디지에스가 연결되면, 모시는 신이 떠난다는 신호로서 神拔이 떨어진다. 무조건 열심히 용서를 구하고 빌어야 할 때이다.

타로의 메조 디지에스를 地支의 亥에 비유하는 것은 亥月은 만사 만물이 모두 고개를 숙이는 계절로서, 오곡 백화와 각종 열매가 떨어지는 현상이 메조 디지에스의 아래로 떨어지는 문양과 상통함에 기인한다.

메조 디지에스의 亥의 겁살이 부정적으로 발산하여 인생의 왜곡과 질곡이 심화할 때는 寅의 작용이 문제를 해결할 수 있는 실마리가 되고, 卯와 未의 역할이 부정적인 에너지를 선도하여 개선할 수 있다.

   * 寅申巳亥는 12신살로 볼 때 장사와 연관성이 많다.

V.
년살

년살은 "도화살이 命에 침노하면 좌우에 처첩을 둔다. 만일 처첩을 들이는 운이 아니면 부인을 잃을 수 있다. 관재구설이 있으며 그렇지 않으면 중이나 수녀가 될 수 있다. 특히 삼십 대와 사십 대에 사나운 운수가 들어온다. 평생 재물 운이 있으나 모든 살이 방해하고 있음을 명심하라."[167]

"년살이 命에 있으면 재주가 많은 사람으로 유명해진다. 재물은 비록 넉넉해도 형제와 자매에게 재앙이 있다. 만약 몸을 정갈하게 하지 못하면 화류계 병으로 고생하게 된다. 운이 가면 몸 하나 건사할 곳이 없고 슬프고 괴로운 일들이 연이어 발생한다."[168]

년살은 일명 함지살(洉池殺), 도화살(桃花殺), 목욕살(沐浴殺) 교제살(交際殺), 인기살 등 다양한 이름으로 불린다. 그만큼 년살은 인생사에서 일상적으로 일어나는 사건 사고와 직접적인 연관성이 긴밀하다는 방

---

167)   김혁재, 한중수 공저, 앞의 책, 94쪽 참고.
168)   권유춘 발행, 앞의 책, 20쪽 참고.

증이다. 년살은 철부지로서 주로 애정적인 문제인 밀애, 탈선 등 남녀 간의 관계이다. 업무는 반복되는 일로서 중복적인 업무인 비서, 하녀, 하인, 심부름꾼 등 뒷바라지하는 사람이다. 그러므로 손실이나 사소한 고장에 따른 수리, 보수, 교환 등 보상업에 속하여 특정한 일을 무한 반복적으로 하는 직종에 종사한다.

때로는 년살은 혼합을 의미하여 융복합으로서, 이는 현대에 어느 부분에서는 유능함으로 작동된다. 이때의 직업으로는 서비스업, 간호사, 피부 관리사, 일러스트, 네일아트, 메이크업, 텔레마케팅, 남녀 헤어 디자인, 타투, 여성 속옷 장사 등에 해당한다. 년살에 해당하는 선물은 목걸이, 반지, 발찌, 팔찌, 스타킹, 란제리, 각종 핀, 잠옷 등이고, 음식은 국수 종류, 파스타, 케이크, 폐백 떡, 뻥튀기, 솜사탕 등이고, 재물은 팁, 후원금, 대기 자금, 또는 증자금(增資金)에 속한다.

년살을 일명 욕지(浴地)라고 한다. 때문에 년살은 더러운 것을 씻어내야 하는 것으로 인내심과 수모를 참는 인고를 감내해야 비로소 성공한다. 망신살이 生宮(생궁)으로서 에너지의 지속력이 강하다면, 년살은 沐浴宮(목욕궁)으로 에너지의 지속력이 약하므로 참고 적응하면 대체로 운이 쉽게 풀린다. 즉 년살은 수모를 참고 경거망동하지 않으면 사고가 나지 않는 것이다. 때문에 년살이 財와 官으로 작동하여 성공한 사람이, 그 대운이 지나기 전에 힘들어지는 것은 방종하고 오만해졌기 때문이다. 년살은 오래 지속되지 않는 특징을 갖는다. 년살은 지속력이 약해 성패가 반반이다. 그러므로 타로에서 년살과 관련되는 사업이나 금전에 대해서는 반드시 기한을 명시하여야 하며 그 기한은 3개월 이내가 적당하다.

년살은 현대나 과거에 예능과 연관하고 종사하는 경향이 많다. 년살은 태어나서 沐浴하는 행위로 어린 상태를 의미한다. 인간은 어릴 때 재롱떨고 그 재롱으로 자신을 내세운다. 그러므로 년살은 지성보다 본능이 강한 시공간이다. 이런 연유로 예능인은 본능적인 기질이 철없고 방종하지만 한편 솔직하고 순진한 면도 있다.

인생사에서 년살은 사춘기에 해당하여 유행과 화려함을 좋아하는 시기이다. 순간적이고 충동적인 애정과 감정에 치우치는 성향으로 좌고우면(左顧右眄)하지 않는 일방성이 노련하지 못하여 실패하는 수가 많다. 그래서 재물과 직장이 좋으면 애정은 하락이고, 재물과 직장이 불미하면 애정은 상승이다. 즉 한 가지가 좋으면 두 가지는 불리하고 두 가지는 좋은데 한 가지가 불미한 경우가 발생한다. 때문에 년살은 복합적으로 보아야 한다.

여하튼 년살은 아름다운 것, 화려한 것, 매력적인 것, 인기가 있는 것, 충동적인 것 등이다. 이런 연유가 년살을 주로 소비와 사치성으로 작동하게 하여서, 애정의 음행 또는 주색과 환락, 유흥업, 연예 업종 등과 연결한다. 신체는 약하고 과민성 질병, 알레르기, 체증, 유행성 질병, 감기 등에 쉽게 노출된다. 대체로 년살이 강하게 작동하는 사람이 사업을 하면 누님이나 오빠, 남동생, 애인이 사업 자금을 마련해 주는 경우가 많다.

꿈이 년살에 기인하여 나타날 수도 있다. 이때 꿈이 신통하게 들어맞는 사람은 년살과 연결된 현상으로 동자신, 선녀신(성혼 못 한 남녀 육친)이 작동한 것이다. 만약에 년살과 월살이 사주 안에서 관계하거나 세운에서 만나면 인생사 인내의 고통이 극심하다(子丑合, 午未合, 酉戌害). 이 경우 여성은 난산으로 고생하고 출산 후에 심하게 아프다.

* 년살이 공망이 되면 향수업, 음향업, 네일업, 메이크업, 마사지 숍 등이 어울린다.

년살과 타로의 연관성

(1) 타로의 21번 LE MONDE(레 모오데) 온 세상, 삼라만상, 천지창조와 연관성

년살을 타로의 21번 LE MONDE(레 모오데) 즉 사계절, 삼라만상, 천지창조, Global(글로벌)한 세계와 연관할 수 있다. 모오데의 년살은 원초적이고 감정적이며 본능적인 측면이 강한 문양이다. 그러므로 모오데의 년살은 자신의 의지와 에너지를 감정적인 끼라는 것으로 강하게 표출하는 시공간이다. 때문에 모오데가 사건이나 사고와 연결되면 다발성으로 진행되어 연애나 애정 문제에서 다양한 인종이나 다양한 직업군과 관계를 갖는다. 이런 연유로 모오데의 년살은 원초, 본능의 의미로서 환락, 유흥, 음란, 풍만, 풍요, 낙원, 태몽이다. 사회적으로 인기인, 예능인이고, 건강은 유방, 자궁, 고환, 호르몬 질환 등에 해당한다.

모오데의 년살은 자신의 주체할 수 없는 끼로 인하여, 연애 운은 나이를 불문하고 유혹하고 유혹당하는 현상이다. 직업 운은 승진과 합격은 유리하나 마음이 안정되지 못한 상태로서 이직 또는 임시직이나 파트타임의 성향이다. 재물 운은 대체로 좋아도 소비 지출이 심하여 축재 또는 저축은 못 한다. 모오데의 년살에 해당하는 재물은 현대에서 예능 산업과 게임 산업 또는 가상화폐, 주식, 채권 등이다.

건강 운은 몸보신과 미용과 관련하여 무분별하게 섭생하고, 신체 성형과 치장이 심하여 건강을 망칠 수 있다. 특히 타투의 피해를 볼 수 있으므로 시술 시 신체 정확한 곳에 필요한 문양을 해야 한다.

모오데의 년살을 할로윈 축제 또는 짝퉁에 비유할 수 있다. 때문에 모오데의 년살은 짝퉁을 잘 이용하면 의외의 득이 될 수 있다. 모오데의 년살에 짝퉁을 이용하는 방법은 로고를 윤색하고 제품 디자인에 미미한 변형을 하는 것이다. 예를 들면 루이비통을 라이비통이라고 하고 샤넬을 서넬로 표기하는 것이다.

무속인의 년살이 모오데와 연관되면 선녀신이 들어온 것이다. 이때 들어온 선녀신은 국제적으로 활동하는 신으로서, 주로 해외와 연결되는 연예 사업, 패션업, 화장품 사업, 미용업, 성형업종, 국제 로비스트 등에 탁월한 점사 능력이 있다. 하지만 반드시 경계할 것은, 본인이 방종하거나 오만하면 神拔이 濁(탁)해진다.

타로의 모오데는 地支의 卯와 어울린다. 모오데를 地支의 卯에 비유할 수 있는 것은, 卯月은 온 세상에 씨앗이 발아하여 나오는 현상 즉 싹이 돋는 계절이기 때문이다. 즉 만사 만물이 사방에서 모두 자신을 드러내는 것이 모오데의 문양에 비유된다. 또한 卯시는 해가 뜰 때로 모든 동물이 기지개를 펴고 세상 밖으로 나오는 것에 기인한다.

다른 한편 모오데와 地支의 卯가 연결될 수 있는 것은 벌거벗은 여인의 요염한 모습이 봄의 도발과 연관하고, 벗고 있어도 창피함을 모르는 모습이 봄에 씨앗이 탈피하는 현상과 연관하며, 사방에 있는 동물의 모습이 다양한 인종의 문화로 무엇이든 다 하는 예능과 연관되기 때문이다.

모오데의 卯의 년살이 부정적으로 작용하여 인생의 왜곡과 질곡이 심화할 때, 애정 문제는 화개살(戌, LE PAPE: 정신적인 사람)의 역할이 필요하고, 직업과 재물 등 사회문제는 亥(LE MAT)와 未의 작용으로 개선할 수 있다.

* 순수한 내 돈으로 사업하면 장사지만, 은행 돈이나 남의 돈으로 장사하면 사업이다. 사채와 채권 발행은 년살에 해당한다.

(2) 타로의 17번 LE TOULE(레 투알러) 별과 연관성

년살을 타로의 17번 LE TOULE(레 투알러)가 지닌 의미의 별, 어두운 공간, 물가, 야외 목욕장, 생리현상, 출산 등과 연관할 수 있는 것은, 년살이 일명 목욕살이라는 별칭을 갖고 있기 때문이며, 년살은 12신살에서 대체로 젊음과 유혹을 대변하기 때문이다.

모오데의 년살이 주로 도발적이며 감정적인 끼의 발산으로서 보여 주기면, 이곳 투알러의 년살은 직접적인 애정의 발로로서 섹스와 임신, 그리고 경우에 따라 불륜이며 출산에 해당하는 행동주의이다. 그러므로 모오데는 년살의 결과에 의연하고 피해를 감수하며 후유증에 둔감하지만, 투알러는 년살의 결과에 얽매이고 구체적인 후유증이 막심하다.

투알러의 년살은 자신의 에너지를 직접 육체적으로 발산하는 시공간이다. 그러므로 투알러의 년살이 사건과 사고에 연관되면 지극히 은밀하고 비밀스러운 개인적 애정 문제가 불륜, 치정, 임신, 출산으로 나타난다. 따라서 투알러의 년살의 연애 운은 육체적인 결합으로 One-night stand(원나잇 스탠드)이다.

년살은 철부지이다. 때문에 투알러의 년살의 작용은 대체로 어린 나이에 이르게 발생하여 승진 운은 별 볼 일 없고, 학업 운은 부진하며, 재물 운은 낭비가 심한 상태이다. 직업 운은 휴직과 실직이며, 건강 운은 피곤하고 나른하며 살이 찐다. 비교적 모오데의 년살의 작용은 사회성으로 역동적이고 진취적이지만, 투알러의 년살의 작용은 피동적이며 침체이고 지극히 개인적이다.

무속인의 년살이 투알러와 연관되면 '胎子鬼(태자귀)'[169], '미명귀'[170]나 '어둑시니'[171] 신이 들어오고, 주로 별점과 물점에 능력이 탁월하다. 하지만 이 무속인은 몸이 약하고 눈물이 많은 것이 인생을 힘들게 한다.

투알러의 년살은 地支의 酉와 어울린다. 그것은 酉는 물그릇과 술병으로서 투알러의 문양의 물병, 가슴 등에 비유할 수 있기 때문이다. 투알러의 년살의 개운 방법은 정수기를 교체하거나 물을 갈아 먹는 것이고 짝퉁을 사용하면 신통하다. 특히 타고 다니는 차량의 로고를 변경하여 사용한다면 그 효과는 즉효 할 것이다.

투알러의 년살이 부정적으로 작동하여 인생의 왜곡과 질곡이 심화할 때는, 화개살(辰: 복구, 원상 복귀)의 작용이 문제를 해결할 수 있는 실마리며, 巳와 丑의 역할이 부정적인 에너지를 선도하여 개선할 수 있다.

(3) 타로의 6번 LA MOVREVX(라 모브걸비이스) 연인과 연관성

년살을 타로의 6번 LA MOVREVX(라 모브걸비이스)의 연인, 연인들

---

169) 낙태나 유산으로 죽은 태아의 영혼.
170) 젊어서 죽은 여자 귀신. 청춘과부 귀신이다.
171) 어두울 때 나오는 귀신.

과 연관할 수 있다. 모브걸비이스는 사교클럽, 축제, 오리엔테이션, 폭넓은 교제, 리셉션, 삼각관계, 큐피드의 화살, 선택이다.

모브걸비이스의 어원은 mover(무브)로서 '움직이게 하다, 바뀌다, 달라지다'라는 뜻이다. 즉 감정과 이익에 따라 순간순간 변하는 인간의 이합집산과 개인 간의 관계를 표현한 것이 모브걸비이스이다. 그러므로 모오데(잘난 맛에 산다)와 투알러(내면의 감정에 취해 산다)가 전적으로 인간의 본능적인 감정을 나타내는 타로면, 이곳의 모브걸비이스는 이해타산이 개입하여 감정을 조정하는 모습을 표현한 타로로서, 모브걸비이스의 년살은 감정이 메마른 것이다.

모브걸비이스의 년살은 이해타산이 개입하여 감정을 조정하는 시공간이다. 그러므로 모브걸비이스의 년살이 사건과 사고와 연관되면 주변 사람과 이해관계의 상충으로 반드시 둘 중 하나를 택하여야 하는 상황이 벌어진다.

모브걸비이스의 년살의 연애 운은 두 남자나 여자 사이에서 고민하고

　　　　신기하게 잘 맞는 마르세유 타로와 십이신살

결정을 강요받는 현상이며, 직업 운은 본업 외에 부업 등 부차적인 일을 하는 것으로, 결혼 상담(중매), 연예인 매니저(섭외), 성매매 알선, 부동산 중개, 중고명품 거래, 외국 음악 번역 등이다. 승진 운은 접대, 청탁, 아부 등 뇌물성이 개입하고 낙하산 인사이다. 재물 운은 대체로 회전이 순탄하지만 보증과 대출, 차용, 차입에서 이자의 조정과 상환 시기에 문제가 발생하므로 신중하여야 한다. 매매 운은 서로 자존심을 내세우며 간 보고 눈치 보는 형태로서 삼자가 개입하여 조정하는 과정에서 과도한 수수료가 발생한다. 건강 운은 갈등과 논쟁과 선택의 강요에 의한 스트레스성 정신적 질환, 강박증, 심장 질환 등이다.

모브걸비이스의 년살이 강하게 작동하여 불편한 상황이 자주 전개되면, 삼자나 후견인, 先人(선인) 등 어드바이스를 해 줄 수 있는 사람에게 조언을 구하는 것도 좋은 탈출구가 될 수 있다.

무속인의 년살이 모브걸비이스와 연관되면 신랑에게 소박맞거나 첩살이했던 미명 귀신이 찾아온 것이다. 이들의 '怨氣(원기)를 누그려서 和氣(화기)하는 방법으로 별신굿, 서낭굿을 할 수 있다'[172]. 년살에 해당하는 날 꿈 점에 모브걸비이스가 등장하면 애정 문제에 갈등이 생기고, 매매 관계에 다시 조정할 문제가 발생한다.

타로의 모브걸비이스는 地支의 卯와 어울린다. 모브걸비이스를 地支의 卯에 비유할 수 있는 것은, 모브걸비이스의 어원 mover(무브)의 뜻 바뀜에 기인한다. 토끼가 환경에 적응하여 몸의 색깔을 바꾸는 모습을 mover에 비유하는 것이다. 또한 '사랑스러움=토끼'의 공식은 큐피드 화살에 대비되고, 화살에 노출된 모습(사냥당하는 토끼), 삼각관계를 형성

---

172) 한국 민족문화 대사전, 사령신적 귀신 편.

하는 모습(이합 집산하는 토끼) 등이 연관되어 卯와 어울린다.

　모브걸비이스의 년살이 부정적으로 작동하여 애정과 인간관계의 왜곡과 질곡이 심화할 때, 애정 문제는 천살(戌, LE PAPE: 정신적인 사람)의 역할이 필요하고, 직업과 재물 등 인간관계 즉 사회문제는 亥(LE MAT)와 未의 작용으로 개선할 수 있다.

VI.
장성살

장성살은 "장성이 命에 있으니 권한을 잡는 사람이다. 무예가 출중하여 손에 병권을 잡는다. 대인은 재물이 상승하고 소인도 대체로 운이 좋다. 그러나 명예가 있어도 마음속에 근심이 있으며, 권세를 잡지 못하면 반대로 천한 인생이 될 수 있다."[173]

---

173) 김혁재, 한중수 공저, 앞의 책, 95쪽 참고.

"命에 장성살이 들어 있으면 크게 출세하는 사람이다. 남자는 명예가 높지만, 여자는 고독할 수 있다. 대인은 재물이 불어나고 소인은 운이 길하다. 그러나 명예는 좋으나 마음속에 근심이 떠나지 않는다."[174]

남자의 장성살은 강성(强性)으로 타협하지 않는 성향이다. 비록 재록은 풍부하지만, 독단성이 강하여 주변 사람들이 불편하고 불만이 있으며, 자신의 뜻과 같지 않으면 분쟁과 논쟁을 유발한다. 장성살의 이러한 성향은 가정에 불화를 일으키고 사회생활에서 인생사를 흔들 수 있는 사건을 유발하여 혹독한 인생을 산다. 구체적으로 가정생활은 남녀 모두 배우자와 불편하고 자식과의 관계에서도 늦게 보거나 미혹하며 혹독하게 고생시킨다. 특히 子와 丑, 午와 未를 합으로만 보지 말고 세심하게 봐야 한다. 대체로 子丑합년생과 午未합년생의 결혼은 물과 기름의 합과 같아서 특별한 노력이 필요한 결혼이다.

특히 여성의 장성살 壬子, 丙午는 장성살의 끝판왕으로 칼을 찬 여장 군이다. 이들은 묘한 매력은 있으나 여성스러운 애교가 없다. 이러한 성향 때문에 남편과 애정이 박절하여 비애와 고독한 사랑, 애정 결핍에 의한 가정생활 실패로 결혼 생활에 환란이 있다. 이런 경우는 본인이 신랑을 갈아치우는 것이다. 장성살은 자신이 사랑과 애정을 찾는 사람으로 자신에 대한 타인의 관심은 무시한다. 장성살은 개성이 강하여 앞서가는 성향이다. 그러므로 외면으로 보면 현대의 커리어 우먼으로 꾸미기를 좋아한다. 하지만 이러한 성향이 이성이 쉽게 접근하지 못하는 요인이 되기도 한다.

장성살이 강한 여성은 겉으로는 멀쩡하게 보여도 항상 컨디션이 좋지

---

174) 권유춘 발행, 앞의 책, 21쪽 참고.

않아 몸이 아프고 밖으로 나돌게 된다. 이러한 연유로 장성살이 강한 여자는 살림살이에 크게 관심이 없고 취향에 맞지 않는다. 대체로 장성살의 남녀가 음식을 한 가지에 집중하여 차리거나 먹는 것은 장성살의 집중적인 에너지의 성향 때문이다. 때문에 식당 음식이 편하다.

장성살의 좋은 장점은 힘을 한 곳에 집중하는 에너지가 뛰어나서 적극적이고 문제를 단기간에 해결하는 능력이 뛰어나다. 그러므로 장성살은 벼락치기 공부나 부동산, 주식, 채권 등에서 단타가 적합하다. 특히 스포츠와 관련된 주식은 장성살이다. 즉 인생의 한 방의 터닝 포인트는 장성살과 연관이 있는 것이다.

장성살을 일명 大將軍殺(대장군살)이라고 한다. 만일 가정과 직장에서 장성살 방향을 수리하거나 출입문으로 만들었는데, 사고가 연이어 발생하면 동토(動土)가 난 것이다. 이때는 장성살 방위에 부적을 붙여야 한다. 장성살이 일과 월에 있어서 강한 사람은 두려움이 없고 자신의 마음에 들면 간, 쓸개 다 주는 성향이다. 특히 여성의 강한 장성살은 배우자를 앞서게(죽음) 할 수 있다.

장성살은 종손이고 형제 중에 중심인물이다. 비록 둘째나 셋째라도 맏이 역할을 한다. 장성살은 비밀이 많은 사람, 터줏대감으로 흔히 대장군(子, 午)이라고 한다. 장성살자와 역마살자의 결합은 휴직 상태로 직업적인 공백이고, 대운에서 장성살은 승진, 사업 성취 또는 탈락, 사업이 망할 때로 본다.

장성살의 개운법은 머리카락 색깔을 바꾸고 직장을 가지거나 취미나 봉사 활동을 하면 오히려 편해진다. 실제 장성살자가 밖으로 나도는 것은 집 안에 박혀 있으면 강한 에너지를 발산하지 못하여 컨디션과 마음이 답답한 것이 심신을 억누르기 때문이다. 이는 반드시 여성 장성살자가 직업이 있어야 편한 이유이다.

또 다른 개운법은 장성살에 해당하는 이성(띠)과 남녀 관계를 맺으면 쪼들리던 살림이 펴질 수 있으며 컨디션이 상승하고 건강도 좋아진다. 즉 장성살이 강한 남녀가 가정을 온전히 건사하려면 밖에서 만족을 찾아야 하는 것이다. 이러한 개운법의 효과는 일시적으로 컨디션이 상승하여 건강이 개선되고 직업도 안정되며 재물도 상승한다.

방향으로 운과 길흉을 따질 때 풍수에서 장성살 방위는 주방에 해당한다. 그리고 흉한 도적이 들어오고 나가는 방향이다. 장성살 방위에 창문, 대문, 출입문, 통풍문 등이 있으면 가정에 혼란과 소요가 발생하여 엉망진창이 되는 것은 장성살은 대장군 방향이 되기 때문이다. 풍수의 비보 방법은 장성살 방위에 벽, 옹벽을 세우거나 폐문하거나 두꺼운 커튼을 다는 것이다.

장성살과 타로의 연관성

(1) 타로의 4번 LE EMPEREUP(레 엄페럴트) 황제, 제왕과 연관성

장성살을 타로의 4번 LE EMPEREUP(레 엄페럴트) 황제, 제왕, 군주와 연관할 수 있다. 엄페럴트는 모든 권한과 권리를 독점하여 오로지 자신의 의지대로 강행하는 모습의 타로이다. 그는 방패는 내려놓고 홀을 들고 있다. 이는 곧 방어는 관심 없고 오로지 공격에 강한 의지가 있음을 보여 주는 것이다. 즉 장성살의 강성, 독단성, 비타협성과 엄페럴트의 문양이 아주 잘 일치하고 있다.

그러므로 엄페럴트의 장성살은 내치보다 외치이고 수성보다 창업에 적합한 인물로서 승계형이 아니고 자수성가 유형의 사람이다. 그래서 때로는 오만, 독선, 불통, 고독 등이 엄페럴트의 장성살에서 장애가 되어 나타난다. 그의 이러한 성향은 순전히 공격과 창업 기질에 기인한 것으로, 이런 경우에 그의 고뇌를 순수하게 공감하고 이해하며 감싸 줄 수 있는 반려자가 절대적으로 필요하다.

엄페럴트는 쿠데타로 집권한 프랑스의 황제 나폴레옹을 뜻하기도 한다. 나폴레옹은 과도한 패권주의자로 유럽을 전쟁의 도가니로 몰아넣은 인물이다. 장성살은 국가를 책임지는 장수를 의미한다. 즉 전쟁을 수행하는 사람은 장성살인 것이다. 장성살의 특징은 처음에는 좋으나 시간이 지나면 엄청난 액운이 올 수 있다. 타로를 12신살과 연결할 때, 나폴레옹의 인생과 흡사한 것이 장성살이 아닌가!

장성살이 엄페럴트에 작동할 때 연애와 결혼 운은 시작은 멋들어지고 좋으나 결과는 불안하다. 만약에 장성살이 엄페럴트에 작동하는데 멀쩡하게 잘살고 있다면, 이는 소위 보여 주기 연애와 애정이다. 특히 여성의 장성살은 대체로 밖으로 나돌며 직업과 취미 활동에 치중하여 가정에 소홀하다. 이혼은 본인의 의사가 적극적으로 반영된다. 직장 운도 과도한 욕심과 의욕으로 오히려 승진이 정체되고 견제당한다. 학과는 창업 학과나 M&A(인수합병)학과, 사관학과 계통이 어울리고, 재물 운은 속이 빈 강정으로 겉은 화려하고 멀쩡해도 채무가 존재한다. 하지만 의외로 소비는 소탈한 면이 있다. 건강 운은 항상 컨디션이 좋지 않은 것처럼 느끼고 몸과 마음이 고달프며, 극심한 정신적 스트레스와 격무에 의한 뇌졸중, 심장병 등으로 돌연사가 걱정된다.

엠페럴트의 장성살은 자신이 모든 권한을 독점하고 시행하는 시공간이다. 그러므로 양인살인 丙午에 해당한다. 엠페럴트의 장성살이 작동하면 주위 사람들과 구성원들에게 그들의 의사와 관계없이 강요하거나, 또는 자신이 스스로 그런 압박을 받는 다. 퍼어스의 장성살이 자신이 자신을 힘들게 하고 그 피해를 고스란히 자신이 감당하는 것이라면, 엠페럴트의 장성살은 주위 사람과 구성원을 힘들게 하고 그로 인하여 끝내 자신도 힘들고 고독하며 액운을 당하는 것이다.

무속인의 장성살이 엠페럴트와 연관되면 大神이 들어온 것이다. 大神은 장군신과 문사신을 거느리고 내려온다. 또한 장군신은 동자신을, 문사신은 선녀신을 대동한다. 이들은 주로 국가사업, 국영기업, 국가 대표기업 등 국가의 대사를 책임지는 역할을 수행한다. 大神을 모시는 무속인을 萬神(만신)이라고 한다. 꿈 점에서 내방인의 장성살 날에 엠페럴트가 등장하면 만사를 막아 주고 해결해 주는 신이 왕림한 것으로 길몽이다.

엄페럴트의 장성살은 地支의 午와 일맥상통한다. 엄페럴트가 들고 있는 홀은 불(午)을 상징하고 홀도 午의 모양이며, 한낮에 밖에 나와 있는 모습에서 正午 時를 연상한다.

엄페럴트의 장성살 午가 부정적으로 작동하여 인생의 부침과 고난이 심화할 때, 애정 문제는 未의 역할로 개선하지만 상대에게 의지하려는 성향이 강하여 문제 해결이 미진하다. 하지만 직업과 재물 등 사회문제는 에너지가 융합되어 만사를 조용히 처리할 수 있는 50대는 寅과 戌의 작용으로 원활히 개선할 수 있다. 즉 엄페럴트의 장성살의 개운법은 지살(시종 또는 시녀)과 화개살(사상과 정신적인 조언자)이 함께한다면, 오히려 더 유리한 방향으로 작동할 수 있다.

(2) 타로의 11번 LA FORCE(라 퍼어스) 힘, 완력과 연관성

장성살을 타로의 11번 LA FORCE(라 퍼어스) 힘, 완력, 활력과 연관할 수 있다. 퍼어스의 장성살은 강한 성향의 여자 대장군, 지하 여장군, 여걸, 여자 터주, 기숙사 여자 사감이다. 이들은 말보다 행동하는, 몸을 쓰는 여성이고 격정적인 여성이며 결단성 있는 여성이다. 대체로 이들은 근육 질환과 근육 신경통에 시달리며 이는 삭신이 쑤시는 것이다.

퍼어스의 장성살은 자신이 모든 것을 책임지려고 하고 해결하려고 한다. 이런 성향이 자기 자신을 힘들게 하고 그 결과 자기 자신도 불행하다. 즉 자신의 팔자를 자신이 볶는 것으로서 만사를 나서서 하지만 주위 평판은 탐탁하지 않다. 타로를 12신살과 연관하여 볼 때, 피에이스페이스(여교황)와 임베하시스(여왕) 그리고 저스티스(정의의 여신)도 어느 정도 장성살의 기운이 있다고 할 수 있다.

퍼어스의 장성살은 자신의 에너지를 과도하게 표출하고, 그것을 통하여 만사를 해결하려 하며 오로지 자신만의 의지로써 만사를 성사하려고 하는 시공간과 현상이다. 그러므로 퍼어스의 장성살이 사건과 사고에 연결되면 자신에게 그 파장이 크며, 이는 순전히 자신 탓인 자업자득으로서 타인의 위로와 동정을 받을 수 없다. 즉 퍼어스의 장성살은 자신의 에너지를 과신하는 시공간으로서 외골수 상태에 소통이 안 되는 자충수 현상이며 불필요하고 과도하게 대응하는 현상과 액션이다.

퍼어스의 장성살이 작동하면 애정과 연애 운은 신속하지만 너무 일방적인 면이 있다. 주로 이때 애정 상대는 동창이나 유부남 또는 나이가 어린 상대이다. 퍼어스의 장성살의 결혼 운은 아주 일찍 하여 실패하거나 아주 늦게 한다. 직장 운은 합격과 승진의 확률이 높아도 독립과 이직, 창업의 현상이 반복될 수 있다. 학과는 이공계열에 전문 기술직이 어울리고 스포츠산업에 종사하거나 전문 경영인도 있다.

퍼어스의 장성살이 작동하면 재물 운은 성공과 실패가 공존하여 많이 벌고 많이 나가는 구조로서, 겉만 그럴듯한 것으로 항상 안전한 축재보다 채권과 투자에 관심이 많고 부채를 두려워하지 않는다. 건강 운은 병이 생기면 진행이 빨라 급격히 악화하는 현상으로 조심하여야 하며 이는 모두 자기 자신의 무리한 혹사와 건강 과신에 기인한다.

무속인의 장성살이 퍼어스와 연관되면 드센 조상 할매 신이 들어온 것이다. 이들은 매사에 사사건건 참견하고 자신의 말대로 하라고 하지만 점사는 신통하지 않다. 대체로 싸움을 말리려고 하지 않고 오히려 부추기는 성향이다. 꿈 점에서 내방인의 장성살 날에 퍼어스가 등장하면 주변 사람들과 사소한 이익 문제로 다툼이 있거나 신랑과 자식 문제로 골치 아픈 일이 발생한다.

퍼어스의 년살을 地支의 子에 비유할 수 있다. 퍼어스는 자식(子)을 낳은 여인이고, 퍼어스의 형상이 子라는 글자와 유사하며, 또한 여자 장성의 양인살 壬子의 에너지와 퍼어스의 에너지가 넘치는 모습, 강제적으로 사나운 사자의 입을 찢는 모습이 양인살인 여장군과 연관되어 장성살 子에 비유할 수 있기 때문이다.

퍼어스의 장성살이 부정적으로 발산하여 인생의 왜곡과 질곡이 심화할 때, 애정 문제는 丑의 合이 개선하겠지만, 자신의 부단한 노력이 필요하고 문제 해결이 미진하여 임시방편 처방이다. 직업과 재물 등 사회문제를 申과 辰의 작용으로 어느 정도만 개선할 수 있는 것은, 퍼어스의 장성살이 지닌 독특한 기질적인 특성 때문이다. 그러나 대체로 퍼어스의 장성살은 나이가 들어도 그 살이 완화되지 않는 고질적 성향이다.

(3) 타로의 AS D'EPEE(에이스 데 에페) 칼, 기사와 연관성

장성살을 타로의 AS D'EPEE(에이스 데 에페) 칼, 검, 단도, 검투사, 기사와 연관할 수 있다. 칼과 검의 역할은 자신을 보호하고 정의를 실현하는 도구이다. 검투사와 기사는 자신의 존재를 검과 칼이라는 강력한 도구로써 증명하기에 장성살의 강성의 에너지가 작동한다.

칼과 검은 분명히 살상의 도구로서 상대방과 기타 사물의 신체를 흠집하고 훼손하는 도구이다. 그러므로 장성살의 에페는 무력, 군사력, 강력한 공격성을 나타내는 타로로서, 어느 경우라도 상대방에게 아픔과 신음, 고통을 주게 되고 그로 인하여 자신도 그 피해를 당할 수 있는 것이다.

그래서 장성살의 에페는 위협하고 협박하며 찌르고 괴롭히는 것이며 직접적인 고통이 가중되고 이를 경험할 수 있는 힘든 시공간이다. 엄페럴트의 장성살이 주로 정신적인 기질로서 명령을 내리는 간접적이고 추상적인 장성살이면, 이곳 에페의 장성살은 직접적이고 현실적이며 육체적인 장성살로 수행성이 강하여 온몸에 피가 나고 아프며 두렵고 고통스러운 것이다.

에페의 장성살은 위협과 협박, 육체적인 고통과 아픔이 동반하는 직접

신기하게 잘 맞는 마르세유 타로와 십이신살

적인 시공간이다. 그러므로 에페의 장성살의 연애와 애정운은 위협 등 아픔과 고통이 따르며, 특별한 상황과 환경에는 성추행, 강간, 능욕이 발생할 수 있다. 직장 운은 나를 괴롭히고 위해하는 사람이 到處(도처)에 많고, 본인 역시 타인을 위협하고 괴롭히는 것이다. 취업과 승진 운은 경쟁이 심하여 죽기 아니면 까무러치기로 고통스럽다.

에페의 장성살의 재물 운은 급하게 돈 쓸 곳이 번번이 발생하여 긴급자금, 단기자금의 융통(큰돈)을 촉발하고, 이로 인하여 빚쟁이의 고통을 심하게 받는다. 학과 전공은 문과는 공매, 경매, 공매도, 주식선물, 금융추심, 긴급 단기자금(IMF) 등 융통과 관련된 학과이고, 이과는 국방, 군수, 무기 관련 학과, 부사관학과이다. 특별한 경우 에페의 장성살이 직업과 경제와 관련되면 추심 직종이 무난하다. 건강 운은 몸에 피가 나고 아프며 고통스러운 것으로서 수술 등 외과적인 치료를 할 수 있다.

무속인의 장성살이 에페와 연관되면 칼춤 추고 작두 타며, 돼지나 닭 등을 창에 꿰거나 칼로 목을 치는 행위를 하는 무속인이다. 대체로 작두타고 칼춤 추면 大神이 들어온 것으로 생각하지만, 급수가 높은 신이 아니다. 꿈 점은 내방인의 장성살 날에 에페가 등장하면 각종 작업 도구와 신체를 조심하라는 계시이다.

에페의 장성살은 地支의 午와 문양이 흡사하다. 또한 말의 거슬러 올라가는 기질[175]과 빨리 달릴 때, 몸의 수없는 고통을 감내하며 땀을 배출하는 모습에서 午를 에페의 장성살에 비유할 수 있다.

에페의 장성살이 부정적으로 발산하여 인생의 왜곡과 질곡이 심화할 때, 애정 문제는 未의 역할이 개선하겠지만, 그래도 자신의 의지대로 하

---

175) 말은 물에 빠졌을 때 물을 거슬러 올라가는 습성 때문에 익사하는 경우가 많다.

려는 성향이 강하여 문제 해결이 미진하다. 직업과 재물 등 사회문제는 에너지가 가장 활발히 작용하는 때인 20-40대에 寅과 戌을 사용하면 말년(50대 이후)의 불행을 미연에 방지할 수 있다.

VII.
육해살

육해살은 "조실부모하여 타향에서 방랑 생활을 할 수 있다. 만일 조실부모하지 않으면 양자로 입양될 수 있다. 타인에 의하여 해를 입고 골육의 정도 없다. 때문에 중이나 수녀 생활을 하지 않으면 딱하고 어려운 일들이 연이어 발생한다. 동분서주하는 인생으로 세상이 뜬구름과 같고 꿈과 같다."[176]

---

176)   김혁재, 한중수 공저, 앞의 책, 97쪽 참고.

"命에 육해살이 들었으니 불의의 재앙이 올 수 있다. 일찍 부모와 이별하고 사방으로 분주하다. 동자 귀신이 해를 끼치니 하는 일마다 어려워지고 끝내 패망한다. 實(실)이 적고 虛(허)가 커서 겉은 풍성한 부자 같아도 내실은 비어 있어 가난한 사람이다."[177]

육해살은 여섯 곳, 즉 전후좌우 위와 아래에 고통과 아픔이 있는 것이다. 여섯 곳에서 나를 괴롭히니 저절로 동작이 빨라진다. 인간은 고통이 감지되면 순간 가장 빠르게 행동하므로 육해살의 장점은 지름길을 의미한다. 동작이 민첩하여 위기 모면을 잘하며, 융통성(속행료)이 있어서 만사를 신속하게 진행하므로 융통살(장점)이라고 한다. 하지만 지름길에는 고통이 따른다는 것을 명심하여야 한다.

부연하면 申子辰 水局의 육해는 卯이므로, 水局이 木에 水生木으로 작동하는 현상이니 융통살이라고 하는 것이다. 그러나 융통이 심하면 조급하여 일을 졸속으로 처리하는 경우가 많아서 후에 문제가 발생할 수 있다. 이런 경향에 음식도 급하게 먹어 곧잘 체하기도 한다.

육해살은 여섯 곳을 감시하는 사람으로 경비나 문지기에 해당하고, 인체에서는 출입구인 눈, 코, 귀, 입, 항문, 성기에 해당한다. 그래서 육해살이 흉하게 작동하는 사람은 눈, 코, 귀, 입, 항문, 성기와 관련된 질병에 걸릴 확률이 높다. 종종 육해살이 부정적으로 작용하는 사람이 탈세, 탈영, 근무 이탈(사주 상관은 육해살과 연관), 뇌물 제공, 뇌물 수수 등을 하는 것은, 육해살은 문지기인데 동서양 모두 문지기에게 통행료는 그들의 권리라는 인식이 있기 때문이다. 때문에 육해살이 강하게 命에 작동하는 사람의 직업은 세무공무원, 공항과 항만 출입국, 교정국, 주차장 관

---

177) 권유춘 발행, 앞의 책, 22쪽 참고.

리, 자동차 전용 도로 통행 관리(도로공사), 수처리 업무 등이 어울린다.

　대체로 풍수에서 육해살이 가옥에 흉하게 작동할 때는 화장실과 주방의 수구와 수도관이 막히는 현상이 발생한다. 때문에 잔 도난 사건이 빈번하게 발생하면 공구 창고, 수도관, 화장실과 주방 수구 등을 잘 단속해야 하는 것이다. 육해살은 풍수에서 화장실을 배치하는 방위이다.

　사회적인 관점에서 육해살의 여섯 곳은 마음, 신체, 가족, 애정, 재물, 직업을 의미한다. 그러므로 육해살은 결코 인간에게 편한 시공간이 아니다. 방향으로써 운의 길흉을 따질 때, 육해살 방위는 잔돈푼(속행료, 통행료)이 들어오는 방위이다. 그러므로 인간사에서 사소한 곤란에 빠졌을 때, 육해살은 소소한 혜택을 받을 수 있는 것으로 적은 돈을 융통(단기 융통 자금)할 수 있는 방위에 해당한다. 때문에 命의 재물이 육해살과 연관되면 잔돈푼에 연연하고 푼돈을 만진다. 실제 장돌뱅이는 육해살 방위로 이동하면 푼돈을 만질 수 있으므로 장사가 잘된다. 육해살에 해당하는 물질은 망치, 드라이버, 톱(빠른 것), 뚫어뻥, 차단기, 수리기구, 재사용을 위해 얻거나 주워 온 것(육해: 귀신), 잡동사니 등 임시 용품이고, 장신구는 목걸이, 귀걸이, 코걸이, 팔찌 등이다.

　육해살이 천간을 地支化한 역마살과 同柱(동주)하면 소식불통이 되는데, 이때는 地支의 육해살을 충을 할 때 어려운 일들이 풀린다. 육해살은 문지기이다. 때문에 육해살은 저승문의 귀신(사대천왕)을 의미한다. 그러므로 육해살월에 고사를 지내면 막힌 일들이 풀린다. 작은 이익에는 육해살 방위로 기원해야 한다. 소소한 고사(제사가 아님, 제사와 고사는 다르다)에는 육해살(귀신방) 방위로 절을 하는 것이 있다. 그러나 육해살을 이용하는 행위를 대승적 차원으로 길게 보면 권장할 방법은 아니다. 육해살은 급하고 당면한 작은 문제만 풀릴 뿐이다.

개운 방법은 육해살 방위를 언제나 깨끗하게 치우고 가급적 치장하지 않는 것이 비보 방안이다. 또 다른 처방은 귀신에게 뇌물을 바치는 행위(고사)이다. 하지만 이러면 당면한 곤란한 문제는 해결되지만, 그 뒤에 오는 대가(계속 고사를 지내 줘야 한다)가 만만치 않다.

물질을 이용한 비보 방법으로 소소한 일이 잘 풀리지 않을 때 목걸이, 귀걸이, 코걸이, 팔찌는 문지기를 의미하므로 이것을 착용하는 것은 육해살을 달래고 통제하는 행위이다. 특히 본인의 에너지에 맞는 목걸이는 육해살의 피해를 효과적으로 줄일 수 있다.

 * 제사와 고사의 차이점: 신에게 기원하는 행위는 제사이고, 귀신에게 기원하는 행위는 고사이다.

육해살과 타로의 연관성

(1) 타로의 15번 LE DIABLE(레 지아빌) 악마, 말썽꾸러기와 연관성

육해살을 타로의 15번 LE DIABLE(레 지아빌) 악마, 말썽꾸러기와 연관할 수 있다. 지아빌의 문양은 성에 대한 갈등, 술과 마약 그리고 금전의 괴로움 등에서 악마의 통제와 유혹에 현혹된 모습이다. 때문에 지아빌의 육해살은 귀신에게 정신과 육체가 종속되어서 귀신의 괴롭힘에 시달리고 귀신에게 아부(고사)해야 하는 것이다. 이런 연유로 지아빌의 육해살은 巫病(무병)을 핑계로 하는 귀신병이고 술 중독, 약물 중독, 쇼핑 중독이며 성도착증이다. 사회생활은 현대판 노예 상인과 노예 관계를 형성하여, 언제나 주위가 산만하고 번잡하고 사소한 정신적인 문제에 시달리며 물질적인 갈증에 괴로워하는 것이다.

인간이 귀신을 받들어야 한다는 것은, 몸과 정신이 지극히 온전치 못한 상황으로서 인생사의 괴로움이고 분명한 고통이다. 이때 인간과 귀신과의 관계는 술, 대마, 마약 등 환각제가 매개체로 작동한다. 육해살을 문지기라고 하는데, 타로의 지아빌은 지옥의 문지기와 같은 모습인 것으로서 분명한 육해살에 해당한다.

육해살이 작동하는 지아빌은 정신적으로 종속당하고 육체적으로 굴복하는 시공간이다. 이런 연유로 지아빌의 육해살이 작동하면 자신도 모르게 사상, 종교, 특정 집단 체제에 종속되거나 때로는 약물 중독에 빠지며, 이로 인한 간섭과 구속의 괴로움에 자신도 모르게 심하게 시달린다.

그래서 지아빌의 육해살의 연애와 애정운은 괴롭고 고통스럽지만 빠져나갈 수 없는 구조이다. 이러한 상황은 자신이 초래한 것으로서 정신적인 종속에 따른 육체적 중독이다. 직장 운은 상명하복의 형태로서 승진과 강등에서 상사의 처분만 기다리는 것이다. 재물 운은 죽도록 벌어

다가 특정한 사람에게 바치는 형태로서 탈취, 갈취당하는 구조이다. 부연하면 직업이 일정하고 고정적인 월급제가 아닌 도급제와 성과제고 언제나 일정 부분을 상납하여야 하는 시스템으로 과도한 중매 요금과 중계 요금 또는 이자의 지급이 발생하는 구조이다.

지아빌의 육해살을 命의 강약으로 분류하면, 강한 사람의 직종은 종교업종, 다단계업종이고 약한 사람은 하청업종, 도급업종, 계약직이고 대체로 상명하복 성격이 확실한 직종이다. 학과 전공은 'Network(네트워크)'[178]학과, 소방학과, 경찰학과, 하사관학과, 때로는 드물게 약학과 계통이다. 건강 운은 항상 컨디션이 들쑥날쑥하여 몸이 무기력해지고 때로는 환청과 환각(귀신병)에 시달리기도 하며 술과 약, 주문, 기도, 부적 등이 없이는 견디지 못하는 경우가 빈번하게 발생한다.

무속인의 육해살이 지아빌과 연관되면 제대로 된 확실한 신이 아닌 귀신이 들어온 것이다. 이들은 걸핏하면 고사를 지내라고 압박하고 협박하며 본인은 물론이고 주변 사람까지 괴롭게 한다. 점사도 이치에 맞지 않고 헛방을 때리며, 모든 일을 오히려 뒤죽박죽으로 만든다. 꿈 점에서 육해살 날에 지아빌이 등장하면 분명히 귀신 꿈으로서, 밖에서 괴석, 괴목, 헌 옷, 헌 신발 등을 집안에 들여놓은 것이다. 이것들을 모두 치워야 집안과 신상에 해로움이 없다.

지아빌의 형상은 여자의 몸에 남자의 생식기와 날개를 가진 모습으로 마치 'Petronius(페트로니우스)'의 『사티리콘』[179]에 나오는 'Quartilla(콰르틸라)'를 연상시킨다. 콰르틸라는 색을 탐닉하여 신전에서 치르는 의식

---

178) 컴퓨터들이 통신망을 통해 서로 그물처럼 연결된 체계.
179) 현존하는 로마 시대의 소설 중에 가장 오래되었다. 로마 사회를 풍자하는 성격의 소설로 로마인들의 생활상과 사회를 관찰할 수 있다.

을 빙자하여 색정을 채우고 자신의 음행을 아는 자들을 강제하고 협박하여 음란의 연회에 참석하게 하는 자이다. 이렇듯 지아빌의 형상은 위와 아래가 두 줄로 연결된 모습이 地支의 酉와 흡사하다. 음양오행에서 酉의 의미는 술, 약, 남녀의 성기, 소라, 고둥, 달팽이에 비유할 수 있다.

지아빌의 육해살이 부정적으로 발산하여 인생의 왜곡과 질곡이 심화할 때 애정 문제는 辰의 작용이 개선의 역할을 원활히 하며, 직업과 재물 등 사회문제는 巳와 丑을 사용하면 혼란하고 침체한 환경을 원활히 개선할 수 있다.

(2) 타로의 AS DE BATON(에이스 데 베에툰) 막대기, 도깨비방망이와 연관성

육해살을 타로의 AS DE BATON(에이스 데 베에툰) 막대기, 방망이, 몽둥이, 곤장, 봉, 곤봉, 단장, 홀장, 북채, 요술 방망이, 도깨비방망이, 야구방망이, 골프채와 연관할 수 있다. 베에툰의 방망이, 몽둥이, 곤장과 육해살을 매치할 수 있는 것은 육해살은 여섯 곳에서 고통과 괴로움이 밀려오는 시공간이기 때문이다. 석기시대 이전부터 인간은 자신을 방어하고 지키며 타인을 공격하고 위해를 가하는 도구로서 막대기를 자연스럽게 사용했다. 또한 동양 사회에서는 곤장이라는 막대기를 사용하여 체벌을 가하기도 한다. 그러므로 육해살의 베에툰은 진압봉, 방망이, 곤장, 호신봉, 방어봉, 매질과 가장 잘 어울리는 것이라고 할 수 있다.

베에툰의 육해살이 요술 방망이, 도깨비방망이로 작동할 때, 스포츠 분야는 야구와 골프, 탁구, 배드민턴 등이다. 즉 한 방에 만루 홈런이 터지고, 한 타에 홀인원이 터지는 현상이 흡사 요술 방망이, 도깨비방망이와 같고, 이것을 잘하면 떼돈 버는 것도 요술 방망이, 도깨비방망이가 신통을 부린 것이다.

* 참고로 도깨비는 술과 음악을 좋아하며 양지바른 장소를 선호한다. 동양의 도깨비를 서양의 요정과 비유할 수 있다. 이 둘의 공통점은 몽둥이로 요술을 부리며 인간에게 길과 흉을 자신의 기분대로 주는 존재이다. 즉 도깨비와 요정은 모 아니면 도라고 할 수 있다.

베에툰의 육해는 여섯 방향에서 몽둥이가 기다리고 있는 것으로서, 맞을 짓만 하고 다니거나 맞을 때만 기다리는 사람, 또는 타인을 협박하거나 위해를 가하는 시공간이다. 만약에 에페의 육해살이 작동한다면(하지만 에페는 장성살이다), 직접 육체와 연관되어 온몸에 피가 나고 아프며 고통스러운 현실이며 구체적인 육해살이고, 베에툰의 육해살은 겁이 나고 살이 떨리며 온몸이 욱신거리고 멍들어 때로는 어디가 아픈지 모르는 현상의 육해살이다. 때문에 특별한 경우에는 에페의 육해살보다 베에툰의 육해살이 더욱 피해가 크고 위협적이며 고통이 심한 것이다.

베에툰의 육해살은 무섭고 겁이 바짝 나서 바들바들 떨리는 시공간이다. 그러므로 베에툰의 육해살의 애정과 연애 운은 무서운 상대를 만난 것으로서 은근한 협박과 강요에 의한 연애 형태이다. 직장 운은 이곳을 떠나면 먹고살 수 없다는 강박에 매몰되어 울며 겨자 먹기 형태의 근무이며, 승진, 취업 운은 자의보다는 타의로 어쩔 수 없는 형편에 승진과 취업을 하고 나서 쉬고 싶다는 생각(화개살)이 드는 것이다. 그리고 재물 운은 돈이 있어도 쓰지 못하는 상황으로 소비와 투자에서 머뭇거리고 생각만 할 뿐 망설이는 것이다.

하지만 재물, 직장 문제로 너무나 힘들 때, 베에툰의 육해살은 기적을 기대할 수 있다. 즉 베에툰에는 도깨비방망이 역할이 있다. 큰 사건과 큰돈은 아니어도 작은 사건과 적은 돈은 일말의 희망이 있다. 이때 기적이 발생할 수 있는 기한을 베에툰이 헤어비에인드(봄), 뉴인느(가을), 투알러(겨울), 솔레이에(여름)와 어울리면 계절로 말하고, 그 외의 타로와 어울리면 1개월과 6개월(水), 2개월과 7개월(火), 3개월과 8개월(木), 4개월과 9개월(金), 5개월과 10개월(土)로 답해라. 부연하면 도깨비방망이를 甲子로 표현할 수 있다. 즉 인간의 모든 인생은 甲子에서부터 한 편의 연극이 시작되는 것이다. 학과 운은 경호학과, 방범학과, 보안학과(컴퓨터 등), 관세 관련 학과, 스포츠학과, 경찰학과 등이며, 건강 운은 몸에 자주 마비 증상이 생기며 감각이 무뎌지고 위축되어 때때로 손발이 저리고 말을 듣지 않는다.

무속인의 육해살이 베에툰과 연관되면 도깨비가 들어온 것이다. 도깨비는 잘 사귀고 친근하게 지내면 분명히 의외의 재록을 가져온다. 그러므로 사소한 소원을 잘 들어주는 도깨비가 들어온 것이다. 사소한 점사를 잘 보게 되고 소소한 재물을 해결할 수 있는 무속인이다. 내방인의 육해살 날에 베에툰이 등장하면 뇌졸중, 중풍 등 건강을 조심하라.

베에툰의 육해살은 地支의 卯와 어울린다. 그 이유는 卯는 방망이, 몽둥이 같은 나무이고, 卯月에 초목이 발아하여 싹을 틔우는 형상이 흡사 동물이 겁을 먹고 몸을 비틀고 부들거리는 모습과 비슷한 것에서 기인한다. 또한 육해살 다음은 화개살(辰)이다. 화개살의 대표격인 辰은 꽃방석의 푹신한 이부자리에 앉고 누워 있는 시공간이다. 즉 육해살(卯)의 무섭고 겁이 바짝 나서 바들바들 떨리는 시공간을 무사히 감내하면, 그 뒤에는 안도하고 편안해지며(화개살) 나뭇잎이 무성하고 꽃이 만개하는 것이다.

베에툰의 육해살이 부정적으로 작동하여 인생사가 아프고 눈물 나도록 고달플 때, 애정 문제는 戌(월살: 애인)의 작용이 개선의 역할을 원활히 하며, 직업과 재물 등 사회문제는 亥와 未를 사용하면 혼란하고 침체한 환경을 원활히 개선할 수 있다.

Ⅷ.
재살

재살은 "부모의 정이 없어서 世業(세업)을 지킬 수 없다. 가세가 결딴나고 아니면 몸에 병이 든다. 몸에 고초가 많으며 하는 일마다 재앙이 따라온다. 중년 운에 가세가 결딴날 수 있고 크게 사기를 맞거나 도적맞는다. 그러나 지성으로 액 막음에 힘쓰면 액을 물리칠 수 있을 것이다."[180]

---

180) 김혁재, 한중수 공저, 앞의 책, 92쪽 참고.

"命에 재살이 있으면 형벌의 재앙을 조심하라. 천지에 도와주는 사람이 없어서 가업을 지키기가 힘들다. 술과 색정을 즐기면 당뇨병이 올 수 있다. 노력은 많이 하지만 그 공이 없고 한순간에 재앙에 휩쓸리게 된다."[181]

재살은 아부와 설득에 능하고 현실의 이익을 추구하는 성향이다. 때문에 항상 자신의 유불리에 따라 행동이 변하므로 일명 반역의 살이라고 한다. 그래서 재살은 헐뜯는 사람, 충동질하는 사람, 정보요원, 이교도 출신, 학벌 성분이 다른 사람에 해당한다. 또한 두뇌가 교묘하여 권모술수에 능하고 항상 기회를 엿보는 사람이다. 대체로 命에 재살이 강하게 작동하는 사람은 야당적 기질이 있고 두뇌 회전이 비상하며 총명한 사람이다. 이러한 재살의 사회적 직책은 비서, 참모에 해당한다. 그러므로 취직이나 출세를 위하여 어쩔 수 없이 찾아가야 하는 사람은 나를 기준으로 재살에 해당하는 사람이다. 비서와 참모가 갑질을 더 많이 하는 것을 볼 수 있다.

재살은 구속이다. 그러므로 재살자의 직업은 영장 판사, 감사원장, 2심 재판장, 수술 전문 의사, 극약 처방 약사, 스포츠 부심 등이다. 재살은 철저하고 단호하게 구인하고 집행하는 절차로서 반역 선봉장, 조폭 행동대장, 마름, 사기 총책, 악덕 사장, 고리사채업자, 착취하는 사람, 타인을 교묘히 이용하는 사람, 패망하는 사람에 해당한다.

방향으로 운의 길흉을 따질 때, 본인을 기준으로 재살 방위는 저승사자가 출현하는 방위로서 항상 경계하고 신중하게 대처해야 하는 방위이다. 재살은 인간이 죽을 때, 응시하며 쳐다보는 방위이다. 이런 연유로 가옥에서 재살 방위는 건드리면 탈이 나는 곳으로서 철거나 재증축에는

---

181) 권유춘 발행, 앞의 책, 19쪽 참고.

신기하게 잘 맞는 마르세유 타로와 십이신살

신중하여야 한다. 특히 가옥 건축에서 재살 방위에 쪽문이나 창문 등 개폐 시설을 내는 것은 가옥에 재살을 불러오는 행위에 해당한다. 때문에 가급적 무심히 두어야 유리하다.

또한 재살은 비록 가까운 사람이라도 질투하고 음해하려는 감정을 가진 앙심을 품고 있는 사람이 있는 곳이다. 결론은 재살 방위의 사람과 命에 재살이 해당되는 사람은 항상 나를 깔보고 업신여기는 사람으로서, 돈독한 관계로 지내다가도 언젠가는 나의 약점과 비밀을 붙잡고 결정적인 충격을 줄 수 있는 사람이다. 그래서 가급적 잘 지내되 속마음을 털어놓지 않는 것이 유리하다. 대체로 내방인의 재살 일에 길흉 감정을 청하는 사람은 분명 재살에 해당하는 오행이 탈 난 것이니 이것을 잠재우면 된다. 재살은 견딜 수 없는 문제이기 때문이다.

재살은 교활한 저승사자로서 보통 방법으로는 애원하고 빌어도 소용없다. 그는 우리에게 온정과 은혜를 베풀려고 온 것이 아니라 오로지 죽음(천살)의 길로 인도하러 온 것이다. 그러므로 교활하며 피도 눈물도 없고 인정사정이 통하지 않는 재살을 상대할 방법은 오로지 숨죽이고 숨어 있는 방법(반안살)밖에 없다. 하지만 이것도 반만 통하고 반은 통하지 않는다. 어떤 경우의 재살은 아무런 대책이 없다. 이런 경우에는 막다른 방법인 비상한 특단의 대책이 필요하다. 그것은 그저 맞서 싸우는 방법이다(장성살). 이것도 통하지 않으면 죽음의 길로 갈 수밖에 없다.

卯와 酉가 재살인 경우에 반안살은 戌과 辰으로 합의 작용이 유효하게 작동되어 문제가 해결될 수 있지만, 子와 午가 재살인 경우에는 반안살은 未과 丑으로 원진 작용이 일어나서 오히려 재살의 화를 부추긴다. 이런 경우는 子의 재살은 장성살에 해당하는 午로, 午의 재살은 장성살인

子로 대응할 수밖에 없으나, 재살이 강력한 경우에는 이것도 재살의 화를 오히려 부추긴다. 항상 沖은 최선의 방법이 아닌 차선의 방법으로 문제 해결은 미진하다. 이런 경우에 반안살의 부작용을 三合의 방법으로 접근한다면 또 다른 해결책이 될 수 있다.

재살과 타로의 연관성

(1) 타로의 1번 LE BATELEUR(레 베에츨레어) 마술사, 요술쟁이와 연관성

재살을 타로의 1번 LE BATELEUR(레 베에츨레어) 마술사, 요술쟁이와 연관할 수 있다. 베에츨레어의 재살은 총명한 꾀돌이에 매사에 능수능란하여 언제나 방심할 수 없는 사람(요술은 끊임없이 변한다)이나 사건이다. 임기응변이 뛰어난 사람, 요령이 많은 사람, 재주꾼, 눈속임을 잘하는 사람, 퍼포먼스를 잘하는 사람, 재빠른 사람, 겉과 속이 다른 사람, 변심자, 잡놈, 잡년에 해당한다.

베에츨레어의 재살은 대단한 재주꾼이다. 하지만 너무 자주 변하고 (요술) 백 가지 재주가 많다는 것은 내세울 만한 특출한 재주가 한 가지도 없다는 방증으로서, 비록 처자식을 굶게 하지는 않겠지만 성공한 인생은 아닐 수 있다. 하지만 베에츨레어의 재살의 창의와 창출력은 좋은 장점으로서, 사회에 소소한 충격과 신선한 변화를 줄 수 있는 인물이기도 하다.

베에츨레어의 재살은 두뇌가 교묘하여 권모술수에 능하고 항상 기회를 엿보는 에너지이다. 직종은 증권(연동주식, 선물투자, 공매도), 인수합병, 경매사, 재고 처리 전문가, 성공보수 변호사, 성형외과 의사에 해

당한다. 부동산은 지분 보유, 자투리 알맹이 땅(알 박기), 재임대 건물 등
이며, 재물 운은 비록 잘 쓰고 잘살지만 결국 부채도 재산으로 생각하는
사람이다.

때문에 베에슬레어의 재살을 배우자로 선택한다면, 능력과 재물로 볼
때는 합격이지만, 인생이나 결혼 생활에서 진지한 면이 결여한 것은 가
장 치명적인 결점이다. 연애 운은 순간순간 재미있기는 해도, 자신의 변
심을 사랑해서 헤어진다는 이유로 만들 수 있으며, 실제로 헤어지고 나
서도 나쁘지 않은 관계를 유지하는 재주가 있다.

베에슬레어의 재살은 목적을 위하여 수단과 방법을 가리지 않는다.
때문에 승진 운은 자기 발등을 자신이 찍을 수 있으니 과도한 뇌물과 아
첨은 오히려 독이 될 수 있고, 취직 운은 낙하산과 턱걸이 채용이며, 시
험 운은 결원 발생과 추가 모집이다. 그러나 취직과 시험에서 너무 이
곳저곳 기웃거리면 그마저도 힘든 것은 마술과 요술은 순간적인 현상
을 이용하는 것이기 때문이다. 건강은 과대망상, 신경성 질환, 과민성 질

환, 알레르기 질환, 성형 중독 등이다. 여하튼 베에츨레어의 재살은 기회주의자이다. 그러므로 이것을 잘못 건드리고 방심하면 언젠가는 반드시 탈이 나는 것이다.

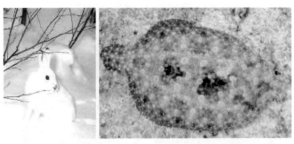

토끼의 보호 행동[182]   도다리의 보호 행동[183]

타로의 베에츨레어는 地支의 卯에 비유할 수 있다. 첫째 卯月은 모든 만사 만물이 꿈틀대며 형태와 색깔을 변화시키는 계절이다. 卯月은 독초도 신선하며 아름답게 보이고, 또한 꽃을 피우는(요술) 시기기에 베에츨레어에 비유할 수 있다.

둘째는 토끼의 재빠른 움직임, 방심하면 순식간에 도망가는 능력, 계절에 따른 몸의 색깔 변화, 은신처(굴)와 출입구가 많은 점, 주문을 외우듯 입을 오물오물하지만 알 수 없는 짓, 저승사자의 눈처럼 '빨간 눈(明視)'[184], 뒷발이 길고 앞발이 짧아서 위(하늘)로 올라가는 능력이 탁월한 점 등이 베에츨레어의 마술사, 요술쟁이와 연관된다. 인간은 토끼 사냥을 할 때

---

182) 김기학, 『동서사택 풍수의 비보방안』, 공주대학교 대학원 박사학위 논문, 2020년, 43쪽.
183) 김기학, 앞의 논문.
184) 어두운 밤에 토끼는 달에서 방아를 찧는다. 그러므로 토끼 눈을 밝다는 의미로 明視라고 한다.

정신없이 방향도 모르고 토끼만 보고 쫓아간다. 하지만 어떤 경우에(卯: 재살, 저승사자) 인간은 흡사 홀린 듯이 마술에 걸린 듯이 방향을 잊고 그를 따라가다가 사고에 직면한다. 때문에 베에슬레어가 재살로 작동할 때 만사를 진행하는 방향이나 과정을 엄밀히 심사숙고하여야 한다. 그 것은 어쩌면 저승사자가 인도하는 길을 가고 있을 수도 있기 때문이다. 그러기에 그다음 만나는 천살(辰)은 재판이나 처벌을 의미하는 것이다.

무속인의 재살이 베에슬레어와 연관되면 특출하고 신비한 능력을 지 닌 '목두기'[185] 신이 들어온 것이다. 이 무속인은 당면한 문제를 잘 피해 갈 수 있는 방법과 인간 사이의 관계를 잘 엮어 주는 수단을 알 수 있는 사람이다. 내방인의 재살 날에 베에슬레어가 등장하면 몹시 흉한 점사 로서 재물 투자는 All Stop해야 하고, 승진과 취직은 할 때가 아니다. 만 약에 승진을 하거나 취직된다면 그 자리와 직장에서 오래 버틸 수 없다. 건강은 알 수 없는 곤란한 병이 들어온 것이다. 가급적 만사를 내려놓고 여행을 다니는 것이 최선이다.

베에슬레어의 재살이 卯일 경우에 재살이 부정적으로 작동하여 인생 의 왜곡과 질곡이 심화할 때, 애정 문제는 戌(반안살)의 작용이 개선의 역할을 원활히 하며, 직업과 재물 등 사회문제는 亥와 未를 사용하면 혼 란하고 침체한 환경을 원활히 개선할 수 있다.

(2) 타로의 13번 SANS NOM(써어우노) 이름과 세례명이 없는 사람의 연 관성

재살을 타로의 13번 SANS NOM(써어우노) 성과 이름 또는 세례명이

---

185) 무엇인지 어떤 일을 하는지 알 수 없는 신.

없는 사람(무명씨), 이방인(외국인), 노숙자, 불가촉천민 등과 연관할 수 있다. 써어우노의 문양은 사람으로는 정체를 알 수 없는 외부인(외국인)이나 환생한 귀신, 영혼이고 장소는 공동묘지, 화장터이며 현상은 무서운 꿈이나 현실을 표현한 것이다.

또한 고통스런 다이어트와 마름병이고 알 수 없는 질병(죽음과 연관된)이며 뼈마디가 쑤시는 아픔으로 뼈와 관련된 질병인 골수병, 골다공증 등 불치에 가까운 고약하고 고통스러운 질병에 해당한다. 그러나 써어우노에는 재생의 뜻도 있으므로 암 등 지독한 질병에서 회복되는 과정의 고통으로도 이해할 수 있다.

써어우노의 재살의 직종은 화장장, 납골당, 공원묘원, 고물상, 폐기물처리, 철거업, 중고 매매, 옷이나 가방 등 생활용품 수선업으로 3D 업종이고 부도 처리 전문직, 파산 회생 전문가, 구조조정 전문가이다. 재살의 써어우노에 해당하는 부동산은 파산한 건물, 철거 대상의 오래된 건물, 불법 철거 건물, 경매·공매 건물, 재개발지 등이다. 결혼 상대는 국내인은 김씨, 이씨, 박씨는 아니며, 국외인은 외국인 취업자이다. 음식은 부대찌개(꿀꿀이죽), 감자탕(뼈다귀), 내장탕, 순대, 뒷고기, 시래기에 해당하며, 애정, 연애 운은 만나는 사람마다 쉽게 헤어지고 서로를 원망한다. 합격 운과 취직 운은 반드시 삼수 이상을 경험하고, 승진 운도 2년 후를 기대하여야 한다.

써어우노가 재살로 작동하여 종교, 무속, 꿈 등과 연결되면, 종교는 신흥종교로 소위 이단이고 사이비이며, 무속은 족보 없는 귀신이나 떠돌다 객사한 귀신이고, 꿈은 나를 죽음의 길로 인도하는 저승사자이다. 만일 내방인의 재살 날에 꿈 점에서 써어우노가 등장하면 객사한 귀신과 객사한 조상이 나타난 것이니 해원굿, 천도굿을 해 줘야 편하다.

타로의 써어우노는 地支의 子와 비유할 수 있다. 만사 만물은 子月이 되면 흡사 죽은 것처럼 기능이 정지되는 공간과 시간이 펼쳐진다. 즉 재살(子)인 저승사자가 다녀가면 소위 죽음의 시공간의 천살(丑)을 만나는 것이다. 또한 子時는 동양 사회에서 오늘과 내일을 가름하는 영역인 것에 기인한다. 즉 동양의 시공간의 구조는 子를 기점으로 다음 날이 펼쳐지고 새로운 세계를 만나는 것이다. 그러기에 써어우노가 재살로 작동할 때, 특히 사회활동이나 건강에서는 다가올 미래는 더욱 암울하여 만사가 일시 정지되는 현상(천살)을 경험하게 될 것이다.

써어우노의 재살이 부정적으로 발산하여 인생의 왜곡과 질곡이 심화할 때, 애정 문제는 午의 에너지로 대응하여 대처할 수밖에 없고 그러나 효과는 미진하다, 직업과 재물 등 사회문제는 申과 辰을 사용하면 혼란하고 침체한 환경을 어느 정도 개선할 수 있다.

＊특별한 개운 방안은 짝짝이 양말, 장갑, 신발을 착용하고 다녀라.

IX.
월살

월살은 "일찍부터 고독한 생활을 하지 않으면 처자와 신랑 관계, 즉 가정에서 근심이 생긴다. 처나 신랑 때문에 어려움이 있고 고생하거나 형제간에 정이 없다. 또한 관재구설에 휘말리는 일이 있으며, 월살은 숨어 있는 악한 살로서 기회만 오면 재난을 불러온다. 뜬구름 잡는 일과 같은 허망한 일들은 성패를 장담할 수 없으니 멀리하는 것이 상책이다."[186]

"월살이 命에 있으면 집안이 시끄럽다. 열아홉이나 이십삼 세에 큰 액운을 만날 수 있다. 고독하고 재난이 연달아 와 실패하게 된다. 홀아비나 홀어미로 홀로 가정을 이끌며 생활의 어려움을 이기지 못한다."[187]

월살은 년살 뒤에 오는 살로 가족 구성원으로 분류하면 내당마님(애첩)으로 생각할 수 있다. 이러한 월살은 묘하게도 언제나 재살(역모 주동자)과 슴을 하며 의기투합하고 변질하고, 화개살(자문관)과는 沖을 하

---

186) 김혁재, 한중수 공저, 앞의 책, 94쪽 참고.
187) 권유춘 발행, 앞의 책, 20쪽 참고.

며 대척하고 에너지를 소모한다. 그러므로 사회생활에서 음해와 구설로 자신의 위치와 기반에 변고가 생기면 반드시 재살에 해당하는 인물과 월살에 해당하는 인물을 주목하고 관찰해야 한다. 언제나 자신을 음해하고 헐뜯는 사람은 재살에 해당하는 인물이다. 부부 사이가 위험할 때 시댁과 처가 식구 중에 시비를 걸고 충동질하여 파경에 이르게 하는 사람은 반드시 월살과 합을 하는 재살에 해당하는 사람임을 잊지 말라. 즉 월살은 이러한 인물을 보호하고 간접 지원하는 역할을 수행한다. 그래서 우선 급한 불을 끄려고 할 때는 월살자에게 찾아가야 한다. 월살은 비서실이고 오너의 측근 실세이며 첩으로 재살을 통제할 수 있는 인물에 해당하기 때문이다.

월살은 '고초살(枯焦殺)'[188]로 닭이 알을 낳는 고통에 비유되어 몸이 이쪽저쪽 아픈 것으로서, 대체로 무속인들에게 신병으로 많이 나타나는 살이다. 이런 연유로 순간순간 컨디션이 저하되고 원인 없이 수시로 아

---

188)   초목이 바싹 말라가는 고통으로 서서히 에너지가 고갈되는 살. 고갈을 의미한다.

프면 분명 월살이 탈 난 것이니, 이것부터 해결해야 한다.

월살은 야당적인 기질이 강하여 휴직자나 인생을 허송세월로 보내는 것을 의미한다. 때문에 평생 공부만 하는 사람, 고독한 사람으로 직종은 음성적인 직업에 종사하고 시녀, 비서, 경비원, 경호원, 복지 관계자, 간호사, 응급 처치 요원 등이다.

여성의 월살은 첩으로 고독한 살이 되어 남편과 떨어져 지내는 경우가 빈번하게 발생한다. 그 이유를 여성의 달거리(월살) 기간에는 남성이 접근하지 않기 때문이라고 설명할 수 있다. 고란살이 과부나 홀아비 팔자라면, 월살은 멀쩡히 배우자가 있어도 고독한 것이다. 하지만 딸 덕을 볼 때, 월살이 있는 사위에게 덕을 보는 것이다. 이는 사위에게 처가를 부양한다는 것은 매달 오는 고통이기 때문이다. 그러므로 남자의 월살은 데릴사위이고 공처가이며 엄처시하(嚴妻侍下)이다. 이때 처가 자식들이 사위의 도움과 부양을 받을 수 있다. 이것을 다른 견해로 보면 처궁의 월살자는 현재는 비록 고생해도 훗날 처가에서 상속을 받을 수 있다고 할 수 있다. 때문에 命의 월살은 흉하지만, 세운의 월살은 희망이라고 보는 것이다.

방향이나 운으로 길흉을 따질 때 본인을 기준으로 월살 방위는 비서실, 경비실, 보안실, 안전실, 경찰서, 리넨실 등이 있는 방위이다. 주택에서는 전기 개폐기, 구급약품, 호신용 무기, 열쇠, 커피포트, 약탕기 등이 비치된 곳이다. 그러므로 월살 방위는 한눈에 노출되는 공간이 아니라 적당히 숨어 있는 공간이다.

월살과 화개살이 만나면 몸이 아파서 이부자리를 깔고 누워 있는 형국이다. 때문에 월살이 있는 사람이 운에서 화개살을 만나면 위험한 것으로서, 상처를 입거나 직장과 직업에 변고가 발생하여 집에 틀어박혀 있는 것이다. 특히 월살 공간에 화개살에 해당하는 이불, 방석, 등받이 등을 비치하면 반드시 흉한 일들이 빈번하여 심하면 발을 절거나 하체 불구가 되고 매사에 진전이 없다. 월살은 화개살과 충을 하므로 불리한 일의 발생이 신속하다.

월살의 개운 방법은 그 공간을 가급적 Simple(심플)하고 간결하게 꾸민다. 또한 낮에 점등하면 월살의 작용력이 감소한다. 그 이유는 월살은 달빛 에너지의 작용력인데, 낮에 그 공간에 점등하는 것은 달이 밤에 빛을 발하는 것과 반대 현상을 연출한 것이기 때문이다. 이때 점등은 未戌 월살은 붉은색이고, 辰丑 월살은 노란색이나 흰색을 이용하면 더 효과적이다. 월살의 공간은 대체로 밤에 소등하고 피치 못할 사정으로 점등할 경우는 가급적 짧은 시간 안에 업무를 마치는 것이 옳은 비보 방법이다.

월살의 에너지가 심하게 부정적으로 작용할 때, 육해살과 二合, 년살과 三合은 해결책이 될 수 없다. 오히려 반안살의 刑(未戌, 戌丑)과 破(丑辰)시키는 부작용으로 의외의 해결책을 만들 수 있다. 반안살은 은폐의 의미가 있다.

월살과 타로의 연관성

(1) 타로의 12번 LE PENDU(레 퍼언츠유) 매달린 사람과 연관성

월살을 타로의 12번 LE PENDU(레 퍼언츠유) 걸려 있고 매달린 사람과 연관할 수 있다. 퍼언츠유는 정지된 시공간으로 꼼짝할 수 없는 상태(손가락 하나도 마음대로 움직일 수 없다), 체포된 상태, 교수형, 목매어 죽은 사람, 관 속에 들어간 상황이다. 공포와 고통, 고통스러운 꿈, 난산, 낙태, 잘못된 판단, 물구나무 자세이며 물체는 교수대, 관, 시계추, 장승, 오뚝이, 훈제 물질이다. 한편 펴언츠유는 역지사지와 역발상, 사건과 사고의 종결이다. 그러므로 펴언츠유에는 모든 고통에서 벗어날 수 있으며, 다시 재기할 수 있다는 의미가 내재한다. 때문에 꿈 점의 펴언츠유는 경우에 따라 반대로 해석하기도 한다.

월살은 고통스러운 시련을 겪어야 다시 살아나는 시공간이다. 그러므로 펴언츠유가 월살과 연관될 때, 주식은 하락 기간으로 공매도(반대매매)가 심하다. 재빠른 손절이 최상의 방법이 될 수 있다. 재물은 현금 유통이 어려운 부동산이나 만기가 많이 남은 채권과 어음이며, 투자와 투기는 극한까지 몰리는 것이다. 직장과 승진 운은 퇴직, 퇴출로서 임금 피크제에 들어간 것이고, 취직과 합격 운은 재수, 삼수의 고통을 감내해야 한다. 결혼과 연애 운은 속궁합이 맞지 않고 서로 생각이 달라서 이별해야만 좋은 상대를 만날 수 있는 기회가 생긴다. 건강은 밤에 유독 아프고 비록 말기에 해당하지만, 이제까지 하던 치료법을 다르게 하면 희망이 있을 수 있다. 퍼언츠유의 월살의 직업은 발명가, 개발가, 연구가, 재활과 의사, 낙태 전문 의사, 시계 수리업, 요가 강사, 훈제 요리사, 광부 등이다.

퍼언츠유의 월살의 개운 방법은 내가 불리하고 손해를 보더라도 가급적 빨리 상황을 종결하는 것이 최선이다. 매를 먼저 맞는 것이 편하다. 또한 만사를 반대로 하는 것이다. 즉 낮에는 수면하고(가급적 취침 도구를 적게 사용해라) 밤에 업무를 보는 것이며, 쪽문이나 창문을 열어 놓고, 속옷을 뒤집어 입고, 양말이나 장갑을 짝짝이로 착용하며 모자를 거꾸로 쓰고, 여자는 좌우 손의 손톱 색깔을 다르게 하는 것이다.

무속인의 월살이 퍼언츠유와 연관되면 올바른 신이 아니라 귀신이 들어온 것이다. 대체로 목매어 죽은 귀신, 사형당한 귀신, 난산하다 죽은 귀신, 낙태된 귀신, 매몰되어 죽은 귀신, 억울하고 답답한 귀신이 한을 풀려고 온 것으로 고통스럽다. 내방인의 월살 날에 퍼언츠유가 등장하면 현 상황을 반대로 생각해 보라고 조언한다.

타로의 퍼언츠유를 地支의 丑에 비유할 수 있다. 그것은 첫째 丑月에 모든 만사 만물은 원활히 작동하지 못하고 고통스러운 시공간에 있게 된다. 丑月이 되면 모든 동식물은 성장이 멈추고 오히려 위축되어 자신의 생명을 연장하기에 급급하다. 또한 어떤 개체는 영영 생명이 멈추는 경우도 발생한다. 즉 퍼언츠유의 정지된 시공간 또는 교수형과 상통하는 것이다. 둘째는 소(丑)는 코가 꿰인 인생으로 자유스럽지 못하며 언제나 노동의 고통을 감내하여야 하는 것이 퍼언츠유의 문양과 흡사하다.

퍼언츠유의 월살이 부정적으로 작동하여 인생의 왜곡과 질곡이 심화할 때, 애정 문제는 子(년살)의 合의 작용은 오히려 부정적이다. 그러므로 위의 개운 방법을 사용하는 것이 훨씬 유리하다. 하지만 직업과 재물 등 사회문제는 巳(역마살)와 酉(재살)를 사용하면 혼란하고 침체한 환경을 어느 정도 개선할 수 있다. 또한 반안살(辰)과 천살(戌)은 월살 丑의 작용을 제한하고 변형할 수 있는 역할이 있음을 잊지 말라.

(2) 타로의 18번 LA LUNE(라 뉴인느) 달, 밤과 연관성

월살을 타로의 18번 LA LUNE(라 뉴인느) 달, 밤과 연관할 수 있다. 월살은 매달 오는 고통이다. 뉴인느의 월살은 앞이 보이지 않아 미래가 막막한 고통으로 곤경, 불안, 초조, 갈등, 외로움, 공허, 폐허, 공포, 도난, 빈곤이다. 월살은 고초살로 뉴인느와 연결될 때, 그 고통이 더욱 심화한다. 그러므로 월살의 뉴인느의 건강은 숨넘어갈 정도의 고통이 수시로 발생하고 정신은 점점 더 황폐해 가는 것이다. 정신 건강은 망상증, 자폐증, 조울증, 몽유병, 악몽 등이고, 신체 건강은 월경통, 야맹증, 야뇨증, 시력 저하에 시달린다.

월살은 고초살로 이곳저곳이 탈이 나는 시공간이다. 그러므로 뉴인느가 월살과 연관될 때, 투자는 절대 금물로 가장 안전한 자산(예금, 적금)에 묶어 놓아야 한다. 예컨대 주식 등 기타의 투자는 잠재적인 리스크가 발생하여 불안한 미래가 지속된다. 결혼과 연애 운은 갈등하고 불안하다. 특히 서로가 잠자리에 만족을 못 하며 거부하게 된다. 미래에는 더욱 큰 불행이 지속적으로 발생할 수 있으므로 국면 전환을 결단하여야 한다. 직장과 승진 운은 철저히 배제되고 밀린 상태로서 숨죽이고 가만히 있어야 하며, 취직과 합격 운은 최소 3년이 경과해야 열릴 수 있다.

월살의 뉴인느의 직업은 심리 정신과, 심리 상담사, 마취과, 성전환수술 의사, 이혼 전문 법률가, 호모나 레즈비언 카페, 여론조사, 정보요원, 사금융, 풍수사, 사이비 종교, 상조 물품 업종, 장례식장, 장례지도사, 밀매업자, 야간 경비, 방범 요원, 퀵서비스 등이다.

무속인의 월살이 뉴인느와 연관되면 아이를 낳지 못한 귀신, 소박맞은 귀신, '들병이'[189] 귀신이 들어온 것이다. 이들이 들어오면 주로 배가 찢어지듯 아프고 하혈이 심하다. 그러나 월살의 다른 이름은 무당살이다. 그러므로 남의 집의 비밀스러운 일들을 꼬치꼬치 알려 준다. 특히 부부간의 잠자리 궁합을 기가 막히게 맞힌다. 특히 꿈 점에서 뉴인느가 월살과 연관되면 이는 분명 부모 무덤에 탈 난 것이다. 반드시 이 문제를 해결하여야 시끄럽고 곤경에 처한 현실을 탈피할 수 있다. 내방인의 월살날에 뉴인느가 등장하면 숨겼던 비밀이 탄로 나서 직장과 가정에 분란이 오는 것이다.

타로의 뉴인느의 월살을 地支의 戌과 비유할 수 있다. 그것은 첫째, 戌

---

189) 돌아다니며 술과 몸을 파는 여인.

月은 가을의 끝자락에서 밤이 낮보다 점점 길어지는 시공간이 본격적으로 전개되며 들에는 추수가 끝나 쓸쓸하고 적막한 것에서 기인한다. 둘째, 뉴인느의 문양에 등장하는 두 마리 개가 짖고 있는 모습을 있는 그대로 戌과 연결한 것이다. 셋째, 개가 짖는 이유를 인간은 잘 알지 못하기에 불안, 초조, 망상과 연관할 수 있고, 개는 주로 밤에 잠을 자지 않고 활동하는 것을 몽유병, 야맹증과 연관할 수 있기에, 뉴인느를 戌과 연관하는 것은 적절한 비유이다. 실제 개가 보름에 유난히 짖는 이유는 달에 비친 사물의 그림자 때문이다.

뉴인느의 월살의 개운 방법은 거울을 이용하는 것이다. 거울을 이용하면 뉴인느의 월살의 에너지를 반사하고 투영할 수 있다. 구체적으로는 戌 방위에 거울을 걸어 놓는 것이다. 또 다른 방법은 큰 강과 호수, 바다가 가까운 장소에서 기거하는 것이다. 비록 이런 조건을 갖춘 곳에서 살지 못하더라도 큰 강 주변과 넓은 호수, 바닷가를 여행하거나 당분간 숙박하여도 뉴인느의 월살이 준동하여 인생을 고통과 번민에 빠지게 하는 일을 상당 부분 해소할 수 있는 것이다.

뉴인느의 월살 戌이 부정적으로 작동하여 인생의 왜곡과 질곡이 심화할 때, 애정 문제는 卯(육해살)의 합의 작용은 오히려 고통을 가중한다. 차라리 未 천살로서 사태를 진정시키는 것이 옳은 방법이다. 직업과 재물 등 사회문제는 寅과 午를 사용하면 혼란하고 침체한 환경을 개선할 수 있다.

X.
반안살

반안살은 "공부를 잘하고 일찍이 관직에 오를 수 있다. 성정이 순수하고 후덕하며 외모가 준수하고 수려하며 빼어나다. 그러나 관직에 오르지 못하면 평생을 절망감에 괴로워한다. 사십 대를 조심하라. 커다란 액운이 앞을 막을 수 있다. 오십 대가 되면 운이 저절로 열린다."[190]

---

190) 김혁재, 한중수 공저, 앞의 책, 96쪽 참고.

"반안살이 命에 있으면 매사가 순조롭다. 타고난 본성이 순박하여 여행과 행락에 좋은 일이 생긴다. 이는 속세를 초월하고 산수와 더불어 살면 좋다는 말이다. 반안살이 관대궁(12운성)이면 자손이 발전하여 유명세가 있다."[191]

반안살은 쉼 없이 진행하던 에너지가 숨을 고르는 현상으로 모든 에너지가 이곳에서 한 번쯤 쉬어 가는 시공간이다. 그러므로 이 시공간에는 각각의 에너지의 흔적이 다양하게 잠재하여 노회하며 약방의 감초 격으로 재주가 많고 행위가 비밀스럽다. 반안살의 이러한 성향은 종종 사회생활에서 뇌물성으로 나타난다. 때문에 반안살은 불법, 불륜 등을 하더라도 겉으로 드러나는 소문과 사회적인 물의가 없다. 만약 뇌물이나 상대방 매수에 필요한 물건이라면 가장 먼저 반안살을 떠올려야 한다.

이런 연유로 반안살은 비밀스러운 곳으로 은신처이며 밀회 장소이고 금고, 자물쇠, 장롱, 카운터 테이블 등이다. 재산은 자본금에 해당하며 부담 없이 손발이 될 수 있는 사람으로 아내, 부모, 형제, 자식이다. 중요한 물건을 보관하는 금고, 저금통, 장롱, 카운터 테이블 등과 혈연, 忠僕(충복)이 반안살과 연관되는 것은, 반안살이란 안전한 곳으로 그곳에 위치할 때 재산은 흘러나가지 않기 때문이다. 이러한 연유로 조건 없이 거래할 수 있는 사람과 충복 등은 내 기준으로 반안살 년과 일에 태어난 사람이다.

반안살은 약방의 감초 격으로 임기응변에 능하여 만사를 잘 해결할 수 있으므로 먹고사는 것은 걱정 없다. 그러나 여성에게 반안살 대운이 넘어가면 아들을 낳기 힘들거나 아들 운(자본금: 과거에 집안을 먹여 살리

---

191) 권유춘 발행, 앞의 책, 21쪽 참고.

는 자식은 아들이었다)이 없는 것으로 볼 수 있다. 대체로 반안살 해(辰戌丑未)에 태어난 사람이 자녀가 적거나 인생이 고독한 것은 반안살은 노회, 비밀, 안전 등과 관련이 있기 때문이다. 또한 반안살은 보안에 해당하여 왕궁의 내시와 대갓집 집사인데, 현대에서는 청와대 감찰비서관, 비서실장, 안기부 요원 등 보안 전문직이다.

방향이나 운으로 길흉을 따질 때, 본인 기준으로 반안살 방향은 피붙이나 연고자가 사는 장소로서 위급할 때 도피처이고 믿고 의지하는 사람이 있는 곳이다. 곧 반안살을 띠는 사람은 이자 없이 원금만 거래할 수 있는 사람, 비밀을 지킬 수 있는 사람, 터놓고 말할 수 있는 사람이다. 사업과 장사하는 사람의 금고와 카운터 테이블의 위치는 반안살이 안전하고 적당하며, 일확천금을 노리는 광물 업자나 보물을 찾는 사람은 반안살 방향에서 찾아야 한다. 그러므로 귀중품이 없어졌을 때는 반안살 방향을 먼저 찾아봐야 하는 것이다. 장사나 사업을 하는 사람이 본인의 반안살 방위에 금고와 중요한 문서가 있는 캐비닛 등이 없다면, 이는 장사나 사업이 순탄하지 못하다고 판단하여도 무방하다.

반안살의 개운 방법은 분산 투자이다. 한 곳에 집중하여 투자하지 않고 여러 곳으로 나누어 투자하고 통장도 작게 쪼개어 만들어야 한다. 에너지가 한숨 돌리며 쉬는 현상은 에너지가 지친 것으로서, 이때는 상대방의 공격에 원활히 대처할 수 있는 능력이 현저히 떨어진다. 이런 경우에 모든 에너지를 한 곳에 집중하여 놓으면 한꺼번에 타격을 받게 되므로 분산하는 것이 효율적이고 능동적인 대처 방안이다.

결론은 반안살 운에는 가급적 잘게 나누어 쪼개는 것이 최선의 비보 방법이다. 반안살의 에너지가 인생에서 심하게 부정적으로 작동할 때,

재살과 二合(卯戌, 辰酉)의 방법은 해결책이 될 수 있으나, 장성살과 二合(午未, 子丑)은 해결책이 될 수 없다. 한편으로 반안살의 부작용에 三合의 방법은 또 다른 해결책이 될 수 있으므로 시도해 볼 가치가 있다.

반안살과 타로의 연관성

(1) 타로의 2번 LA PAPESSE(라 피에이스페이스) 여자 교황, 황태후와 연관성

반안살을 타로의 2번 LA PAPESSE(라 피에이스페이스) 여자 교황, 황태후, 할머니, 시어머니와 연관할 수 있다. 현대에서 피에이스페이스는 여성가족부장, 여성 권리(인권) 단체장, 원조 할머니, 모계 가정이다.

피에이스페이스의 반안살의 모습은 모계씨족사회의 생활상으로 남성이 주도하지 못한 고대 사회를 그린 것이다. "창조주로서의 여신은 세계 곳곳의 신화에 수없이 존재하며, 또한 어미는 알 수 있지만 아비는 알 수 없던 시대가 일찍이 존재하였다."[192] 여성이 주도적으로 사회를 견인하던 고대 씨족사회는 샤머니즘의 성격이 강하여 생활문화와 정신문화에는 무속적인 요소(반안살)가 다분하다. 피에이스페이스의 반안살은 동양의 삼신할머니(王母: 왕모)로 그는 고대에 불을 관장하던 종교적인 색채가 강한 여인으로서, 탄생과 죽음을 관장하며 하늘과 소통하는 권리도 독점하던 핵심적인 존재이다. 즉 피에이스페이스의 반안살은 일족 제사의 권한까지도 행사할 수 있는 여성이다.

---

192) 김기학, 『주역의 천도관과 수술의 문화적 원형』, 공주대학교 대학원 석사 논문, 2017년, 22쪽.

　반안살은 과거와 현재를 잇는 시공간으로서, 피에이스페이스와 연관하면 외가 실종 재산과 외가 상속문서, 외가 비전문서와 기술, 그리고 외가 내림 정신세계(종교, 무속)와 조모 슬하 피신처이다. 그러므로 피에이스페이스가 반안살과 연관할 때, 재물의 투자는 지주회사, 정부 투자회사, 정기적금, 달러, 금, 우선주식 등이다. 직장과 직업은 인가와 허가권을 가진 발권은행(한국은행), 국영기업, 공공기관, 특허청, 원천기술회사(ex: 퀄컴), 종자회사, 프랜차이즈 본사 등이며 인감증명과 당좌수표에 해당한다.

　피에이스페이스의 반안살의 결혼 운과 연애 운은 소강상태로서, 한 번쯤은 자신과 상대방의 과거와 현재 처지를 뒤돌아볼 필요가 있으며, 승진 운과 합격 운은 과거 성적과 이력 등 경력이 당락을 좌우한다. 반안살은 잠재된 에너지가 확실히 드러나지 않으면서도 은밀히 작동하는 시공간이다. 그러므로 피에이스페이스의 반안살의 건강 운은 오래된 질병이 재발하거나 갱년기 증상이 각종 질병을 유발한다.

　무속인의 반안살이 피에이스페이스와 연관되면 왕조모, 삼신할머니가 문사신을 대동하고 들어온 것이다. 이 무속인은 일류 학교 합격, 고시 합격, 고위직 승진에 특별한 능력이 있는 사람으로서 성품이 올곧고 행동이 단정하며 카리스마가 있는 큰 신어미이다. 내방인의 반안살 날에 피에이스페이스가 등장하면 유산 상속 문제와 가업승계 문제로 고민하고 회계에 이상이 생긴 것이다. 꿈 점에서 반안살 날에 피에이스페이스가 보이거나 타로에 등장하면 삼신할머니가 문필에 뛰어난 자손을 점지해 준 것이다.

타로의 피에이스페이스를 地支의 未에 비유할 수 있다. 피에이스페이스는 왕모, 삼신할머니, 고대에 불을 관장하던 늙은 여인이다. 이 경우 未의 시공간은 불(寅午戌)의 반안살이다. 未는 羊(양)이다. 양은 고대 동서양의 제사에 주로 犧牲(희생)의 수단으로 이용하였다. 중국 상나라를 기점으로 대체로 서쪽에 사는 족속들이 양을 토템 신앙으로 숭배하였다. 그러므로 씨족사회를 대표하는 피에이스페이스는 무속적 시스템이 강하게 작동하는 샤머니즘 시대를 지배하는 존재로서, 희생양에 해당하는 未와 특별한 연관성을 가지고 있다고 해도 전혀 이상하지 않다.

피에이스페이스의 반안살의 개운 방법은 젊은이는 인형을 모으거나 전시하고, 연장자는 손자, 손녀와 기거하는 것이다. 또 다른 방법은 화초를 키우는 일이다. 반안살의 피에이스페이스에 있어서 손자, 손녀는 에너지가 한숨 돌리며 쉬는 현상을 격발하여 다시 출발하게 하는 원동력이 될 수 있다. 화초를 키우는 일도 이와 흡사하여 피에이스페이스의 반안살의 침체한 에너지를 상승시키는 작용을 한다. 그러나 피에이스페이스의 반안살의 현대적인 개운 방법은 파마를 하거나 머리색을 물들이면 가장 효과적인 수단이 될 수 있다.

피에이스페이스의 반안살이 未일 경우에 반안살이 부정적으로 작동하여 인생의 왜곡과 질곡이 심화할 때, 애정 문제는 午(장성살)의 작용이 어느 정도 개선의 역할을 하지만 획기적인 작용은 아니며(미미하다), 직업과 재물 등 사회문제는 亥와 卯를 사용하면 혼란하고 침체한 환경을 개선할 수 있다.

(2) 타로의 3번 L'IMPERATRICE(라 임베하시스) 여왕, 황후와 연관성

반안살을 타로의 3번 L'IMPERATRICE(라 임베하시스) 여왕, 황후, 어머니, 안주인, 마님과 연관할 수 있다. 이는 현대에서 여성 CEO, Career Woman(커리어 우먼), 여성 가장, 마담, 돌싱녀, 독신녀, 미시족, 미혼모, Mademoiselle(마드모아젤), 계모이다. 임베하시스가 황후, 어머니로 작용할 때는 농사를 짓고 가축을 기르고 그릇을 만들고 옷감을 짜는 등 고대 사회의 삶에 필수적인 역할을 수행하는 사람으로서, 이는 곧 고대 모계사회 집단의 대소사를 주도하고 대표하는 사람이다.

임베하시스의 반안살은 현대 사회에 주택, 교육, 경제 그리고 가정에서 막대한 영향력을 갖고 있으며 그를 행사한다. 즉 임베하시스의 반안살은 권한도 있지만 고달픈 사람이기도 하다. 임베하시스의 특징은 철저히 현실적이며 물질적인 요소에 집중하고 다소 감정적인 기질이 다분하다고 할 수 있다. 그러므로 임베하시스의 반안살의 성향은 주로 현대 사회의 유행을 선도하고 전파하는 경향으로, 도시 생활과 유명 Maker(메이커)에 집착하며 이성 관계에 질투심이 강하고 겉과 다르게 지극히 민감하게 반응한다. 곧 임베하시스의 반안살은 현 사회를 강력하게 움직이는 지극히 현실적인 존재이다.

    임베하시스의 반안살은 강력한 여성이 안전하고 은밀하게 작동하는 시공간으로 왕궁의 내시장, 조선시대의 尙膳(상선)과 至密尙宮(지밀상궁)에 해당한다. 그러므로 임베하시스의 반안살의 재물은 현금이며 입출금통장, 현금자동출납기, 당좌어음, 비자금이고 수렴청정, 베갯머리 송사이며 隨意契約(수의계약)이다. 직업은 가정의 안주인이고 청와대의 비서실장이며 회사의 경리, 이사이고 국가로 치면 미국 연방준비제도 이사장, 금감원장이다. 곧 어느 분야의 직업이라도 실질적인 권한 행사가 강력한 직책이다.

    임베하시스의 반안살의 결혼 운은 여자는 능력은 있으나 기가 센 노처녀이고 돌싱녀이며, 남자는 직업은 좋으나 마마보이나 노총각이며 두 집 생활을 하는 사람이다. 연애 운은 유부녀, 이혼녀, 유부남과 동거할 가능성이 있다. 승진 운과 합격 운은 필연코 치맛바람이 승진과 당락에 영향을 미친다. 건강 운은 겉으로는 드러나지 않으나 만성피로에 따른 두통, 집착증, 칩거, 우울증 등이 전이되는 과정이다. 재물 운은 자산이 차곡차곡 쌓이는 현상이고, 투자는 신속하게 현금화할 수 있는 자산 즉

CP어음(기업 단기 채권)과 CD(양도성 예금증서), 상환주식, 금 등 안전이 보장된 곳에 투자하는 것이 유리하다.

타로의 임베하시스의 반안살을 地支의 辰에 비유할 수 있다. 그 이유는 辰(용)이 지닌 千態萬象(천태만상)의 모습과 임베하시스라는 여성이 다양한 형태의 에너지로 발현되는 것이 흡사함에 연유한다. 예컨대 용이 움직이면 비바람과 천둥 번개가 치는 것과 임베하시스가 득세할 때 국가와 가정에 시끄러운 일이 발생하는 현상이 흡사한 것이다. 또한 임베하시스의 독신녀, 미시족, 돌싱녀, 미혼모 등의 이미지는 용은 홀로 살며 홀로 존재하는 동물이라는 것에서 접점을 찾을 수 있다. 辰月은 모든 만물이 형상을 드러내어 자신의 존재감을 세상에 알린다. 즉 자신을 뽐내는 것이다. 임베하시스는 차분하고 조용하게 가정을 이끄는 여인이 아니다. 권위와 재력을 앞세워 자신을 내세우고 득세하는 여인이다. 그러므로 辰과 임베하시스는 많은 부분에서 연관성을 갖고 있다고 할 수 있다.

무속인의 반안살이 임베하시스와 연관되면 과거 집안에서 한가락 하던 시어머니(시할머니), 친정어머니(친정할머니), 이모(이모할머니), 고모(고모할머니)가 들어온 것이다. 이 무속인은 아는 것이 많고 관심사도 많으며 점이나 굿을 하면 신통한 구석이 있다. 단점은 점과 굿의 대가를 많이 요구한다. 내방인의 반안살 날에 임베하시스가 등장하면 신랑이나 자식과 가정의 주권 다툼이 벌어지며 졸혼을 생각하는 시기이다. 꿈 점에서 반안살 날에 임베하시스가 보이거나 타로에 등장하면 안전하고 좋은 투자처를 알려 주는 꿈으로 재산 증식에 큰 도움이 되는 꿈이다.

임베하시스의 반안살의 개운 방법은 소통이다. 많은 사람과 만날 수 있는 가족 행사, 동창회, 자선단체 모임, 예술행사, 단체운동 등에 정기적으로 참여하는 것이 임베하시스의 반안살의 부정적인 경직된 에너지를 상당 부분 해소할 수 있다. 구체적으로 음악회나 그림, 사진 동호회와 전시회, 또는 요리 교실, 노래 교실과 스포츠댄스, 사교댄스, 가족여행 등을 즐기면 임베하시스의 반안살의 부작용을 개운시키는 적절하고 효과적인 방법이다.

또 다른 방법에는 임베하시스의 반안살 辰이 부정적으로 작동하여 인생의 왜곡과 질곡이 심화하여 가정에 파란이 일어날 때, 애정 문제는 酉(재살)의 합의 작용이 개선의 역할을 원활하게 하고, 직업과 재물 등 사회문제는 申과 子를 사용하면 외곬으로 진행되는 에너지를 원만하게 이끌 수 있다.

XI.
화개살

화개살은 "관직에 오르지 못하면 풍류 과객이 된다. 조상의 가업을 받지 못하고 자수성가를 하는 사람이다. 형제에게 덕이 없으므로 형제간에 화목이 어렵다. 어렵게 재물을 모아서 항상 가난한 사람을 돕는다. 그러나 사십 대 이후에는 하고자 하는 일에서 성취를 한다."[193]

"화개살이 命에 있으면 지혜와 남다른 식견(꾀)이 많은 사람이다. 화개살은 큰 인물에게는 복이지만, 소인에게는 오히려 고통이다. 만약에 종교인(중, 수녀 등)의 길을 가지 못하면 예술가와 기술인의 생활을 하게 된다. 화개살이 천간의 印綬(인수)와 同柱(동주)하면 반드시 잘나고 똑똑한 자손을 얻는다."[194]

화개살은 5원소의 에너지가 끝맺음하는 시공간으로 이곳으로부터 다른 에너지로 전환하거나 궤도가 바뀌는 것이다. 이런 현상으로 인하여

---

193) 김혁재, 한중수 공저, 앞의 책, 97쪽 참고.
194) 권유춘 발행, 앞의 책, 22쪽 참고.

화개살에는 정리, 끝맺음, 궤도 수정, 다시 출발, 재생, 복구, 반복, 왕복, 원상 복귀의 의미가 내재한다. 그러므로 화개살은 신분 세탁, 호적 정리, 족보 정리, 개명, 실패 후 재기이고, 전학과 휴학, 복학 등으로 과거를 청산하고 또 다른 영광을 성취하려는 역할이 강하다.

화개살은 비록 선대의 상속이 있어도 가산을 탕진하고 재건하는 인생이다(간혹 전과자가 될 수 있다). 그래서 화개살이 포함된 삼합자는 망하거나 실패한 후에 다시 도전하면 성공할 확률이 높다. 이때 사업이나 장사에서 궤도를 수정하면 성공할 확률은 더욱 커진다. 이러한 요인이 화개살人의 아픔이고 고난이다. 또한 화개살人의 임무는 자문관이나 참모이기 때문에 상관의 잘못을 거듭 진언하고 방향을 수정해야 하는 인생의 고충이 펼쳐지는 것이다.

화개살人에게는 몰락한 선대가 있을 수 있다. 곧 화개살이란 日新又日新(일신우일신)을 하여야 성공하는 것이다. 즉 화개살은 실패에서 재건하려는 행위를 시도하는 것이다. 때문에 항상 주변 사람과 친인척에게 미안하다는 마음이 내재한다(도의와 의무를 다하지 못한 반성). 이런 연유로 화개살은 책임감이 투철하고 자신을 희생하려는 성향이 있다. 화개살의 이러한 작용은 초년에 일찍 고생하게 만들고 사회생활도 행운과 불운이 주기적으로 교차 발생하여 이는 곧 학업 중단, 휴학, 복교, 사업 실패로 나타나며, 이후에 이 영향으로 인생관과 사회생활에 일대의 전환을 맞이한다.

자식 중에 화개살人이 부모의 특별한 관심과 보호를 받는 것은 화개살이 실패, 가산 탕진, 재기, 전과 등의 이력이 있기 때문이다. 나에게 화개살에 해당하는 사람과 인연은 결별과 재회를 하게 되며 어떤 의미에서는 재기 활동에 도움을 주는 사람이 될 수 있다. 실제로 이런 경우 물질적인 도움보다 정신적인 도움이 더 크다. 그러므로 사업 실패 후에 막막할 때 화개살에 해당하는 사람과 상의하면 재기의 아이템과 원동력을 얻을 수 있는 것이다.

세운에 화개살이 들어오면 과거의 일이나 사건이 재가동된다. 이때 일어나는 현상에는 지병 재발과 묵은 빚 독촉 등이 발생한다. 한편으로 화개살은 소유하거나 들어온 물질을 다른 에너지로 전환시키는 과정이다. 그러므로 대운의 화개살은 각고의 노력으로 성취할 수 있는 기회이다. 때문에 세운의 화개살은 소화성 위장염, 역류성 위장 질환, 잦은 트림이고 기호식품의 다량 섭취이다. 대운의 화개살은 에너지의 전환성이다. 즉 예술적인 소양이 있고 응용력이 뛰어나며 총명하여 설득력이 있으므로 참모나 보좌관, 자문관(마당발)의 역할을 잘 수행할 수 있는 시기이다. 구체적으로 화개살 대운과 세운은 토지 용도 변경이나 'CB(전환사채)'[195] 행사, 기계 등 물질의 기능을 추가하고 변경하며 변화시키는 개발의 시기에 해당한다.

화개살과 연관이 있는 물질은 라이터, 성냥갑, 가스레인지, 전기 스위치, 연탄, 숯이고, 이미지는 베개, 이불, 방석, 빗자루, 걸레, 모래 등이다. 방향이나 운으로 화개살의 길흉을 따질 때, 본인 기준으로 화개살 방향은 위치 변경이 많은 물건(청소기)과 수리가 필요한 물건이 있는 곳이고, 자주 출입하는 단골업소이다. 화개살 방향으로 이사, 이주는 과거에 살았던 근방으로서 이때는 재도전이나 재기를 위한 것이다. 그러므로 낙선과 사업 실패 이후에 이주 방향은 화개살을 항상 첫째 조건으로 살피는 것이 재기에 도움이 될 수 있다. 곧 화개살을 잘 이용하면 인생의 turning point(터닝 포인트)가 될 수 있다.

화개살과 타로의 연관성

(1) 타로의 5번 LE PAPE(레 파아퍼) 교황, 제사장과 연관성

화개살을 타로의 5번 LE PAPE(레 파아퍼) 교황, 제사장, 태황, 슈首(영수), 수장, 할아버지, 시아버지와 연관할 수 있다. 현대에서 파아퍼는 회장, 후견인, 막후 실세, 교주, 공동체 지도자, 헌법재판소장, 사회사업가이다. 화개살은 다른 종류의 에너지로 전환하고 충전하여 재생과 재건, 복구 등의 행위가 작동하는 시공간이다.

그러므로 파아퍼의 화개살은 전면에서 직접 권력을 휘두르는 사람이

---

195) 사채권자에게 전환 조건에 따라 주식으로 전환할 수 있는 권리가 부여된 사채이다. 전환권 행사 전에는 확정한 이자를 받는 사채로 존재하다가, 전환 이후에는 배당을 받는 주식으로 전환된다.

아니다. 가만히 앉아서 통제하는 능력을 지닌 이로 진정으로 갑질할 수 있는 사람이다. 그저 지침만 내려 주고 폼 잡고 있어도 만사가 해결된다. 어떤 의미에서는 치켜세워 주고 비위를 맞춰 주기만 하면 무탈한 사람이기도 하다. 이런 연유로 파아퍼의 화개살은 측은지정이 있고 잔정이 많은 사람이다. 즉 자신의 마음에 들면 어떤 부탁이든 다 들어주는 사람이고, 용서를 잘 해주는 사람이며, 시비를 곧잘 잊어먹는 사람이다. 하지만 화개살의 파아퍼와 금전 거래는 신중하여야 한다. 그에게 건너간 돈을 그는 십일조, 시주, 기부 등의 의미로 받아들이기 때문이다. 화개살의 파아퍼에게는 애초 빚이라는 개념이 없다. 여하튼 파아퍼는 큰 부자나 큰 경제인은 아니나 항상 쓸 돈은 있는 사람이다.

화개살의 파아퍼는 A/S사업, 노령복지사업, 고충 처리 업무, 재발방지위원회, 과거사조사위원회, 상담사이고 조상 땅 찾기 운동이다. 즉 어느 직종이라도 보상 권한이 막대한 직책이다. 화개살의 파아퍼의 재물 운은 유산 보상금, 유공자 보상금, 노령연금, 품위 유지비, 법 개정에 따른 보상금 등이며, 자산투자는 공공 성격을 가진 곳에 장기투자이다. 승진 운은 고위직에 재수 끝에 승진이고 합격 운은 별정직과 임명직에 재수 끝에 합격한다. 결혼 운과 연애 운은 자신보다 나이가 많은 상대와 재혼 형태이며 특별한 경우 집안 어른이나 목사, 스님 등의 중재나 소개로 재결합하거나 재혼 인연이다. 건강 운은 노화에 따른 오랜 지병이 특히 소화기관에 재발하여 누워 지낼 수 있다.

무속인의 화개살이 파아퍼와 연관되면 옥황상제의 명을 받고 大神이 왕림한 것이다. 이 무속인은 주로 다른 무속인을 아우르고 제자를 길러 내며 남자는 박수의 길을 갈 것이다. 내방인의 화개살 날에 파아퍼가 등장하면 오랜 고민과 막혔던 일들이 해결되는 것이다. 꿈 점에서 화개살 날에 파아퍼가 등장하면 조상신이 알려 주고 도와주러 온 것이다.

타로의 파아퍼의 화개살을 地支의 戌에 비유할 수 있다. 화개살은 끄고 켜는 반복 작용으로서 戌時는 어쩔 수 없이 불을 켜고 꺼야 하는 시간이다. 또한 파아퍼는 제사장으로 불을 관리하고 지키는 늙은 노인(짜라투스트라)인데, 戌月은 양력 10월(한로)로 불의 기운이 꺼지는 계절이고 戌時는 완전히 어두운 시간인 것에 연유한다.

파아퍼의 제사장, 교황은 사실 신의 집을 지키는 존재이다. 즉 자신이 기거하는 공간이 자신의 것이 아니라 신의 것으로서, 다시 말하면 남의 집을 지키는 존재이다. 개(戌)도 자신의 집을 지키는 것이 아니라 주인 집(남의 집)을 지킨다. 개가 자신의 집이 있음에도 항상 주인집을 지키는 본능적인 행동과 파아퍼가 신의 집을 지키는 행위와 이 모든 것을 착각하는 생각이 흡사하다. 이런 연유로 화개살의 파아퍼를 戌에 비유할 수 있다.

신기하게 잘 맞는 마르세유 타로와 십이신살

파아퍼의 화개살은 늙은이가 재기를 꿈꾸는 것이다. 어찌 힘이 들지 않겠는가? 때문에 파아퍼의 화개살의 개운 방법은 목욕을 자주 하는 것이며 유행을 즐기고 어린아이와 자주 교류하는 것이다. 즉 새로운 기운으로 자신을 충전하면 힘든 현실을 개선할 수 있는 실마리를 찾을 수 있다.

파아퍼의 화개살 戌이 부정적으로 작동하여 인생의 왜곡과 질곡이 심화할 때, 애정 문제는 卯(년살)의 작용이 개선의 역할을 수행하고, 직업과 재물 등 사회문제는 寅과 午를 사용하면 무력하고 머뭇거리는 현실을 원만하게 선도할 수 있다.

(2) 타로의 AS DE COUPE(에이스 데 쿠우트) 컵, 성배, 종교사원, 물과 연관성

화개살을 타로의 AS DE COUPE(에이스 데 쿠우트) 컵, 성배, 성당, 사찰, 종교사원, 성, 집, 물과 연관할 수 있다. 쿠우트의 그림의 형상은 현대에서 초고층 건물, 고층 아파트, 호텔, 트로피, 와인 컵이다. 화개살에는 '신체에 이상이 생겨 방석이나 이불을 펴고 눕다.'는 의미가 있다. 그러므로 쿠우트의 화개살을 다음과 같이 풀이한다.

성당과 성에서 물이 새고 컵에 물이 철철 넘쳐 바닥에 흥건히 고여 있는 모습을 성과 성당으로 보면 누수가 생긴 것으로 오래된 건물, 수리가 필요한 건물을 의미한다. 컵으로 보면 깨졌거나 술과 물을 너무 많이 부은 상태로서 過猶不及(과유불급)이다. 컵에 물이나 술을 너무 많이 붓는 행위는 상대를 조롱하고 능멸하는 행위에 해당한다.

이런 연유로 쿠우트의 화개살은 낡아서 보수가 필요한 상태이고 상대를 무시하고 조롱하는 행위로서 맹세나 동맹에 금이 가는 현상이다. 때문에 쿠우트의 화개살의 매매 운은 수리해서 팔아야 하고, 재물 운은 새어 나가는 돈을 단속하여야 하며, 건강 운은 이뇨 작용에 문제가 생긴 상태이고, 단체 생활은 비밀이 누출되는 현상이다. 가정 운은 좋은 시절이 지나갔고, 애정운은 잠재하고 있던 문제가 터져 나오며, 승진과 합격 운은 성공하더라도 상처뿐인 영광으로 그 對價(대가)가 만만하지 않은 것이다. 다만 쿠우트의 화개살의 재물 운은 이쪽에서 비록 손해를 보지만 저쪽에서 보충하는 것으로서 대상과 직종을 달리하면 반드시 재기한다.

화개살은 진행하던 에너지가 임무를 마치고 이제는 다른 에너지로 전환되는 시공간이다. 그러므로 쿠우트의 화개살은 물갈이로서 가계도 정리이고 건물 리모델링이며 건물주가 교체되고 정당 통폐합과 종교개혁이 일어나서 새로운 세력이 등장한다. 또한 화개살은 책임감과 희생정신이 있으므로, 쿠우트의 화개살은 가정과 단체 등에서 자신을 희생하는 사람이고 책임이 있다고 여기는 사람이다.

구체적으로 쿠우트의 화개살의 직장은 업종이 변경된 회사나 인수 합병된 회사이고 법정 관리가 끝난 회사이며 통합된 부서 등이다. 합격은 정시가 아니라 수시이고 불리하면 지원 부서나 학과를 변경하면 무난하다. 연애는 상대방의 속마음을 알게 되어 속앓이하고 연애 형태가 바뀌는 것이다. 결혼은 생활 주체와 형태가 바뀐 것으로서 구체적으로 가정 주도권 교체이고 별거 생활이다. 건강은 지병이 전이되어 이불을 깔고 눕는 것이다.

무속인의 화개살이 쿠우트와 연관되면 모시던 신이 나가려는 현상이다. 시급히 신당을 청소하고 수리하며 특히 방석과 책상은 반드시 교체하여야 한다. 무속인의 점과 일반인의 가정사에서 화개살이 쿠우트와 연결되면 성주신인 터주신이 놀란 것으로 제례(성주풀이)를 올려 주면 안정된다. 내방인의 화개살 날에 쿠우트가 등장하면 가정은 속궁합에 이상이 생기고, 재물은 통장에서 자꾸 돈이 샌다. 구체적으로 노후 자금에 이상이 생긴다.

타로의 쿠우트의 화개살은 地支의 辰에 비유할 수 있다. 辰은 물이 모이는 곳으로 水(물)의 창고라고 한다. 辰은 용이다. 용은 아래(실패)에서 위(성공)로 올라가면 용이고 그렇지 못하면 이무기이다. 그러므로 辰은 쿠우트에 물이 가득 담긴 모습과 유사하고, 화개살의 재생, 재기와 용의 승천이 유사하다.

쿠우트의 화개살은 집안, 가정에 기복이 심한 변화가 생기는 것이다. 이 변화를 긍정적으로 이끌기 위한, 즉 쿠우트의 화개살의 개운 방법은 항상 배우고 노력하며 성실하고 반복되는 행동을 끊임없이 추구하는 것이다. 맷돌질과 톱질, 대패질은 대표적으로 화개살의 에너지 변환 작용을 방지하는 물질이다.

쿠우트의 화개살이 부정적으로 작용하여 가정사와 인생사에 왜곡과 질곡이 심화할 때, 가정사 문제는 酉(년살)의 합 작용이 개선의 역할을 원활히 수행한다. 인생사, 즉 직업과 재물 등 사회문제는 申과 子를 사용하면 실패로 점철됐던 인생에서 활로를 찾을 수 있을 것이다.

XII.
천살

천살은 "초년운은 좋은 일에서 반드시 부작용이 따른다(好事多魔). 집안에 좋지 않은 에너지가 간과 심장에 병을 오게 할 수 있다. 가깝고 친한 사람(육친 포함)에게 배반당하고 재물에 손실을 입는다. 어렵게 모은 재물이 타인만 이롭게 한다. 몸에 병이 있어도 절망하지 말라. 중년 이후에는 기사회생하는 기쁨이 있다."[196]

"천살이 命에 있으면 아버지를 먼저 잃는다. 배우자의 덕(도움과 배려)이 없으니 심한 고독을 경험한다. 겉으로는 웃고 친하여도 속은 冷笑(냉소)하며, 사소한 일에 관심을 쏟는다. 주색을 멀리하지 못하면 수명이 단축될 것이다. 즉 건강에 적신호가 오게 된다."[197]

천살은 조상신으로 신주(神主)이고 경우에 따라 옥황상제, 염라대왕, 산신, 예수, 부처이며 귀신, 영혼, 무덤이다. 이렇듯 천살은 정신세계에

---

196) 김혁재, 한중수 공저, 앞의 책, 93쪽 참고.
197) 권유춘 발행, 앞의 책, 19쪽 참고.

서 가장 상위에 위치하며 대체로 거짓이 없고 원칙적이며 자존심이 강하고 때로는 허세와 허풍이 있다. 때문에 천살이 命局(명국)에 있는 사람은 평생을 놀더라도 아무 일이나 함부로 하지 않는 경향이 있고 의식주 생활이 고급이며 타인에게 얻어먹는 것을 불편하게 여긴다.

　이런 연유로 命局의 월일에 천살이 있는 사람은 세인이 보기에 쓸데없는 것에 관심이 많아 가정생활이 순탄하지 않다. 사리사욕에 무관심하고 명예욕은 있으나 금전욕이 담담하여 큰 재물이 눈에 차며 작은 재물에 연연하지 않는다. 구체적으로 본인은 이자 돈을 받지 않아도 타인에게는 이자 돈을 주고, 배경이 좋고 배경이 있어도 함부로 이용하지 않는 사람으로서 대인관계에서 정당성을 중요하게 여긴다.

　천살은 슬픔과 아픔, 후회와 번뇌가 있고 결과에 대한 심판을 받는 것으로 운이 흉하면 형사적인 처벌로 수감이나 복역할 수 있다. 이렇듯 천살자는 전생의 허물로 책벌을 받아야 하니 언제나 빌며 절하는 인생으로 항상 기도와 용서가 자신을 완성하는 지름길이다. 곧 천살은 만사가 참회와 기도와 기원을 통하여 이루어지는 것이다. 이런 연유로 대운에서 천살이 경과하지 않으면 열심히 기도하여 성취해야 한다. 하지만 대운이 순행하는 사람이 천살을 경과하면 무서움이 없게 되어 무례함이 나타난다. 그것이 인생사에 신용불량(천덕꾸러기, 무뢰한)과 좌천, 퇴직, 파직 등으로 법의 심판을 받게 되니 인생사를 경계하고 조심하여야 한다.

천살은 나를 감금하고 심판하는 존재로서 가장 무섭고 두려운 존재이다. 즉 대운에서 천살은 천신, 염라대왕을 만난 것이다. 그러므로 섭생을 조심하지 않으면 중풍이나 암 등 신체에 마비 증상이 생기는 병에 걸릴 수 있다. 천살 대운에서 직업은 대리점, 대행사, 대행 업무, 브로커 등을 할 수 있지만, 천살을 경과하면 이러한 직업과 권한은 사라진다. 하지만 대운이 역행되는 사람이 천살을 경과하면 오히려 발전한다. 이는 이미 고개를 숙였기 때문에 다시 고개를 숙이는 일이 없는 것이다.

천살과 연관이 있는 물질은 부처상, 마리아상, 신줏단지, 예수 그림, 산신 그림, 달마 그림, 염주, 십자가, 제례 기구 등이다. 방향으로 길흉을 따질 때, 천살은 항상 조상신 즉 신주가 들어오는 곳으로 조상님께 치성(致誠)드리는 방향이다. 우리에게 복을 주는 일, 또는 은혜를 베풀어 주는 일은 조상이 직접적인 영향력을 행사하는 것이다. 그러므로 조상 제삿날 천살 방위에 성물을 설치하거나 배치하면 조상신이 강림하지 못하므로 헛제사를 지내는 것이다. 다시 말하면 몸에 성물을 지니고 조상신께 치성을 올리면 효험이 없다. 산신, 염라대왕, 부처, 예수 등은 조상신보다 힘이 강한 존재로서(단지 제사와 치성을 더 많이 받았기에 힘이 세다) 조상신의 출입을 방해한다.

천살의 개운 방법은 참회와 기도이다. 곧 제사와 치성을 드리는 것이고 예의범절과 근엄함이 있어야 하며 공부를 많이 하여 교양을 함양하는 것이다. 즉 문화 대학, 노인 대학이라도 열심히 다녀라.

천살과 타로의 연관성

(1) 타로의 8번 LA JUSTICE(라 저스티스) 정의, 공정과 연관성

천살을 타로의 8번 LA JUSTICE(라 저스티스) 정의, 올바름, 공정, 공평, 판단과 연관할 수 있다. 저스티스는 합리주의자가 아니라 법치주의자로 반칙과 변칙을 모르는 사람이다. 그래서 그에게 인정과 온정은 애초에 기대할 수 없다. 그는 저울과 칼을 들고 오로지 시시비비를 따지는 사람으로 정해진 기준을 철저히 준수하고 그에 따라 추상같은 집행을 하는 사람이다. 하지만 독재자는 아니다. 다만 법에 따라 규칙에 따라 판단하고 집행할 따름이다.

천살은 후회와 참회하는 시공간이다. 때문에 저스티스의 천살은 법의 제재를 직접적으로 받는 대법원 판결이고 법정 관리이다. 이때는 판결을 받더라도 근본적인 문제에 대한 판결이다. 그러므로 단체와 가문에 막대한 영향을 미치고 단체와 가문에서 독립을 하거나 절연할 수도 있다.

천살은 모든 에너지를 평가하고 결론을 내리는 시공간이다. 그런 연유로 저스티스의 천살은 국법, 종법, 가훈, 교훈, 종교법, 정당법이다. 곧 국세, 종토세, 상속세, 십일조, 지식재산권, 가문 비전 의학, 가문 비전 제조비법, 유산 분할 등에 대한 판결이고 심사이다. 그러므로 현대에서 저스티스의 천살은 법과 준칙으로서 직종은 사법, 세무, 국과수, 계량사업, 품질검사, 성능검사, 제약업, 주유소, 정육점, 전당포다. 물질은 저울, 시계, MRI(자기공명영상기), 자판기로서 정가, 정품, 메이커, 범칙금, 통지서, 고지서, 사망진단서에 해당한다. 구체적으로 대법원장, 헌법재판소장, 국립과학수사연구소 소장, 세무청장, 세관청장, 스포츠 주심 등이고, 의사, 한의사, 약사, 과학자, 유물 감정사, 보석 감정사, 할랄 정육점이다.

저스티스의 천살의 직장 운은 2-3대가 경영하는 회사로서 과거에 법정 관리를 받았던 회사, 대표가 상속 등으로 법정 투쟁 중인 회사, 또는 특허권 수입이 많은 회사 등이며, 한편으로 계량과 측량에 관련이 있는 회사이다. 합격 운은 공채와 정시로서 아주 미세한 것에서 당락이 갈라지므로 아슬아슬하여 기도하는 상태이다. 대체로 자신의 고향이나 본향과 관련 있는 학교나 회사이면 합격한다. 승진 운은 노력에 대한 대가이며 정해진 순서를 따른다. 이직과 이사 운은 심사숙고하여야 한다.

저스티스의 천살의 재물 운은 일확천금은 없고 국가 배상금, 분할 유산 상속, 법정 이자, 월세 수입, 인세에 해당하며, 국세나 유산 상속 소송

등에서 변호사 선임, 탄원서 제출 등을 통해 읍소하면 유리하다. 투자는 이리저리 재기만 하다가 기회를 놓치는 것이고, 매매 운은 정당한 가격에 파는 것이지만 분할하고 쪼개서 팔면 유리하다. 부동산은 공영개발 분양 땅이고 공매하는 땅으로서 구체적인 장소는 신호등이 있는 사거리이다.

저스티스의 천살의 식품은 g 단위로 계량하여 판매하는 것이고, 음식은 규격화된 체인점 식품과 계량하여 용기에 담은 음식 등 정해진 양만 주는 형태로서 조각 피자, 햄버거, 미니 돈가스, 초밥 등이다. 저스티스의 천살의 결혼 운은 모두 조상 또는 신이 이미 정해 준 것인데, 이것저것 너무 따지다가 후회할 수 있고, 사상과 종교 또는 습성 때문에 약혼을 파혼하고 이혼 소송을 할 수 있다. 애정 관계는 집안 어른의 중매인데 서로 조건 따라 만나는 것으로서 정략적이다. 건강 운은 유전적인 이유로 수술하거나 약을 상시 복용해야 하는 상황으로 신장 수술, 혈압, 당뇨 등 수치를 따지는 질병이다.

저스티스의 천살의 꿈 점은 修行(수행)하였던 조상이 당면한 문제를 해결해 주려고 온 것이다. 좋든지 나쁘든지 반드시 결론을 알려 주는 꿈이다. 구체적인 문제는 다시 원 카드를 뽑아 참고해라. 천살 날에 저스티스의 등장은 법칙대로 따져서 해결한다는 의미이다. 그러므로 사주나 육효점을 참고하면 더욱 신통하다. 무속인의 천살이 저스티스와 연관되면 사헌부, 의금부, 내의원 등을 지낸 직계 조상이 들어온 것이다. 이 무속인은 소송과 관련한 일, 말기 환자가 필요한 약 등에서 특별한 비법을 갖고 있다.

저스티스의 천살을 地支의 丑에 비유할 수 있다. 丑月은 한 해를 마무리하고 정리하며 會者定離(회자정리)하는 시공간으로, 천살의 의미인 과거 문제를 정리하는 것과 저스티스의 의미인 판단이 부합하기 때문이다. 또한 丑月은 만물의 기능이 구속되고 정지된 시공간으로, 천살의 의미인 염라대왕에게 잘잘못을 아뢰는 행위와 저스티스의 의미인 법 집행이 매치된다.

저스티스의 천살은 자신의 의지가 제한되고 억제된 시공간으로, 즉 자신의 운명이 타인의 통제를 심하게 받는 것이다. 그러므로 이런 환경에 대응하고 운명을 개선하기 위해서는 기부를 하고, 예의범절을 지키며 넓은 지식을 지녀야 한다. 저스티스의 천살은 대법이라는 희망이 있다.

저스티스의 천살이 부정적으로 작동하여 가정사가 불안하고 사회생활이 흐트러질 때, 가정사와 애정 문제는 子(재살)의 합의 작용으로 개선하려 해도 신통하지는 못하다. 즉 별다른 방법이 없을 수 있다. 그러므로 위의 개선 방법을 실천하기를 바란다. 다만 직업과 재물 등 사회문제는 巳와 酉를 사용하면 절망과 한숨에서 탈출할 수 있는 실마리를 찾을 수 있다.

(2) 타로의 20번 LE JUGEMENT(레 지유스머) 심판, 대법원, 대법관, 재심과 연관성

천살을 타로의 20번 LE JUGEMENT(레 지유스머) 대법원, 대법관, 재판, 심판, 판결, 선고, 결정문, 추징금, 벌금, 재심과 연관할 수 있다. 지유스머의 그림의 의미는 천상의 나팔 소리로서 명성, 유명, 선전, 광고, 소문이고 기적(재기, 부활)이다. 그러므로 청각이며 환청, 난청, 이비인후과 고질병이다. 지유스머는 법리주의지만 인정과 온정이 존재하는 법리적 합리주의자이다. 때문에 인정에 호소하고 반성하며 탄원을 올리고 재심을 청구하면 정상을 참작받을 수 있다. 반면에 저스티스는 법에 의한 재단만 한다. 법칙대로 진행하는 법치주의가 저스티스이다. 이런 점이 저스티스와 지유스머의 차이점이다. 이런 연유로 지유스머는 추징금과 벌금을 부과하고 저스티스는 범칙금을 부과한다.

  지유스머의 천살은 상갓집 잔치이고 소문난 잔치에 먹을 것이 없는 격이다. 그러므로 재물은 상속 판결, 상속 포기 판결, 유산 분할 판결이고 빚잔치, 파산선고, 법인체 설립과 해체 결정 등 법정 조정이다. 투자는 평생을 좌우하는 큰 건으로 혈연을 통해 들어온 정보, 소문이나 선전을 듣고 따라다니면 큰 낭패를 볼 수 있다. 시험은 첫 번째 시험은 안심할 수 없고 재수와 삼수 끝에 합격하며, 학과는 경매학과, 법과, 방송학과, 통신학과, 광고학과, 미디어학과 등이다. 직업은 재심 판사, 대법원 판사, 헌법재판소, 파산 전문 변호사, 종교방송인, 메인 아나운서, 사설 전문 기자, 大記者(대기자), 내레이션 성우, 보청기 사업, 수술 전문 이비인후과,

재고떨이 판촉, 불법 텔레마케팅, 뻥튀기 사업, 각종 떴다방 등이다.

지유스머의 천살의 매매 운은 어렵게 계약은 성사되어도 반드시 계약 조건의 단서 조항(독소 조항)을 잘 챙겨야 한다. 이사 운은 방향이 불리하다. 그래도 이사하면 복잡하고 시끄러운 일이 생겨서 오랫동안 법정 출입을 할 수 있다. 지유스머의 천살에 해당하는 인물의 성향은 비밀을 못 지키는 사람이고 오락가락하는 사람이다. 그래서 연애와 애정운은 피치 못한 사정 때문에 맺어진 인연으로서, 소문이 무성하고 두고두고 가십거리며 진실하지 못하여 결과가 좋지 못하다. 건강 운은 정신적인 큰 충격이 잠재하였던 고질병을 발생하게 한다. 뇌, 심장, 간 등에 심각한 이상이 오고 청각 장애, 인지능력 부족, 기억상실, 유전성 정신질환으로 자꾸 엉뚱한 소리를 한다.

지유스머의 천살의 여행지는 유명하고 이름난 휴양지로 라스베이거스, 홍콩, 마카오, 정선이고, 장소는 무속 굿당, 교회 기도원, 부흥 안수 교회, 카지노, 경매장 등에 해당한다. 승진 운은 어렵게 승진은 하지만 시끄럽고 요란하며 가십거리가 발생한다. 지유스머의 천살에 해당하는 땅은 공매, 경매가 3-4회가 진행된 상업지이다. 때로는 종가와 종친에 관련된 사업, 대법원 판결, 헌법재판소 판결에 연관되는 땅이다.

지유스머의 천살은 모든 생명체의 일생을 긍정과 부정으로 냉정하게 심사하여 부정에는 벌을, 긍정에는 위로와 칭찬을 하는 시공간이다. 때문에 지유스머의 천살은 거역할 수 없는 신의 계시와 축복이고 신벌과 예언으로서, 세습 무당보다 강신 무당이 개연성이 더 많다. 이들은 조상 천도-영가 천도, 안수기도-부흥기도, 사이비 사상, 주입식 사상교육 등에 능통한 무속인, 목사, 신부, 도사이다. 그러므로 지유스머의 천살의 꿈 점은 꿈에 보았던 일들이 꼭 맞는 현상으로 현몽이고 신의 계시이다. 하지만 천살 날 점에 지유스머가 등장하면 사건이 수습되지 못하고 오히려 확대된다. 지유스머의 천살은 돌아갈 수 없는 강을 건넌 것으로서, 이때부터 수많은 일들이 확대되고 재생산된다.

지유스머의 천살은 돌이킬 수 없는 선택과 결론을 받은 것으로 이에 항거하거나 거스를 수 없는 것이다. 때문에 이런 환경에 대응하여 자신의 운명을 개선하기 위해서는 결연히 부모형제와 절연하거나 먼 이국으로 이민을 떠나야 한다. 핏줄과 인연을 끊고 자신의 고향을 등지고 살면 옛날의 법도와 이치에서 벗어난 새로운 삶을 살 수 있는 것이다. 즉 로마에서는 로마법만 통용되는 이치이다.

천살의 지유스머를 地支의 辰과 연관할 수 있다. 그 연유는 辰月은 움츠렸던 만사 만물이 요란스럽게 자신의 에너지를 펼치는 시공간으로, 새롭게 잎이 나고 꽃이 피며 열매가 달리는 현상이 지유스머의 선언, 함성, 재출현, 부활, 환생과 부합한다. 또한 지유스머가 地支의 辰인 것은 천살의 재판(상고심), 정리, 원상 복귀나 재건, 전과와 연관이 있다.

지유스머의 천살이 辰일 경우에 천살이 부정적으로 작동하여 인생의 왜곡과 질곡이 심화할 때, 애정 문제는 酉(장성살)의 합의 작용이 개선의 역할을 원활히 수행할 수 있고, 직업과 재물 등 사회문제는 申과 子를 사용하면 가족사에 얽매여 고난과 슬픔 그리고 실패로 점철되었던 고달픈 인생에서 한 가닥 활로를 찾을 수 있을 것이다.

참고 문헌

『商書』

사마천 著,『사기』,「태사공자서」,「귀책열전」

유안 著, 이석명 譯,『회남자』1권, 소명출판, 2010년

장자 著, 김창완 譯,『장자』외편, 을유문화사, 2016년,「도척」내편, 외편

許愼 著,『설문해자』

소병 著, 노승현 譯,『노자와 性』

이순지 著, 김수길 · 윤상철 共譯,『천문류초』, 대유학당, 1993년

김혁재, 한중수 共著,『당사주요람』, 명문당, 1970년

권유춘 발행,『역학전서』, 동아도서, 1986년

정병석 著,『점에서 철학으로』, 도서출판 동과서, 2014년

余英時 著, 김병환 譯,『동양적 가치의 재발견』, 도서출판 동아시아, 2007년

박미경 著,『천년의 역사를 뒤흔든 대사건 100』, 고려문화사, 1998년

성제환 著,『당신이 보지 못한 피렌체』, 문학동네, 2017년

성제환 著,『피렌체의 빛나는 순간』, 문학동네, 2013년

박규호 외 3명 共著,『그리스 로마 신화 인물 사전』, 한국인문고전연구소, 2020년

토마스 불핀치 著, 최희성 譯,『그리스 로마 신화 100』, 미래타임즈, 2019년

그리오 드 지브리 著, 임산 · 김희정 共譯,『마법사의 책』, 루비박스, 2003년

헤시오도스 著, 김원익 譯,『신통기』, 민음사, 2018년

볼프강 라트 著, 장혜경 譯,『사랑, 그 딜레마의 역사』, 1999년

호메로스 著, 김성진 譯,『오디세이아』, 인문고전 클래식, 2023년

두산동아 백과사전연구소,『두산세계대백과사전』, 2002년

한국 민족문화 대사전, 사령신적 귀신 편

김기학,『주역의 天道觀과 數術의 문화적 原型』, 공주대학교 대학원 석사학위 논문, 2017년

김기학,『동서사택 풍수의 비보방안』, 공주대학교 대학원 박사학위 논문, 2020년

[Jeu de tarot à enseignes italiennes]:[jeu de cartes, estampe], estampe, 갈리카, 1890년

한국일보, 2015년 1월 1일

성서: 요한계시록 8장, 요한복음 13장 21절

타로카드 구입은 창일학술문화원(010-3667-4564)으로 문의하세요.